誰でもできる
星よみの自己分析

最高の自分に出会う

ホロスコープBOOK

アストロカウンセラー
ターラ

西東社

はじめに

占いの種類にはさまざまなものがありますが、
占星術はもっとも信頼できる学問だと
私は感じています。私自身がまさに、
占星術を通して“自分に対する意識”
が変わったからです。
自分のコンプレックスも得意なこと、家族関係も……。
最初から決まっていたの？と思うほど
自分の人生の青写真が書いてあるような
気持ちになりました。そして今はそれらを
「自らの意志」で
上書きできるのだとわかりました。

人生は、何のために、どのような経験が設定されているか？
それを知ることで、これまでの出来事は
すべてつらいことではなく、ただ必要で
起こっていたのだと理解し、納得することができます。
そして占星術には、誰でも、どの瞬間からでも、
ステキな「今」に変える鍵があるのです。
宇宙の法則を知って、賢く選択するすべを身につけられると、
自分を最大限に生かすことが可能になります。

占星術には記号がたくさんあり難しいと思われがちですが
この本は、興味のあるところだけ読むこともできます。
魂の深い軌跡を追っていくように、本当の自分を知る
旅の始まりのように感じるかもしれません。

「もしかしたら、本当の自分は
自分が認識している自分とは違って、もっとステキかも？」
そんなシンプルな感覚で読み進めていただくと
自分の強みや人生に設定されていることがわかって、
生きることがもっと楽しくなるかもしれません。
宝探しをする感覚で、新しい自分を見つけ
皆様の細胞が喜ぶことを願っています。
そして無限の可能性が開かれていきますように。

感謝を込めて
ターラ

別冊小冊子

書き込みながら本当の自分を深掘り!
「星よみ自己分析ノート」

本の内容と照らし合わせながら書き込むことで、
自分のことをより深く分析できるようになります。

● PART1 自分のホロスコープを読む

● PART2 自分をさらに分析してみる

● PART3 自分だけの未来計画

★星座・天体・ハウス 基本のキーワード

How to

この本の楽しみ方

1 自分のホロスコープを出す

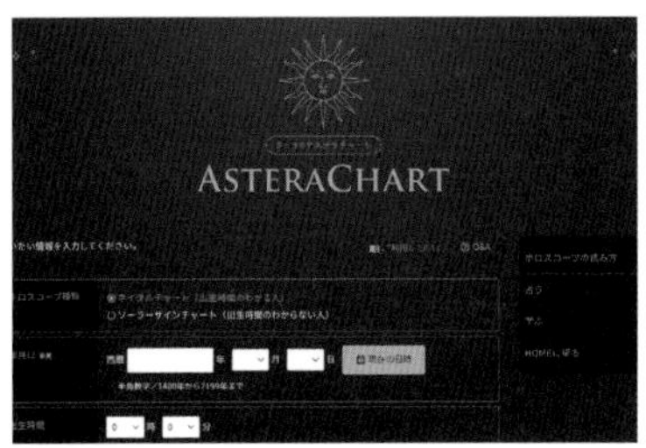

まず、自分のホロスコープを出してみましょう。P12にホロスコープを出すことができるサイトURLと二次元コードを載せました。手順に沿って入力すると、自分のホロスコープを出せます。そうしたら、別冊ノートのＰ１「PART１ 自分のホロスコープを読む」に天体や星座マーク、アスペクトの記号を書き写しましょう。

2 各質問の占い方を読む

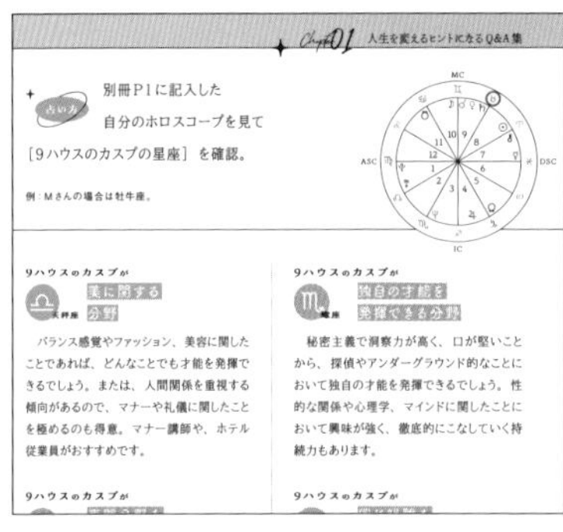

Chapter01 人生を変えるヒントになるQ&A集

占い方

別冊P1に記入した
自分のホロスコープを見て
［9ハウスのカスプの星座］を確認。

例：Mさんの場合は牡牛座。

9ハウスのカスプが
天秤座 美に関する分野

バランス感覚やファッション、美容に関したことであれば、どんなことでも才能を発揮できるでしょう。または、人間関係を重視する傾向があるので、マナーや礼儀に関したことを極めるのも得意。マナー講師や、ホテル従業員がおすすめです。

9ハウスのカスプが
蠍座 独自の才能を発揮できる分野

秘密主義で洞察力が高く、口が堅いことから、探偵やアンダーグラウンド的なことにおいて独自の才能を発揮できるでしょう。性的な関係や心理学、マインドに関したことにおいて興味が強く、徹底的にこなしていく持続力もあります。

各質問の右ページにある「占い方」をチェックしてください。ホロスコープのどこを確認すれば良いのかがわかります。別冊ノートに書き写した、自分のホロスコープを見ながら読み進めることで、質問項目についてスムーズに理解を深めることができるでしょう。

どうしてその部分を見れば良いのかという説明は、質問の下に記してあるので、読んでみてください。ホロスコープの基本的な知識を得られます。

3 別冊ノートに書き込む

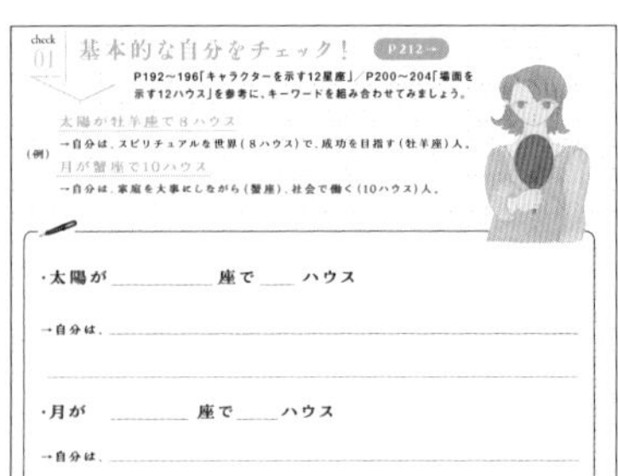

check 01 基本的な自分をチェック！ P212→

P192～196「キャラクターを示す12星座」／P200～204「場面を示す12ハウス」を参考に、キーワードを組み合わせてみましょう。

（例）太陽が牡羊座で８ハウス
→自分は、スピリチュアルな世界（８ハウス）で、成功を目指す（牡羊座）人。
月が蟹座で10ハウス
→自分は、家庭を大事にしながら（蟹座）、社会で働く（10ハウス）人。

・太陽が＿＿座で＿＿ハウス
→自分は、

・月が＿＿座で＿＿ハウス
→自分は、

別冊ノートでは、自分のホロスコープを使って、自己分析もできます。第2部のP210～「実例でわかるホロスコープチャートの読み方」を参考に、別冊ノートにキーワードなどを書き込んでみましょう。

別冊ノートのＰ８～は自分をさらに分析することがテーマです。どんな未来を作り上げたいのか、このノートとホロスコープを通じて確かめてみてください。

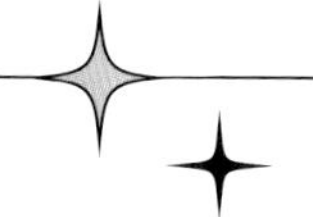

ホロスコープとは？

Mさん 1972年4月18日　15：56
兵庫県生まれ

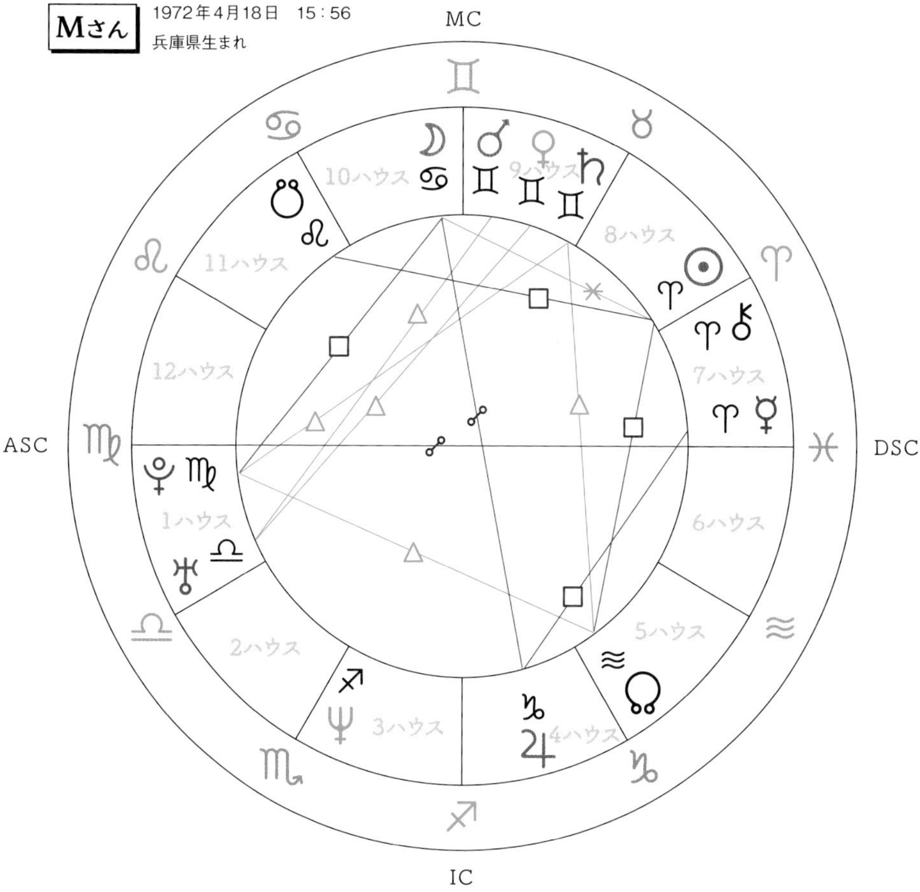

MC
ASC
DSC
IC
10ハウス
9ハウス
8ハウス
7ハウス
6ハウス
5ハウス
4ハウス
3ハウス
2ハウス
1ハウス
12ハウス
11ハウス

ホロスコープとは、天体の配置図のこと。ギリシャ語の「時間」を意味する“Hora（ホラ）”、「観察する」を意味する“Skopein（スコペイン）”に由来し「時間を観察する」という意味があります。古代の人々は、大空を行きかう天体が地上にあるものすべてに影響を与えていると考えました。そこで、天体の動きを観察し、図に写し取ったホロスコープを使って未来を予測したのです。これが「占星術」の出発点です。

時が経つにつれ、占星術は個人の運勢を読み解くものへと変化していきました。上のホロスコープは、Mさんという人が生まれた瞬間の天体の配置図で、「ネイタルチャート」と呼ばれます。ここには、その人の持って生まれた運勢が描かれており、より幸福な未来へとつなげていくためのヒントを見出せるようになっています。

ホロスコープを出してみましょう

ホロスコープを無料で出すことができるサイトはたくさんありますが、以下のURLか二次元バーコードからぜひアクセスしてみてください。惑星の色など、本書と連動している部分がありますので、違和感なく読み進めることができると思います。

URLまたは二次元コードからウェブサイトにアクセスしてください

ターラのアステラチャート

https://ta-ra.net/chart/

❶ **上のURLか、二次元バーコードから『ターラのアステラチャート』にアクセスしてください。**

❷ **ホロスコープの種類を選択しましょう。**

出生時間のわかる人は「ネイタルチャート」、
出生時間がわからない人は「ソーラーサインチャート」を選択してください。

❸ **生年月日を入力してください。**

❹ **出生時間を入力してください。**

出生時間がわからなくても診断することはできますが、
正確に診断するためには出生時間が必須になります。母子手帳を見たりして確認してみましょう。

❺ **生まれた地域を選択してください。**

都道府県を選んだ後、都市名を選択。入力欄の下に「選択都市名」が表示されます。

❻ **選択都市名が正しいか確認しましょう。**

❼ **名前を入力してください。** ニックネームでも大丈夫です。

❽ **「占う」をクリックすれば完成です。**

完成したホロスコープの見方

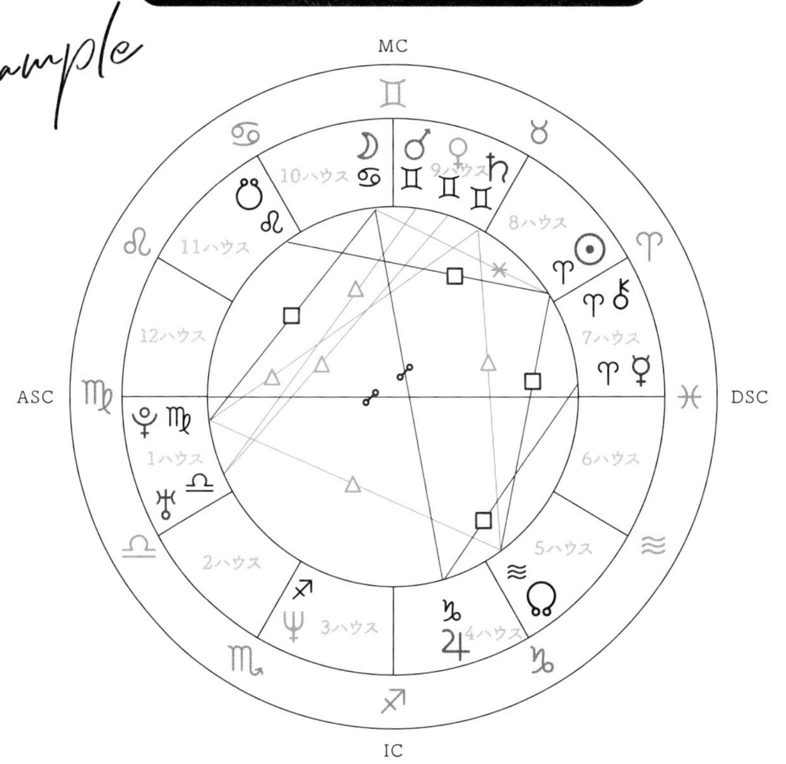

別冊に記入してみましょう

別冊ノートのＰ１「PART 1 自分のホロスコープを読む」に書き写しましょう。
【記入例】1972 年 4 月 18 日 15：56　兵庫県生まれ　M さんの場合

天体	星座	ハウス	天体	星座	ハウス
☉ 太陽	牡羊 座	8 ハウス	♄ 土星	双子 座	9 ハウス
☽ 月	蟹 座	10 ハウス	♅ 天王星	天秤 座	1 ハウス
☿ 水星	牡羊 座	7 ハウス	♆ 海王星	射手 座	3 ハウス
♀ 金星	双子 座	9 ハウス	♇ 冥王星	乙女 座	1 ハウス
♂ 火星	双子 座	9 ハウス	☊ ドラゴンヘッド ☋ ドラゴンテイル	水瓶 座 獅子 座	5 ハウス 11 ハウス
♃ 木星	山羊 座	4 ハウス	⚷ キロン	牡羊 座	7 ハウス

第1部

もっとステキな
本当の自分に出会おう

心の奥にしまいこんだ
人生の航海図を
星の光が照らし出す

古来、人々は旅をするときに、

空を見上げていました。

360度、水と空しか見えない大海原においても、

昼は太陽が、夜には月や星々が光を投げかけ、人々に

自分たちが今どこにいるのか、そしてどちらへと舵を切るべきか

教えてくれたのです。

今もなお太陽や月、星たちは、人生という船旅において、

私たちが心の奥にしまい込んだ航海図を照らし出し、

進むべき方向を教えてくれています。

この航海図からは、過去、現在、未来、

人生のあらゆる場面における情報が読み取れるのですが、

ここではまず、「本当の自分」を探っていきましょう。

なぜなら、本当の自分を知ることは、運命を味方につけることだから。

運命を味方につければ、これまでの自分の経験を

幸せな未来へとつなげる方法が、

おのずと浮かび上がってくるはずです。

まずは少しだけ過去をのぞいてみましょう

ホロスコープを使って早速チェック！

あなたのドラゴンテイルの星座で、「あなたの魂に刻まれていること」がわかる

私たちは、今の人生＝「現世」を生きている最中、
言ってみれば旅の途中です。それに対して「過去世」はすでに終えた旅。
それなのに、ほとんどの人は、「過去世」の感覚にどっぷり浸かったまま
「現世」を生きています。それはまるで、記憶の中でもち越している
水に濡れた重たいコートを着たまま走ろうとしているのと同じこと。

あなたの魂が過去にどんな人生を送り、
それが現在の自分にどんな影響を与えているのか……。
「過去世のカルマ」を表すと言われている「ドラゴンテイル」によって、
あなたの過去世を知ってみましょう。
無意識に感じていた思考の癖に気がつくかもしれません。

Q:あなたの魂に刻まれていることは？

あなたが「今のあなた」として生まれる前、
あなたの魂はどんな人生を過ごしていたのでしょうか？

ドラゴンテイルの星座で占いましょう！

方法1　別冊の表を使う場合

まずはP10を参考に、自分のホロスコープを作成。
そこで出てきた情報を別冊P1に書き込みます。

(例)
書き込んだ通り、[ドラゴンテイルの星座] は獅子座です。

天体の位置

☉ 太陽	座	ハウス	♄ 土星	座	ハウス
☽ 月	座	ハウス	♅ 天王星	座	ハウス
☿ 水星	座	ハウス	♆ 海王星	座	ハウス
♀ 金星	座	ハウス	♇ 冥王星	座	ハウス
♂ 火星	座	ハウス	☊ ドラゴンヘッド ☋ ドラゴンテイル	座 座	ハウス ハウス
♃ 木星	座	ハウス	⚷ キロン	座	ハウス

方法2　ホロスコープを見る場合

ホロスコープで、ドラゴンテイルのマーク(☋)を探します。
そのマークがある場所の星座を、「12星座マーク一覧」で確認してください。

(例)
1972年4月18日生まれMさんのホロスコープ
例：ドラゴンテイルのマークがある場所は、
☋マークの場所。[ドラゴンテイルの星座] は獅子座です。

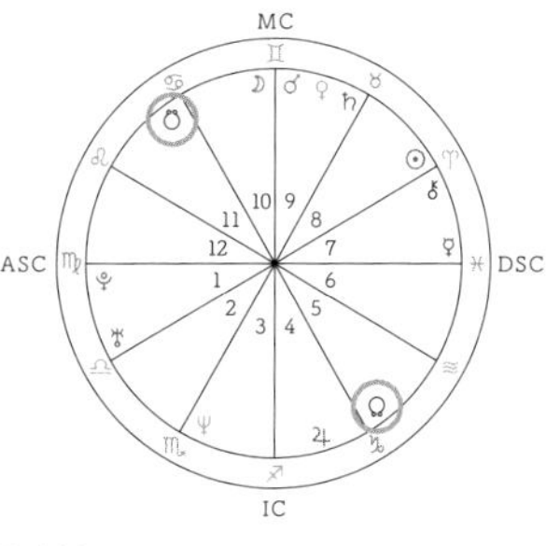

P18〜21で当てはまる星座の部分を読んでください。

方法3　ホロスコープを見ても ドラゴンテイルの マーク(☋)がない場合

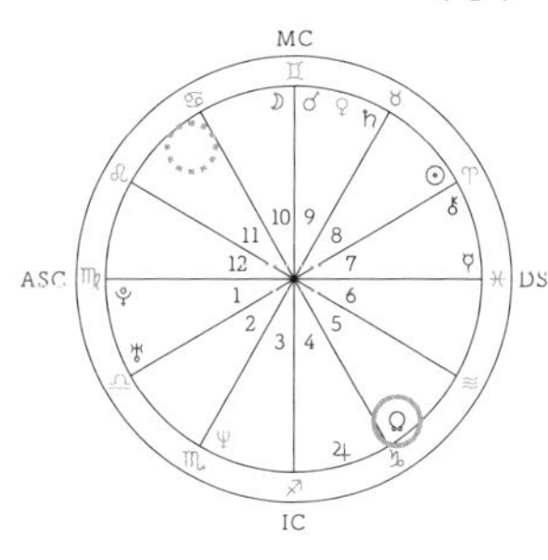

※注意：ウェブサイトによっては、ホロスコープにドラゴンヘッドのマーク(☊)しか表示されない場合があります。

ドラゴンヘッドとドラゴンテイルは反対に位置するので、まずは、ドラゴンヘッド(☊)の場所を確認します。その反対に位置する場所の星座を「12星座マーク一覧」で確認。それがあなたの[ドラゴンテイルの星座] です。

(例) 1972年4月18日生まれMさんのホロスコープ
例：ドラゴンヘッド(☊)がある場所を確認。その反対となる場所の星座マークを確認。☊は水瓶座なので、[ドラゴンテイルの星座] は獅子座です。

12星座マーク一覧

牡羊座	♈
牡牛座	♉
双子座	♊
蟹座	♋
獅子座	♌
乙女座	♍
天秤座	♎
蠍座	♏
射手座	♐
山羊座	♑
水瓶座	♒
魚座	♓

ドラゴンテイルの星座が 牡羊座 ♈ Aries

あなたの魂は過去生において、幼い頃から自立させられていたようです。孤独の中で「信じられるのは自分だけ」と感じていたかも。「生きるか死ぬか」という何よりも重大なことが、自分の行動次第だったという過去世の記憶があります。そのため、自分自身を信じることには非常に長けているでしょう。未経験で自信のない分野に対しても「何とかなる！」と感じられるタフな魂の持ち主です。何でも自分１人で決めるのが当たり前で、人間関係に苦手意識があるかもしれません。しかし、自分が思っているほど嫌われない気質です。相手にゆだねることを意識することで素晴らしい魂の進化が起こります。

ドラゴンテイルの星座が 牡牛座 ♉ Taurus

過去生では比較的「恵まれた環境」にいたようです。「生きるか死ぬか」という緊張した局面に対峙した記憶はないでしょう。そして誰かと深くつながり、快楽を得ることが癒やしでした。それゆえ現世でも、自分が心地よく過ごせることを重要視しているでしょう。大事にしている物や自分の感覚など、マイルールにこだわりすぎる傾向がありそうです。また、必要以上に食べ物を保存したり財産を溜め込んだりすることで、深い安心を感じられる様子。お金やきれいな装飾品に囲まれて暮らしたいと願うでしょう。そして、それらを絶対に失いたくないというコレクション気質もあるかもしれません。

ドラゴンテイルの星座が 双子座 ♊ Gemini

あなたの魂は人生を通して多くの人たちと関わり、情報交換をし、ときに教え、ときに教わってきた経験があるようです。それゆえコミュニケーション能力に非常に長けています。時代の流れに乗る機敏さは、現在の人生でとても役に立っているでしょう。しかし、相手の意見に耳を傾けすぎてしまうことや、気持ちを汲みすぎてしまうことがあるようです。また、直感よりも情報に頼りすぎる傾向にあるかもしれません。人の話に感化されやすく、本当の自分の気持ちを置き去りにしてしまい、何が大切なのか自分でもわからなくなることも。本当の真実はいつだって自分の中にあると覚えていてください。

ドラゴンテイルの星座が 蟹座 ♋ Cancer

無条件に自分を愛してくれる人を求めているかもしれません。それはあなたが過去世において、ある一定のコミュニティーに守られていたから。周りの人が自分の感情を常に満たしてくれる環境で、少々依存体質だったようです。自分1人で生きるよりも、自分を守ってくれる人とともに生きることのほうが、あなたにとってはあまりにも当然に感じるでしょう。あなたは周囲に守られた環境で成長し、自分自身も家族の役割や部族の責任をこなしていました。そのため現世においても、頼まれてもいないのに人の世話を焼きたくなるでしょう。「自分が面倒を見なければ」と思い込んでいるかも。

ドラゴンテイルの星座が 獅子座 ♌ Leo

重要な役職や立場で社会全体を見渡していた過去世での経験があります。たくさんの人の面倒を見て、頼られれば頼られるほどに力を発揮してきたようです。責任感が強く、讃えられ慕われ、もてはやされていました。有名人としてちやほやされていたのかも。自分を愛しているなら自分の言うことを聞くのが当然、という経験を過去世でしてきているため、すべてを投げ捨ててでもついてきてくれるような過剰な愛情表見を求めます。誰かのために何かをするときに見返りを期待してしまいがちですが、損得勘定抜きで人の役に立つこと意識すると、人生が驚くほどスムーズに流れ始めるでしょう。

ドラゴンテイルの星座が 乙女座 ♍ Virgo

あなたは何かにつけて完璧を目指しがちです。それは過去世において、厳しい秩序や規則の中で生きてきた経験からくるものでしょう。これをしていれば安心、安全だと感じるために、常に正しくあるように努めます。誰かに批判されたくないという気持ちから「より完璧な人間にならなければ！」という、目には見えないプレッシャーを抱えているかもしれません。物事を分析して把握する能力は素晴らしく、情報を知的に処理することができる才能があります。ただし、他者と比べて自分が劣っていると感じてしまいやすいので、常に自分を批判し、攻めてしまうという思い込みの癖を手放しましょう。

ドラゴンテイルの星座が 天秤座 ♎ Libra

多くの過去世で「誰かのために」尽くしてきた経験が現世でも染みついているようです。献身的に奉仕する意識が備わっているでしょう。自分の能力やエネルギー、知識を誰かのために使うことに長けています。人から愛されるために調和を保ちすぎ、自分のことは後回しになりがちです。本当はどうしたいのか、どう感じているかが自分でもわからなくなっているかも。自分で判断できる答えをもっているのに遠慮してしまうのは、自分勝手なことをしたら嫌われるという恐れによるものかもしれませんが、あなたの判断はその場において調和をもたらします。場の空気を壊すことはないでしょう。

ドラゴンテイルの星座が 蠍座 ♏ Scorpio

あなたには、影響力のある人と強い絆で結ばれていた過去生があります。何事にも変えられないほどの愛情や信頼に満たされていた半面、簡単には離れられず逃れられない閉鎖された世界でした。その感情から現世でも「相手の言うことは聞かなくてはいけない」と思い込んでいるかもしれません。大きな夢を思い描くことはタブーという感覚があり、自ら希望を切り離そうする癖があります。「願っても無駄」「傷つかないように期待はしない」という制限を自分にかけているかもしれませんが、現世での人生の主はあなた自身です。あなたがあなたを認めて愛し、大事に生かしてあげてください。

ドラゴンテイルの星座が 射手座 ♐ Sagittarius

あなたの魂は過去世でさまざまな経験があります。いつも「魂はどこからきたのか」「宇宙はどうなっているのか」という果てしない探究心とともにあったでしょう。そのため現世でも悟りを開くことへの興味が強すぎるようです。しかし人生を深刻に考えすぎるときもあれば、楽観的で何も考えないときもあるでしょう。要するに二面性があり、それをうまくコントロールしていくことを現世で学ぶのです。人と関わりたいのに面倒に感じるという二面性もありますが、現世では1人よりも誰かと過ごすことで魂が喜びます。人と関わる機会を軽んじず、かけがえのない友人を見つけられたら最高の人生です。

ドラゴンテイルの星座が 山羊座 ♑ Capricorn

過去世で「家族の一員」だった期間が短いようです。家庭よりも社会や組織の一員として役割をこなして賞賛されてきたため、現世でも過剰なほどに真面目で、無駄のない行動を取ろうとします。律儀なのは良いですが、物事や相手をきちんとコントロールできれば失敗はないと思い込んでいるのです。しかし人生には無駄や遊び、余白が必要です。また、責任を感じすぎる傾向にあり、個人的な喜びや欲求を蔑ろにしすぎています。自分の感情を許すことはわがままで社会では許されない、と感じているかもしれませんが本当にそうでしょうか。あなたの人生は、あなたが主体になって良いのです。

ドラゴンテイルの星座が 水瓶座 ♒ Aquarius

あなたの魂は過去世で、何かを長い時間をかけて研究したり観察したり、未来を作っていく役割をこなしてきました。そのため理想を掲げてそこに向かっていくエネルギーは誰にも負けません。とてもクリエイティブで、現実化のために努力することが非常に得意です。未来を良くしていく夢を描ける人なのです。しかし客観的に自分を見ているもう1人の自分がいて、喜びや興奮の渦中で冷めた面が出てしまいます。注目を浴びるのは危険だという感覚があるかもしれませんが、喜びを心から味わって、好きなことを思い切り経験することで、あなたの魂は癒やされることになり、進化します。

ドラゴンテイルの星座が 魚座 ♓ Pisces

過去世の多くで精神世界に従事していたようです。自分を犠牲にしていた記憶が残っているかもしれません。もしかすると瞑想や薬物、アルコール、セックスなどで感覚を麻痺させ、現実逃避していた可能性もあります。また、特別な施設、自分だけの世界観で暮らした経験が長いため、現実世界で生きることに慣れていません。周りの人たちが当たり前のように守っているルールに混乱しやすいでしょう。日常的な決まり事を苦しく感じ、同じようにしなければという強迫観念に取りつかれがちです。現世では毎日を丁寧に過ごし、「今ここにいる」という感覚を得ることが大事でしょう。

人生を変える ヒントになる Q&A集

自分のホロスコープチャートを用意できたら、

次のページからもっと自分のことを知ってきましょう！

ホロスコープの基本のテクニックを使って

簡単に自分のことを分析できます。

ホロスコープを見るのが初めてという人でも

占い方を見ながら調べれば簡単ですよ。

自分の性格や傾向、対人、お金、恋愛・結婚、健康、仕事

という気になる悩みを占うことができます。

たくさんの項目があるので、順番に見ても良いですし、

パラパラめくって気になったページからでも大丈夫です。

自分のことは自分が一番よく知っているつもりでも、

分析していくうちに「自分にはこんな一面があるの？」と

驚くかもしれませんし、「だからこう感じるのか」と

腑に落ちるかもしれません。

Q01:自分が得意な専門分野は?

**9ハウスは専門的教育を表します。
自分が得意とする専門分野を9ハウスのカスプの星座が
教えてくれるでしょう。**

9ハウスのカスプが

牡羊座

短期で決着がつく分野

短期勝負で競争できる分野に向いています。新しい環境にも恐れずに入っていけるので、未知の分野を発掘する探検家のように前例のないことにエネルギーを注げるでしょう。鍼灸などの針をさすこと、または前例のないことを始める能力に長けています。

9ハウスのカスプが

牡牛座

目ききを生かせる分野

審美眼があり、天然で、美しい物を見極める力をもっています。安全性や穏やかさを保つこと、また食べることなど、五感を使った分野でも才能を発揮することができるでしょう。宝石鑑定や目ききを生かせる分野が得意な人が多いです。

9ハウスのカスプが

双子座

何かを教えることや情報を処理する分野

教えることや情報処理、コミュニケーション能力を生かした分野に長けています。海外から新しいものを取り入れたり、フットワーク軽く臨機応変に対応できたり、物事をアップデートさせたりする能力があります。難しい物事を簡単に置き換えることが得意です。

9ハウスのカスプが

蟹座

心身ともにケアする分野

家族や親しい人など、心を許した人を徹底的にケアしたり守ったりする力に長けています。日常生活を快適に過ごすためのアイテムを思いついたり、感情の変化にも敏感に反応することができるので、心のケアをすることも向いているでしょう。

9ハウスのカスプが

獅子座

表現力や創造力を生かせる分野

インフルエンサー、経営者やリーダーのごとく、人の上に立つことでよりいっそう自分の専門性を発揮できます。惜しみなく表現する才能や、創造力を生かす分野で成功する可能性があるので、自分の専門性を磨くことが人生をより良くする鍵となるでしょう。

9ハウスのカスプが

乙女座

完璧主義な面を生かせる分野

分析能力や実利的なエネルギーを使う能力に長けています。きちょうめんでデリケートな気質を逆に生かせるような分野がおすすめ。整理整頓やオーガニック、健康に関するマイスターになれるでしょう。合理的な思考を生かせる分野も良いかもしれません。

別冊P1に記入した
自分のホロスコープを見て
［9ハウスのカスプの星座］を確認。

例：Mさんの場合は牡牛座。

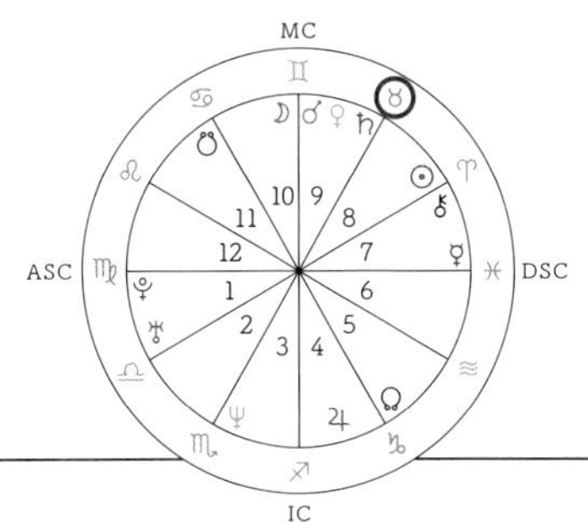

9ハウスのカスプが

天秤座

美に関する分野

バランス感覚やファッション、美容に関したことであれば、どんなことでも才能を発揮できるでしょう。または、人間関係を重視する傾向があるので、マナーや礼儀に関したことを極めるのも得意。マナー講師や、ホテル従業員がおすすめです。

9ハウスのカスプが

射手座

専門分野を追求する

自分なりの哲学意識をもち、自分の知らない世界を発掘していく探究心に長けています。また、スポーツや海外旅行など、常に動くバイタリティーをもち合わせています。長い時間をかければ、何かの専門分野や研究者として頭角を表すかもしれません。

9ハウスのカスプが

水瓶座

エンジニアやシステム関係

電気機器やITに強く、新しいデバイスにもすぐに対応できそうです。また、独創的な発想が状況を進化させる能力としても発揮されるでしょう。エンジニアやシステム関係の才能があります。単体で動けるほうが、個人の専門性を発揮できるでしょう。

9ハウスのカスプが

蠍座

独自の才能を発揮できる分野

秘密主義で洞察力が高く、口が堅いことから、探偵やアンダーグラウンド的なことにおいて独自の才能を発揮できるでしょう。性的な関係や心理学、マインドに関したことにおいて興味が強く、徹底的にこなしていく持続力もあります。

9ハウスのカスプが

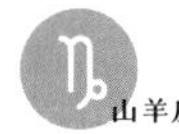
山羊座

同じ経験を積み重ねること

具体的な構想をしたり組織化したり物事をまとめたりする才能があります。堅実で真面目に努力できるので、本人の意に反して伝統的なことや責任あることをまかされるかも。同じ環境で長く続けやすく、経験がいつのまにか専門性になっていたという場合も。

9ハウスのカスプが

魚座

福祉関係やボランティア活動

献身的精神があるので、福祉やボランティア、弱い者を助ける活動にエネルギーを注ぐでしょう。また、芸術的センスは抜群でサイキックやスピリチュアルな才能を生かして専門家になる人も。なぜか心休まる場所があり、その場所を知り尽くすでしょう。

Q02:自分が気づいていない人生の夢は?

希望や理想を表す11ハウスを見ていきます。人生で何を成し遂げたいのか、願っていることなどを知ることができます。

11ハウスのカスプが

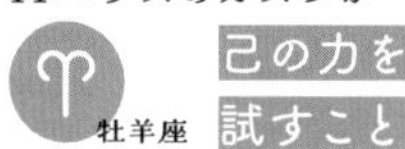

牡羊座

己の力を試すこと

自分の力を試してみたいと思っています。仲間と切磋琢磨し合ったり、言葉を選ばずズケズケと何でも言い合えたりするような関係を築くことを望んでいるでしょう。自分の強さや、たくましさを磨くことが、人生の夢だと思っています。

11ハウスのカスプが

双子座

おいしい部分だけを味わいたい

使い捨ての物のように、用途が済めば気兼ねなく破棄することを望みます。もったいないという意識を捨て、贅沢においしい部分だけを味わいたいという欲求がある人。交友関係でも長く友情を育むより、その場での会話を楽しみ、サラッとした関係を求めます。

11ハウスのカスプが

獅子座

リーダー格の人気者

苦労人としての成功や、貧乏な暮らしを経て大金持ちになるなど、ある種のサクセスストーリーを思い描いていそう。人は成長したいもので、人生は常に良くなっていくと信じています。リーダーのような人気者になりたいという、隠れた欲求もあります。

11ハウスのカスプが

牡牛座

自分の五感を満たしたい

ダイエットやコレステロールを気にせずに、おいしい物を好きなだけたくさん食べたいと願っているかもしれません。健康に良いとされる物ではなく、自分の五感を満たすことを第一に考えているでしょう。自分自身を甘やかして、喜ばせてあげたいと願っているのです。

11ハウスのカスプが

蟹座

本心を言い合える関係性

友達や仲間とは家族のように温かく、何でも言い合える関係性を望んでいます。または、結婚したり家族を迎えたりすることに、憧れがあるのかもしれません。自分だけのお気に入りの部屋を作って、その中にこもりたいという願望がある場合もあります。

11ハウスのカスプが

乙女座

どんなことでも整理して分析したい

きれいに片づけられて、整頓された部屋に住むことを望んでいます。パソコン内のデータや机、棚が整理され、物事に秩序があることに夢を抱いているでしょう。いつか、人生経験をまとめたいなど、何事も整理して分析したいというひそかな夢がありそう。

別冊P1に記入した自分のホロスコープを見て［11ハウスのカスプの星座］を確認。

例：Mさんの場合は蟹座。

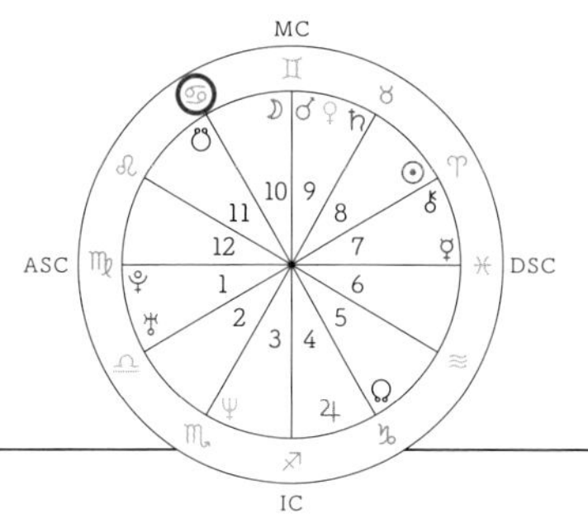

11ハウスのカスプが

天秤座

平等に扱われること

自分が相手に必要とされて、求められていることを感じたいようです。平等に扱われることに夢を抱いているでしょう。取引や賄賂、損得感情での関わりではなく、1人ひとりが違っていてもそれが許され、平等の上で成り立つ世界観を求めているかもしれません。

11ハウスのカスプが

蠍座

死後の世界を探求したい

人を深く信用し、その人との絆を深めることをひそかに願っています。性的欲求を満たすことも、秘密を共有することも、ひそかなる喜びをかなえることだという期待をもっていそう。または、死後やスピリチュアルな世界を探求する欲求があるかもしれません。

11ハウスのカスプが

射手座

人生を謳歌し自由を体験すること

誰にも束縛されず、誰の顔色も気にせず、自由に旅をしたいと願っています。行く先を決めず、その場限りのチャンスを生かして、人生を謳歌してみたいと思っているのでしょう。制限をとっぱらった自由を体験してみたいと、願っているようです。

11ハウスのカスプが

山羊座

行動や努力を自分の手柄にしたい

これまでの経験はすべて無駄ではなかったという証拠を城壁のように積み上げて自分を守りたい欲求があるかも。行動や努力のすべてを自分の手柄にして、安心を求めます。人間関係でも相手に誠実さを期待し、時間をかけて信頼を築きたいと願っているのです。

11ハウスのカスプが

水瓶座

煩わしい関係を排除したい

相手に気を使うような、余計なつき合いを一切排除し、自分の好きな世界観にひたりたいと考えているでしょう。ゲームの世界に好きなだけ没頭したいのかもしれません。最先端の技術を用いて、自分の限界を超えることに喜びを感じる場合もあるでしょう。

11ハウスのカスプが

魚座

愛し合える人との甘い関係

何よりも愛が大事だと、心のどこかで願っているでしょう。現実世界では器用に働いて、そこそこ満足できていたとしても、心のどこかで信頼し、愛し合える人と甘美な感性を満たし合いたいと願っています。利益よりも、純潔さに惹かれやすいタイプです。

Q03：自分が安心できる自分の居場所は？

家庭環境や住居を表す4ハウスを見ることで、あなたが安心できる場所や環境がわかります。その場所で何をすべきかを星座が教えてくれるでしょう。

4ハウスのカスプが

牡羊座

活気がある賑やかな場所

忙しなく人が行き交い、雑音が聞こえてくるくらいの空間のほうが落ち着くかもしれません。勢いあるエネルギーの中で育った可能性があるので、静かでゆっくりした空間より、お互い切磋琢磨していくような競争意識のある環境のほうが力を発揮できるでしょう。

4ハウスのカスプが

牡牛座

おいしい物や美しい物に囲まれた空間

焼きたてのパンの香りがしてきそうな、美味しい物をいつでもたくさん食べられる空間に馴染みがあります。また、美しい食器や家具が飾ってあるなど、きれいな物に囲まれた空間だと、自分の感性が喜び、良い気分にひたることができそうです。

4ハウスのカスプが

双子座

本や漫画が置いてある場所

本や漫画がたくさん置いてあり、いつでも好奇心を満たしてくれる情報がすぐに手に入る空間だと落ち着くことができるでしょう。人の話し声がほどよく聞こえるカフェなどの空間でもリラックスできるはずです。本屋とカフェが併設されている場所がベスト。

4ハウスのカスプが

蟹座

好きな物に囲まれた空間

手作り料理や思い出の品、勲章が飾ってあるような家族の歴史を感じる空間が落ち着くでしょう。昔好きだった物をコレクションし、好きな物に埋め尽くされている感覚が、より安心感を増幅させるのだと思います。観葉植物が育ちやすい空間だとベター。

4ハウスのカスプが

獅子座

自分の心の中に安心できる領域がある

環境や空間より、幼い頃に育ててくれた家族や関わっていた人たちに恵まれていて、周りから無意識に良いエネルギーを受けて育ったでしょう。自分の心の中に安心できる領域があり、いつでもそこに帰れるのです。大きな建物の中で力を伸ばしていけます。

4ハウスのカスプが

乙女座

整理整頓されていてきれいな部屋

教育熱心な親のもとであったり、しつけの厳しい環境で育ったりしている可能性があります。ルールを守り、しっかり整理整頓されたきれいな空間や、機能性が高い部屋が一番、心を落ち着けられて、安らぐことができるでしょう。

別冊P1に記入した自分のホロスコープを見て［4ハウスのカスプの星座］を確認。

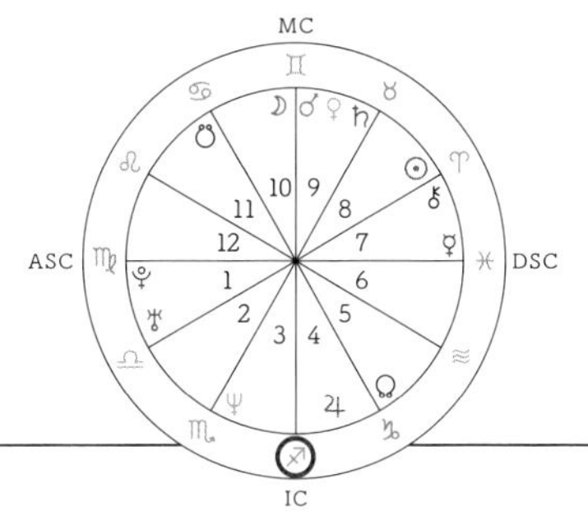

例：Mさんの場合は射手座。

4ハウスのカスプが

きれいに飾られた空間

きれいに飾りつけされた空間に、喜びを感じるでしょう。人とふれ合い、楽しく会話できるような状況や、ゆったりしたソファーに美しいティーカップ、美しくコーディネートされたテーブルで、好きな人とゆったり過ごせるような空間が落ち着きます。

4ハウスのカスプが

大きな窓がある開放的な空間

信頼して相談できる人がいる空間ならどこでも安心できます。比較的自由な環境で育っているため、どんな環境にも適応する能力があり、初めての場所でも落ち着けるタイプ。強いて言うと大きな窓があって開放的な場所だと未来への想像が高まり落ち着けるでしょう。

4ハウスのカスプが

近代的なさっぱりした空間

温かみのある木造の部屋よりも、都会的で無機質なコンクリートの打ちっぱなしくらいさっぱりした空間が好みでしょう。空気感の残る歴史のある空間より、より洗練された時代の先を行くような電化製品が充実している部屋のほうが落ち着くでしょう。

4ハウスのカスプが

自分だけの閉鎖空間

自分の声が外に漏れない安全な密封空間が好きでしょう。誰にも見せない、何をしているかもわからない場所を確保することで自分の心をゆるめられます。日差しが差し込む陽気な場所より、地下の暗い部屋のほうが安心して目を開けられる感覚かもしれません。

4ハウスのカスプが

昔ながらの旅館や歴史を感じる建物

しっかり役割を果たして適度な疲れとともに帰る部屋ならどこでも快適。空間自体にあまり興味がなく、成果によって満足感が変わります。昔ながらの旅館や歴史を感じる建物だと、これまでの経験を肯定してもらっているかのような安心感を得られるでしょう。

4ハウスのカスプが

美術館のような部屋や自然を感じる空間

芸術作品がたくさん飾ってあるような部屋や、美術館のような空間にいると、かなり感覚が心地よく刺激されるでしょう。または、海や川など、水の流れる音が聞こえるような自然を感じる空間でも、心が洗われる感覚になり、落ち着くことができそうです。

Q04：自分が癒やされる日常の過ごし方は？

健康を司る6ハウスは、あなたが癒やされるためにはどのように日常を過ごしたら良いか教えてくれます。その結果、健康にもつながるのです。

6ハウスのカスプが

牡羊座

メリハリをつけて過ごす

ウォーキングやランニングなど、定期的に運動したり身体を鍛えたりするのがおすすめ。生活にほどよい忙しさを取り入れると身も心もスッキリしそうです。身体を壊す勢いでやり切るバイタリティーがあるので、ある程度メリハリをつけた時間の過ごし方を。

6ハウスのカスプが

牡牛座

おいしい料理を楽しむこと

のんびりとアフタヌーンティーを楽しむような、おいしい物をゆっくり味わいながら過ごすことが癒やしになるでしょう。お気に入りのアロマを焚きながらマッサージするのもされるのも好き。1日のうちに1回はおいしい食事を取ることが楽しみで、癒やされます。

6ハウスのカスプが

双子座

好きなことに関する情報を取り入れる

おもしろい本を2倍速で読むような、好きなものの情報を浴びるように取り入れることが日頃の癒やしになりそうです。ゆっくりまったりというより、シャキシャキ動いてさっさとやることを終える。その後、動画を視聴して情報にひたることで癒やされるでしょう。

6ハウスのカスプが

蟹座

家族やペットと一緒に過ごす

安心できる家や部屋、空間で大切な家族と一緒に過ごすと癒やされます。自分のことだけでなく、家族のイベントを一緒に体験することでも心が穏やかになるでしょう。自然を取り入れたくて観葉植物を育てたり、ペットと一緒に過ごす時間も癒やしとなりそうです。

6ハウスのカスプが

獅子座

人生を満喫していると感じられる時間を重ねる

普段はしっかり働き、バリバリ役割をこなします。休日はデートやイベントに出かけて華やかな世界を楽しむでしょう。人生を一瞬でも無駄にせず満喫し切れるよう充実した時間を重ねると癒やしになりそうです。賞賛される機会もかなりの癒やしになります。

6ハウスのカスプが

乙女座

時間通りに物事をこなすこと

決められた時間で、タイムスケジュール通りにことを済ませ、日々の健康を維持して過ごせることが癒やしになりそう。身体に良いと言われるサプリや、健康食品を取り入れ、ほどよく仕事や役割をこなすからこそ、プライベートな時間を自分で許して楽しめるのです。

別冊P1に記入した
自分のホロスコープを見て
［6ハウスのカスプの星座］を確認。

例：Mさんの場合は水瓶座。

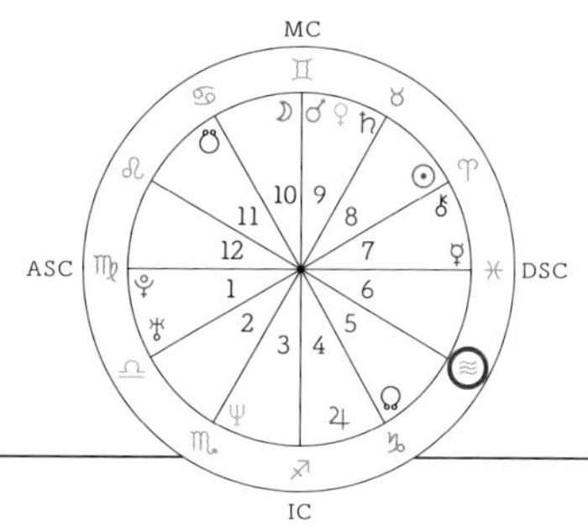

6ハウスのカスプが

天秤座

美に関することを取り入れる

いろんな人と関わりながら自分なりの「美」を追求していくことが癒やしとなります。美しい生活を考え、その都度スケジュールを調整しながら毎日を楽しむようです。メンテナスデーとして、エステやネイルの時間を組み込むことでも癒やしになるでしょう。

6ハウスのカスプが

射手座

未来を想像しおもむくまま過ごす時間

次はどこへ旅しようか、と想像を膨らませながら未来を想像するのが日常の癒やし。気の向くままに過ごしていて、気がついたらもう夕方だったみたいな、おおらかな日も癒やしになります。働くことは好きだけど、自由を満喫するために日常をこなす節があります。

6ハウスのカスプが

水瓶座

自由気ままに生きること

多くの人が働いているであろう時間帯に、休みを取って出かけたり、遅くまで寝ていたりして、誰にも文句を言われない自由な時間を過ごすことが癒やしとなりそう。毎日決まった時間割より、シフト制や日によって行く場所が違うほうが退屈せず楽しめるでしょう。

6ハウスのカスプが

蠍座

大好きな人の行動を把握できること

普段の顔とは違う自分を体験することが、日常の癒やしとなります。たとえば月に1回だけコスプレをする、自分にだけごほうびを与えるなど、秘密のことをする時間を作りましょう。また、大好きな人の行動を把握できたら、それだけで日常は癒やされます。

6ハウスのカスプが

山羊座

金銭面で安定感を得ること

今日もしっかり仕事して稼げたぞ！という安心感を得ることが日々の癒やしになります。仕事が途切れたり休みすぎたりすると、別の義務や課題を見つけたくなるでしょう。ほどよい役割をこなし、オンオフの切り替えをしっかりすると癒やしの時間を生み出せます。

6ハウスのカスプが

魚座

何も考えずにリラックスできる時間

ヒーリングミュージックを聞きながらマッサージを受けたり、自然の中でゆっくり過ごして自律神経を整えたりするような時間が癒やしになります。山や海の近くなど、自然を身近に感じられる場所に住むことがありそう。猫と戯れるのも至福の時間となるでしょう。

Q05: 自分が「元気になれる」方法は?

**木星は、1つの星座に約1年間とどまるため、
同じ年に生まれた人は同じ星座となりやすいです。
そのため、木星がどのハウスに入っているかで読んでいきます。**

木星が1ハウス　見晴らしの良い場所で深呼吸をする

高層ビルやタワーの屋上、山の頂上など見晴らしの良い場所で深呼吸するのがおすすめ。もともと人生を楽観的に楽しく生きる運をもっているので、あまりクヨクヨはしないと思いますが、元気が出ないときは遠くを見渡せる高い場所に行くと前向きになれます。

木星が2ハウス　五感を通して滋養を取り入れる

宝石や絵画など美しい物を飾っている展示会、試食を楽しめるイベント、美しい音の調べなどに耳を傾けられる音楽会や自然の中など、視覚や味覚、聴覚などの五感を通して滋養を取り入れられる場所が良いでしょう。あなたにたっぷりと元気を与えてくれます。

木星が3ハウス　おしゃべりやネットサーフィンをする

インターネットの中から、あなたが今興味を抱いているタイムリーな情報をピックアップしてみましょう。または知人とカフェで他愛ない話をしたり、兄弟や友達と家でゆっくりおしゃべりをしたりすることでも、段々と元気を取り戻すことができるでしょう。

木星が4ハウス　懐かしい場所に足を運んでみる

実家や故郷、子どもの頃に通っていた場所、祖父母の家など、昔の思い出に通じる場所に訪れると元気になります。また、自分の部屋を快適に整えることで部屋がパワースポットに。外出より家の中でゆっくり過ごすことでパワーチャージできます。

木星が5ハウス　夢のある場所や特別な場所で過ごす

遊園地やテーマパークなど、非日常で思い切り遊ぶことがストレス発散になり、元気が復活します。また、特別を感じる場所でも創造性が刺激されるので、自然の中でのキャンプ、都心のホテルの最上階のようなリッチな場所で、人生を楽しむ力が湧きます。

木星が6ハウス　馴染みのある空間でリラックスする

職場の給湯室や更衣室など、毎日通っていて気持ちを切り替えられる場所が、元気を取り戻すパワースポットです。スポーツジムのロッカールームも◎。仲間に愚痴を聞いてもらうだけでなく、コンスタントに運動することも、元気を復活させるのに役立つでしょう。

別冊P1に記入した
自分のホロスコープを見て
［木星のハウス］を確認。

例：Mさんの場合は4ハウス。

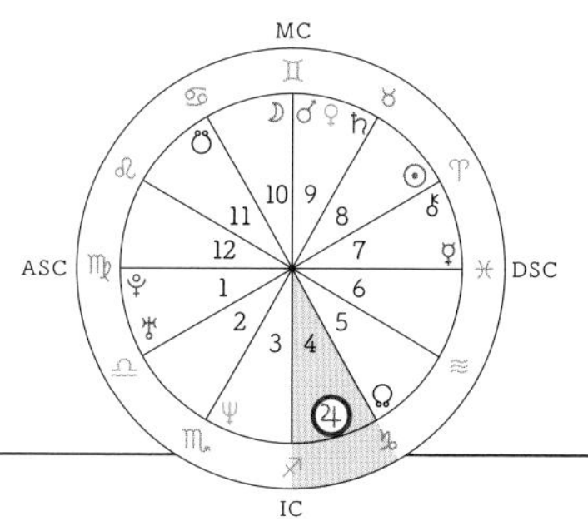

木星が

ハウス

好きな人と一緒に楽しく過ごす

より良い人間関係が開運のポイントです。合わない人と嫌々つき合うことは、運気を下げることになるのでやめましょう。関わる人によって毎日の生活が変わっていきます。この人が好き！と思える人と一緒に過ごせたら、それが一番の元気の源になるでしょう。

木星が

ハウス

秘密の楽しみを1人でこっそり味わう

自分だけの楽しみを満喫することです。密かにコスプレを楽しんだり、へそくりを増やし、投資で資産を運用したりするのも良いでしょう。神秘学や心理学、オカルト分野にも縁がありますし、人と強くつながることで「生きている！」と幸福を感じられるでしょう。

木星が

ハウス

信仰する場所や非日常空間に行く

信じているものに正面から向き合うと、「守られている」と感じて元気になるでしょう。たとえば教会や神社、自分にとって大事な故人のお墓参りに行くことが元気回復に。海外や日常から離れた場所にも縁があり、広い世界を見ることでパワーアップします。

木星が

ハウス

社会の中で自分らしく活動する

目上の人と一緒に過ごす場所や、親の住まい、人の集まる場所がパワースポットになります。内側よりも外側、つまり社会の中でどう活躍していくかが、元気の源と直結します。仕事で厳しく戦うというよりは「自分の世界は自分で作る」という感覚で行動を。

木星が

ハウス

誰かを応援することが自分の喜びに

皆で支え合うような活動、サークルやコミュニティーでの活動から元気をもらえます。人を応援することがあなたの喜びです。あなたは無意識に人に希望を与え、目標意識を高めています。団体行動は苦手だと思っていても、実は組織に必要とされているのです。

木星が

ハウス

瞑想やリトリートでリフレッシュする

物質主義の現実から意識を切り離し、自然の波動を感じることで元気になれます。非日常で静養するリトリートや瞑想、信頼できるパワースポットに行くことで必要なエネルギーを吸収できる気質です。慈善活動を通して精神的な徳を積むことで自分も癒やされます。

Q06: 自分の「生きる姿勢」は?

金星が入っているハウスを見ることで、自分の「価値観」がわかります。それぞれのハウスの特徴となることに、生きる姿勢を見出しているのでしょう。

金星が

ハウス

自分を好きでいるために行動を起こせる

その場を心地よくすることが得意で、自ら行動を起こし、自分自身に価値を見出しながら生きていく人です。おしゃれをすることで、自分の魅力を最大限に引き出すことができます。「昨日の自分より、今日の自分のほうが好き！」をモットーに生きていきます。

金星が

ハウス

自分の感覚を大切にする

五感を楽しませ、好きな物を食べ、清潔で美しい家に住み、自分の感覚や価値を大切にします。物質面でも精神面でも自分の感覚に価値を置き、満足感を求めます。こだわりが強い場合もありますが、それだけ審美眼があり、豊かに過ごす努力ができる人です。

金星が

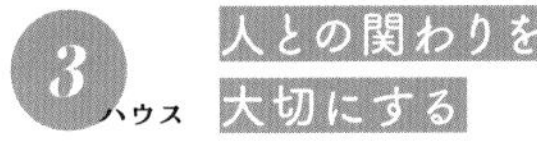

ハウス

人との関わりを大切にする

本を読んだり書いたり、さまざまな人と関わり、コミュニケーションを取ることに価値を置いています。流行にも敏感で情報通です。好奇心が常にいろいろな方向に向き、仕入れた情報をもとに考えを共有し合い、感化し合いながら生きていくことを望んでいます。

金星が

ハウス

心地よく過ごすことを何よりも大事にする

無理に頑張って自分を追い詰めるより、ゆったりと心地よい場所で過ごすことを望んでいます。常に感情が満たされるよう気を配り、安心に価値を置くので、変化より安定を好みます。母親や家庭など、常に変わらずに存在するようなものに安らぎを求めるでしょう。

金星が

ハウス

刺激的な状況を好み創造的な毎日を生きる

クリエイティブに生きることに価値を置いています。ありきたりな毎日よりも刺激的な事柄を好み、ちょっとしたアドベンチャーを自分に課して、乗り越えることに喜びを見出します。予想外のサプライズを楽しみながら、平凡な日々を創造的な時間にできる人です。

金星が

ハウス

役割を果たすため効率良く過ごしていく

与えられた義務をきっちりこなし、頑張れば頑張るほど認められるような環境で、自分の役割を果たしていくのが好きな人です。オフィスワークに適しているでしょう。また、健康に価値を置いて、必要以上に無理をしません。効率良く日々を過ごしていける人です。

別冊P1に記入した自分のホロスコープを見て［金星のハウス］を確認。

例：Mさんの場合は９ハウス。

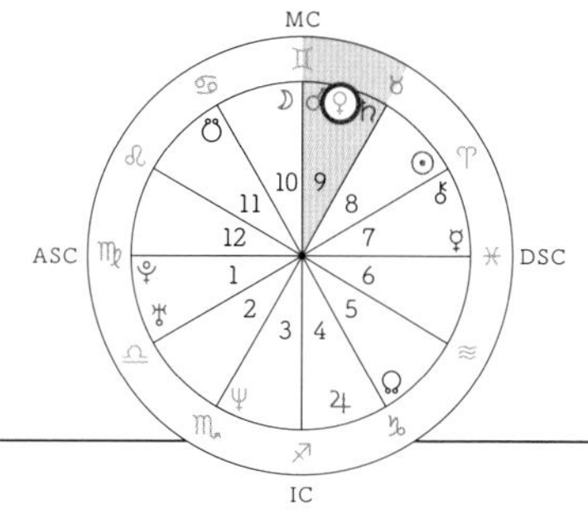

金星が

ハウス

ご縁を大切にして彩りある人生を作る

1対1の関係に価値を置いており、公正や正義感もほどよくあります。人から好かれる振る舞いや美しい装いをすることが多く、結果的に結婚や恋愛に恵まれます。関わる人によって人生が豊かになることを知っているので、ご縁のあった人を大事にするでしょう。

金星が

ハウス

誰かを心から応援する本当は愛の強い人

相手を信頼し、愛することに情熱をもちます。好きな人との間に隔たりを感じないよう、すべてを共有することを望みます。そのため、相手がセクシャルな欲求を満たしてくれなかったり、嘘をついたりすると不安に。嫉妬心が強く、執念深くなる傾向があるでしょう。

金星が

ハウス

いつまでも学ぶことを忘れない

人生が開かれる可能性を探していける人。自分なりの人生哲学をもっていますが、異文化や違う考えも取り入れ、自分の人生を豊かにできます。専門知識を身につけることにも興味があり、学ぶことが好きなので、いくつになっても学ぶ意欲が尽きません。

金星が

ハウス

豊かな人生のために真剣に努力をする

真面目で誠実な愛情や価値観をもちます。好きな人や物を大事にし、人生を豊かにするために一生懸命頑張るでしょう。また、年長者を立てることが得意なので、目上の人にかわいがられます。真面目さや努力が報われて、お金に縁ができる人も。

金星が

ハウス

自由を愛し独自の生き方を求める

自由を愛し、心より頭で物を考える傾向があります。友人や仲間に恵まれますが、自分の欲を優先しやすい面があり、人によっては薄情で冷たいと感じられるかも。他人を気にせず、オリジナリティーを追求する姿勢は、多くの人の勇気や希望になります。

金星が

ハウス

形のないものも大切にし豊かな感性で人を助ける

とても繊細な感性をもち、スピリチュアルなこと、目に見えないことを大切にします。ダンス、音楽などの芸術関係や、スピリチュアル、ヒーリング関係で力を発揮するでしょう。人を助ける力がありますが、傷つきやすいので、自分をしっかり保つことが大切。

Q07：自分の個性は？

太陽の星座は、社会の中で自分がどんなエネルギーを表現するかを示します。先天的な資質と社会的な顔を知ることで、自分の個性が浮かび上がるのです。

太陽が

目的意識が強く、バイタリティーがあり、競争心やパイオニア精神が強い人。一番の座をものにしたいと強く感じています。裏表がなく、感情のまま正直に行動します。決断力がありますが、短気で持続力に欠ける面も。攻めには強く、守りには弱いでしょう。

太陽が

牡牛座

自分の価値観を指針に確実に行動していく

自分の価値観を基準に動く人。美しい音色、おいしい食べ物など、五感を楽しませることが好き。忍耐力があり、石橋を叩いて渡る慎重派。攻撃よりも抵抗するときに力が出ます。芸術面のセンスあり。面倒くさがり屋なので、何でも手の届く場所に置きます。

太陽が

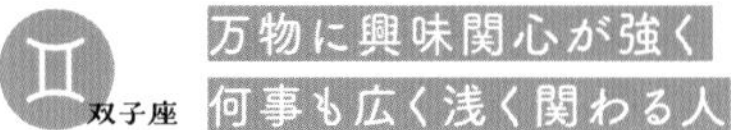

好奇心旺盛で常に人と関わります。情報収集しながらさまざまな経験を積む姿は、知的でクールな印象。何かに夢中なときもどこか冷めていて、持続力がないのが欠点。何事も広く浅く関わります。じっとしているよりは興味を追求しているほうがしっくりきそう。

太陽が

蟹座

想像力が豊かで感受性の強い人

家族や自分のルーツを大切にします。感受性が強く、環境や場の空気に敏感。心の安定と保障を求め、誰かに「守られたい」と強く願うでしょう。自分の好きな物は溜め込むタイプ。美食家で想像力豊か。文学や詩の才能があります。欠点は心配しすぎること。

太陽が

自己顕示欲が強く、人の注目を集め賞賛されるのが大好き。プライドが高く親分肌なので、頼ってくる人にはとても優しく、その人達を守ろうとします。責任のあることで頼られるほうがやる気を出して頑張れます。意外と寂しがりやの一面があり１人は嫌いです。

太陽が

乙女座

繊細な感性で働き完璧主義者

デリケートな神経の持ち主。仕事に関心があり、完璧にこなす自分を誇りに思っています。分析能力に長け、気配りや整理整頓が得意。一方で、自分が認めないと納得できず、細かいことを気にしすぎてつらくなる傾向が。自然食やサプリメントにこだわります。

別冊P1に記入した自分のホロスコープを見て［太陽の星座］を確認。

例：Mさんの場合は牡羊座。

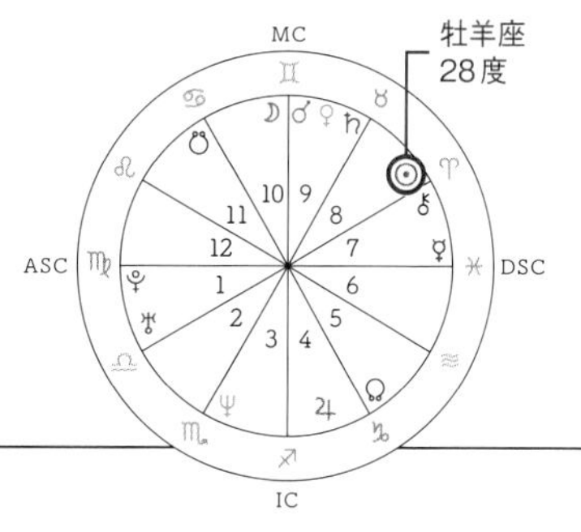

太陽が

天秤座

コミュニケーション力にすぐれた人

社交的で礼儀正しく、上品な性格。美的センスがあります。理性と感情のバランスもすぐれています。自己主張は苦手で、八方美人になりやすく、気を使って相手の欲求に合わせすぎて疲れることもありそう。いろいろな人間関係を通じて人生が発展します。

太陽が

射手座

理想を追い求め活動する陽気なアウトドア派

陽気で楽天的、楽しいことが大好きです。何かを学んで成長したいという思いが強い人。理想家で常に発展的なものを求めるので、人とのつき合いも多いでしょう。哲学や宗教にも心魅かれますし、旅行やスポーツなどアウトドア派で海外と縁のある人も多いです。

太陽が

水瓶座

誰にでも友好的で個を尊重する自由人

「人類皆兄弟」的な考えをもち、差別する感覚がありません。個人の意見を尊重し、自分の個性も大切にします。誰に対しても友好的ですが、団体行動は苦手。お金や名誉より精神の自由を大切にするので、制限や束縛、誰かと同じ扱いにされることを嫌います。

太陽が

蠍座

感情的に生きる秘密主義者

感情の深さと激しさは右に出るものがいません。猜疑(さいぎ)心や嫉妬心も強め。秘密主義で、自分のことは正直に話しませんが、他人のことには興味津々。すぐれた集中力と忍耐力で、やり切る力をもっています。研究心や探究心も旺盛で調査するのも得意です。

太陽が

山羊座

仕事を熱心に頑張り自分に厳しい真面目な人

責任感が強く、社会的評価も気になるので、一生懸命働き、社会人としての義務を果たそうとします。比較的孤独に強く、凝り性な面もあるので、1人でコツコツ頑張れる人です。常に善悪の基準が自分の中にあり、自分に厳しいので他人にも厳しくなりがち。

太陽が

魚座

勘が鋭く空想好き純粋なロマンティスト

ロマンティックで純粋なものに憧れ、空想的な世界にはまりやすいタイプ。自分を出すのは苦手です。同情心が強く、相手のエネルギーを無意識に受け取ってしまうので、1人の時間がとても大切になります。繊細な分、勘が鋭く、慈悲の心に満ちています。

Q08：自分が「輝けるシチュエーション」は？

生きていく上でもっとも重要な人生の分野を知ることができる太陽のハウス。どんなシュチュエーションで、自分自身が満たされ、輝けるのかを見ていきましょう。

太陽が1ハウス 新たなことに関わり 未知の扉を開くとき

何かのスタートに関わって未知の扉を開く瞬間、本来持っている生命が輝き、それを起こそうとしている私が「私」そのものであるといった感覚になります。また、外見を磨けば磨くほど自尊心が高まり自信になるので、見た目にお金をかけるのはおすすめです。

太陽が2ハウス 自らの感性で 価値を見極めるとき

物事の価値を見わけるという機会に、感性が際立ちます。そして感性を試す機会があればあるほど、自分の感性がまさに唯一無二の宝なのだとわかるでしょう。また、どのようにお金を稼ぐか思考錯誤することでも、自らの真の強さを思い出すきっかけに。

太陽が3ハウス 機転のきいた対応で 相手を楽しませるとき

機転をきかせて状況に対応する場面で才能を発揮します。トークアプリやSNSなど非対面の会話でも、他の人とは違った巧みな表現で相手を楽しませることができます。兄弟など身近な人との縁を生かして、自分らしさを発揮することもあるでしょう。

太陽が4ハウス 親しい人の中で 自分らしさを出すとき

安心できる場所、たとえば家族間や家の中で自分らしさを発揮できます。自分がいかに大事な存在で、愛されているかを感じることで自尊心が高まり、今の場所で自分が何をすべきかがわかります。親しい人たちとの関係性が自らを輝かせることに繋がるでしょう。

太陽が5ハウス リスクのある状況下で 勝負をかけるとき

ここぞ！という勝負に強く、緊急事態にこそ、すごい力を発揮します。多少リスクがあるほうがチャレンジ精神をかき立てられ、本領発揮しやすそうです。しかし、苦行は似合わず、「好きなことをして楽しく生きていく」くらいの気持ちのほうが、輝きが増すでしょう。

太陽が6ハウス ルーティンワークを 的確にこなすとき

予想外のことに惑わされず、きちんとルーティンをこなせる状況にあると、落ち着いて自分の潜在能力を活用できるでしょう。介護や弱者のサポートなど、どうすれば相手のためになるかを考えることが得意で、細胞レベルで喜びを感じるでしょう。

別冊P1に記入した
自分のホロスコープを見て
［太陽のハウス］を確認。

例：Mさんの場合は8ハウス。

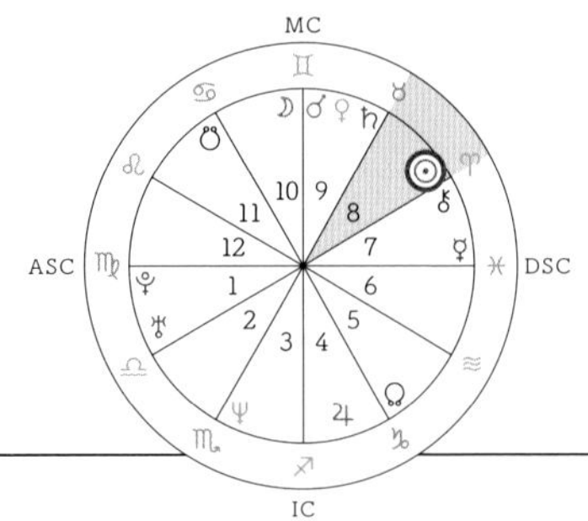

太陽が

ハウス

相手のために自分の能力を生かすとき

誰かのために自分の能力を発揮する状況で、生きている実感を得やすいかも。特に、自分に不足している分野に長けた人と向き合うとき、これまでの経験で培ったすべての叡智を生かして、相手のために自分を表現することで、あなたの輝きは増すでしょう。

太陽が

ハウス

物事の裏側を探り暴き出そうとするとき

相手の本音が見えたときや、自分で自分を認められたときに最高のパフォーマンスを発揮します。愛する人と何の疑問や不安もなく交れたときには、魂が震えるほどの喜びを感じるでしょう。真実を暴くときには、脳がフル稼働し、見えないものも察知できそう。

太陽が

ハウス

自分を成長させる学びを行っているとき

個人的な成長に向かって進んでいこうとするとき、あなたの精神は開かれていて、最高に輝いて見えるでしょう。思考や知識を深めるだけでなく、肉体を鍛えることも良いので、スポーツなどで定期的に身体を動かすことで、あなたの身体的輝きは持続します。

太陽が

ハウス

頼られる立場のときに自己能力を発揮する

公共の目に晒される環境や、親になったり役職がついたりと、たくさんの人に慕われ、頼られているという状況で、力を発揮できるでしょう。怖気づいたり隠れたりせず、堂々と社会に向かって自分を表現して生きていく…それだけであなたは最高に輝いています。

太陽が

ハウス

自分の個性を仲間の中で発揮するとき

同じ目的をもつ仲間や趣味の集まりで、自分らしい個性を発揮することができます。1人で過ごすこともできますが、多くの人が集まる場でこそ、大勢の人を調和させ、自分らしさを楽しめます。納得できる自己啓発に出合うと、わかりやすく活気が出るでしょう。

太陽が

ハウス

1人でゆっくり過ごせる場所にいるとき

とても繊細で、周囲のエネルギーを受けやすいので、1人でゆっくり過ごせる場所でこそ自分らしさを発揮します。自然のエネルギーに身をゆだねることで、心と身体のバランスが整いやすいでしょう。何かしらの呪縛を解こうとする瞬間、あなたの魂は輝きます。

Q09: どうしたら今の自分に満足できますか?

太陽は、自己実現のために必要なエネルギーや、生きるためのバイタリティーを示します。今の自分に満足するにはどうしたら良いかを教えてくれるでしょう。

太陽が

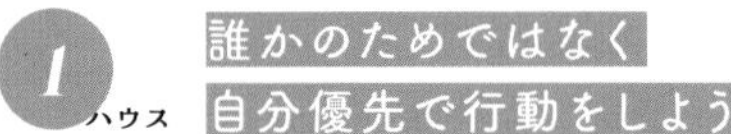

自分を優先し、自分をほめ、自分が一番得意なこと、注目されることを意識すると、自分自身に満足できるでしょう。誰かのためではなく、「自分のためにどのように生きるか」が大事です。社会の礼儀やルールを乱さない範囲で、好きなことを押し通して。

太陽が

2ハウス 自分の感性で何かを作ってみよう

鼻がきく・目がきくなど「自分の五感は他人よりすぐれている」と思って、自分の感性を信じて行動してみましょう。そして少額でも自分のために貯蓄をして「いつでも自分の価値を形にしていける」と思うことです。感覚を磨くと、満足度が上がります。

太陽が

湧いてくる好奇心を抑え込まないようにしましょう。飽きっぽい、何も身につかないなんて自己否定するのをやめて、好きなものに積極的な自分をほめて。また、得意な言語表現を生かし、あふれてくるアイデアや考えを自由に羽ばたかせると満足感が増します。

太陽が

4ハウス 安心できる自分の場所を心地よく整えてみよう

繊細な心を満たしてあげられるように、安心できる場所を作り、心地よく整えて大事にすると、満足感が増すでしょう。また、大切な思い出や好きなものをコレクションし、大事な物をいつでも手の届く場所にある状態にしましょう。心が安定して自信に繋がります。

太陽が

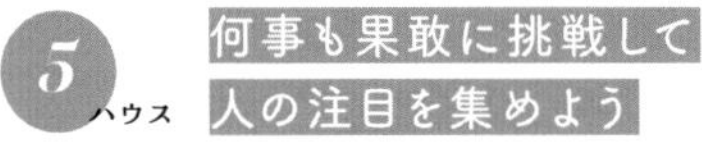

恐れずに表現し、注目を集めましょう。何度でも恋しましょう！　年齢に関係なく挑戦していく姿は輝いて見えます。「人生を謳歌している！」という感覚が、満足へと導くでしょう。また子どもや後輩など、目下の存在を育てることも、自尊心を大きく育てます。

太陽が

完璧に役目を果たし、義務をこなすこと。その結果、感謝される機会が増えることや、仕事を全うした自尊心が満足感を膨らませてくれます。また、自分の身体は自分でケアすると決め、身体が望んでいることを積極的に取り入れることでも、心が満たされるでしょう。

別冊P1に記入した自分のホロスコープを見て［太陽のハウス］を確認。

例：Mさんの場合は8ハウス。

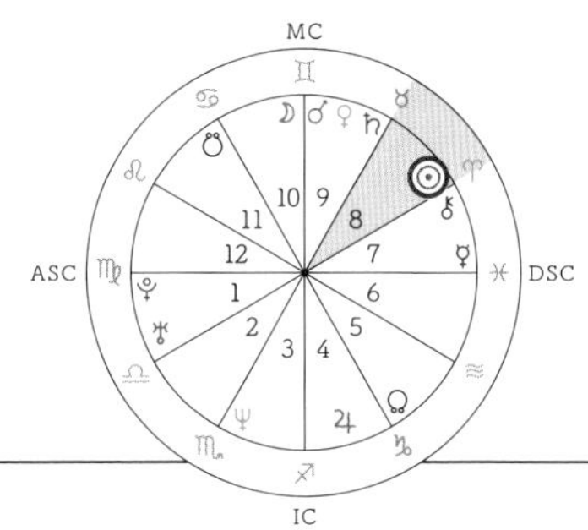

太陽が

7ハウス あえて誰かと協力して行動してみよう

人と調和に満ちた関係性を築くことで、満足感を得られるタイプ。自己主張が控えめですが「自分には、他者を思いやる気持ちがある！」と自負してください。1人でこなせることでも、あえて誰かと協力し合ってみると、底知れぬ満足感を得られるかもしれません。

太陽が

8ハウス 必要とされていることを追究してみよう

誰かに認められている、必要とされているという感覚が、自分を肯定するポイントになるでしょう。見えない世界や他人の言動に興味をもち、とことん追究し、調査するのも得意です。スピリチュアルなことや神秘的なことへの理解も、心のよりどころになります。

太陽が

9ハウス 好きなことを極めて専門性を高めよう

損得勘定を抜きに、好きなものをとことん追求して専門性を高めましょう。その精神が自分を認めるエネルギーになります。実際に自分が経験したことを肥やしにするタイプなので、海外で活動するなど、広い世界や専門性の高い分野に携わると満足度が高まります。

太陽が

10ハウス リーダーとして表舞台で活動しよう

自分の好きなように行動できる環境に身を置いたり、権威者と近しくなったり、自分が上の立場で重役をまかせられることで力を発揮します。仕事にエネルギーを注ぎやすく、裏方よりも表舞台に出て活動することを意識するほうが、満足度が高まるでしょう。

太陽が

11ハウス 新たな学びを始めて成長を楽しんでみよう

「自分にはたくさんの良き友がいる！」という気持ちや、損得関係のない友人・グループに携わっていることが自尊心を高めます。常に自分を成長させていく要素を探しているので、独創的に生きている、成長過程にいるという感覚が、自分を満足させてくれます。

太陽が

12ハウス 世界に役立つようなボランティア活動に挑戦

自分が社会の役に立っていると感じることが、自分を満たしてくれそうです。周囲に感謝の気持ちを伝えたり、自然を守る活動をしたりすると、今という時間が輝くでしょう。繊細で優しい感性を、慈愛やホスピタリティーあふれる行動に生かすと満足感がアップ。

Q10: 自分に足りないと感じるものは?

月が入っているハウスによって、自分が何に対して満足していないと感じるのかを知ることができます。精神的に安定する方法もわかるでしょう。

月が 1 ハウス

自分の感情が満たされる感覚が足りないかも

自分の感情がどこか満たされていない感覚をもっています。自分が守られている感覚が少ないからかもしれません。行動的で自己表現が豊かで、ムードやフィーリングを大切にします。あるがままの自分を受け入れ、自分を愛し大切にすると心が満たされるでしょう。

月が 2 ハウス

物質的に満たされる感覚が足りないのかも

実際は生活できるだけのお金を稼いで食べる物もたくさんあるのに、もっとお金が欲しい、食べ物も保有したいと、自分の感性に滋養を与える何かを欲しています。柔らかく包まれて愛されている感覚、五感を満たす感覚を満足させると心が満たされるでしょう。

月が 3 ハウス

コミュニケーションや情報が足りないのかも

話しても話しても、話し足りないと感じてしまうほど、コミュニケーションや情報に飢えています。小さい頃、あらゆることに好奇心を抱き、ふれて感じたことを全部話したがったように、大人になっても新しい発見や好奇心を解放し、シェアしたいと願っています。

月が 4 ハウス

安心できる空間や場所で過ごす安定感の不足かも

安心できる空間や場所を求め続けています。家族や家庭そのものから精神的安定をもらうので、家族を最優先するでしょう。また、わかっているのに愛されていることを何度も確認したくなるなど、家族や近しい人に、安心できる材料を求めてやまないでしょう。

月が 5 ハウス

刺激的で楽しいことが足りないのかも

楽しいことが足りない!と感じがちです。恋愛や子どもから心の安定を得ようとし、ドラマティックな人生を求めるでしょう。ギャンブルにはまったり、子どもが生きがいになることも。創作活動や教育の才能もあるので、そちらを生かして満足感を得てください。

月が 6 ハウス

自分の居場所の整頓具合に満足がいかないのかも

もっともっと清潔で整頓された場所に整えたいかもしれません。気がかりなことを意識から遠ざけたくて、細々と動き、整えようとします。常に完璧を目指したくなり、至らないものを見つけてしまうかも。また、健康に必要な栄養素が足りないと感じやすいでしょう。

別冊P1に記入した
自分のホロスコープを見て
［月のハウス］を確認。

例：Mさんの場合は10ハウス。

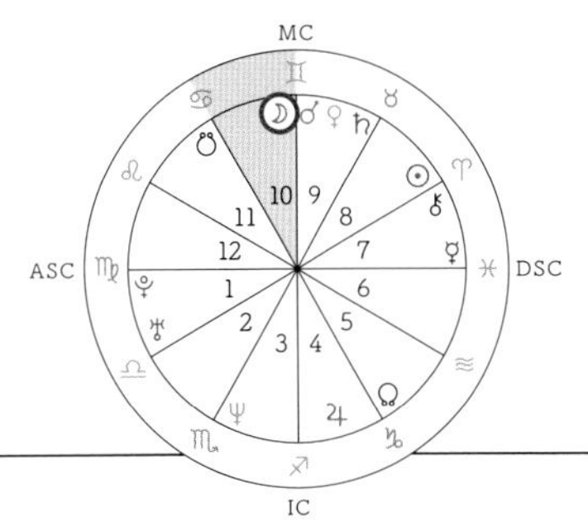

月が

ハウス

役立ち度や愛され度が足りないのかも

自分が他人に受け入れられ、他人の役に立っているという感覚がなかなか満たされません。社交的で洗練されているにも関わらず、もっと万能になろうとします。とにかく人に愛される自分になるには何かが足りないと感じて、それを埋めようとしたくなるでしょう。

月が

ハウス

人とのつながり具合が満たされないのかも

精神的な信頼関係や肉体的なつながりが足りないと感じやすいでしょう。自分の心が求めているものを認識しにくいところがあります。無意識に、相手の気持ちに沿った行動をすることで自分を認めてもらおうとするところがあり、コントロールゲームに陥りやすそう。

月が

ハウス

学びを求める気持ちが満たされないのかも

自分には学びが足りないと感じやすそう。どれだけ勉強しても成長しても、まだまだと感じ、探究心が尽きません。教育に熱心で、一生真実を追求し続けるような精神的探求心の強い人。自分の知っていることを人に教えるのも好きで、気前が良いタイプ。

月が

ハウス

社会人としての自分に満足できないのかも

社会に適応した自分であるかどうかを常にチェックし、もっとできる人間になるよう努力する人です。本当は十分社会に適応していけるのですが、いつまでも満足しにくいかもしれません。また、環境が変わりやすく、そういった状況でも適応する能力があります。

月が

ハウス

集団の中での自分に満足できていないのかも

周りの人とうまくやっていく社交性が足りないと感じるかもしれません。実際は集団行動が得意で周りの人と協力しながら何でもこなせる人です。成功願望や自己啓発に興味をもちやすく、必要なものはそろっていても、もっと有益な自分になろうとするでしょう。

月が

ハウス

自分の存在理由に対する納得感が足りないのかも

自分がどこから来たのか、生まれてくる前の世界はどんなだったか、神ともう一度一体化したいというような渇望感が。スピリチュアルな知識に救われるでしょう。つかみどころのない危うさをキャッチし、落ち着いて頼れる存在が足りないと感じることもありそう。

Q11: 自分が「許せない」と感じることは?

月は太陽と逆の要素をもちます。
目に見えない自分の内面、精神面、感情を表すのです。
月によって自分が感情的になる部分がわかります。

月が
牡羊座
人に裏切られたり置いて行かれること

前世では孤児だったり、1人で過ごすことが多かった可能性があります。現世でも1人のことが多いかもしれませんが、それゆえに、孤独には慣れていることでしょう。でも裏切られたり置いていかれたりすると心の傷が反応し、許せない気持ちになりそうです。

月が
牡牛座
自分の行動ペースを乱され急かされること

後で食べようと残していた大事な物を、勝手に食べられると許せないタイプ。自分のペースを乱されたり、急かされたりするのも苦手です。無駄な行動を取りたくないので、手の届く範囲に物を置きたがり、自分のテリトリーを犯されることは許せないでしょう。

月が
双子座
説明が長かったり話をさえぎられること

自分の話が終わっていないのに、話をかぶせられると、許せないでしょう。返信が遅いことや、わかっていることを長々と説明されたり、ペースがゆっくりすぎるのにもイライラしそうです。興味のあるところだけにしたいのに、一から順を踏まされるのも苦手。

月が
蟹座
自分の大切な領域を土足で踏み込まれること

思い出の品を勝手に捨てられることが、ひどく許せないでしょう。大切な人、家族、特に母親を悪く言われるとたまらなく悲しくなるはずです。感受性が豊かで傷つきやすく、繊細な精神の持ち主なので、自分の領域に土足で踏み入られるようなことも苦手。

月が
獅子座
プライドを傷つけられること

プライドを傷つけられることが許せません。特別な人として認められたいので、蔑ろにされたり無視されると生きていけない気持ちになります。この人の大切な記念日を忘れたら、許してもらえるまで時間がかかるはず。次の記念日で穴埋めするしかありません。

月が
乙女座
きれいにした場所を汚されること

ピカピカに磨きをかけ掃除した部屋に汚い服で入られることや、手あかをつけられるのが、たまらなく嫌でしょう。たとえば神聖なベッドに外出した服で寝ることなども許せません。メイクしたまま寝るのも、もってのほかです。

別冊P1に記入した自分のホロスコープを見て［月の星座］を確認。

例：Mさんの場合は蟹座。

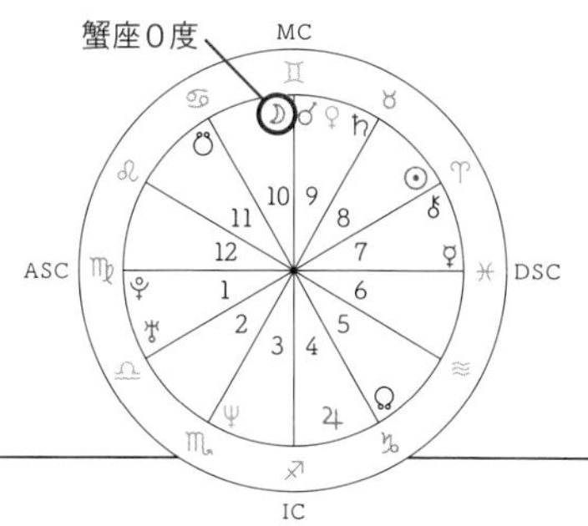

月が

天秤座
差別を感じたり気遣いをされないこと

自分と他の人への態度が違うなど、公平に扱ってもらえなかったり差別を感じると、とたんに嫌になります。またデートなど特別な状況で服がヨレヨレ、髪がボサボサなど身なりが整っていないと、自分を大事に思っていないと感じ、嫌な気持ちになるでしょう。

月が

蠍座
信頼している相手に裏切られること

深く激しい感情の持ち主ですが、普段は「何を考えているかわからない人」と言われるくらい、それを隠しています。自分が絶対的信頼を寄せている相手に裏切られたりすることが許せません。またやっかいなことに許せない感情はなかなか消えません。

月が

射手座
自分が疑われることや束縛されること

陽気で楽天的、正直者で気前が良いので何でも受け入れがちにも関わらず、自分のことを疑われたり、束縛されるのは許せません。規則正しい毎日を過ごすのも苦手で、お金に関しても大雑把。あまり細かいことにこだわる相手だと嫌になってしまうかもしれません。

月が

山羊座
努力して築いたものを無にされること

生活を切り詰めてコツコツ貯めたへそくりを遣い込まれたら許せません。楽なことよりあえて辛いことを選んでしまうタイプです。管理能力、人を教育することに関して才能を発揮します。仕事に真面目に取り組み、将来のことを考えて転職する人も多いでしょう。

月が

水瓶座
コネや権力などに服従させられること

社会のルールに縛られたり、皆と横並びに同じ扱いを受けたり、同じ行動を強いられたりするのは許せません。コネや権力に服従させられ、おかしいルールに従わなくてはならないようなことにも反発します。それだけ1人ひとりの個性を大事にしたい人なのです。

月が

魚座
弱い物いじめや夢を壊されること

弱い人をいじめることは許せません。本当は許せなくても、表面的には怒りを見せないのが特徴です。分析して論理的に話すことや、書くことはできるだけ避けたいと考えるでしょう。夢見がちで想像力に富んでいるので、現実を突きつけられるのも嫌います。

Q12: 人生で優先したほうが良いことは?

**ドラゴンヘッドは、現世の使命やカルマを表すと言われています。
自分が目標としていることを達成するために何をすれば良いかという、
人生の指針を示してくれるでしょう。**

ドラゴンヘッドが

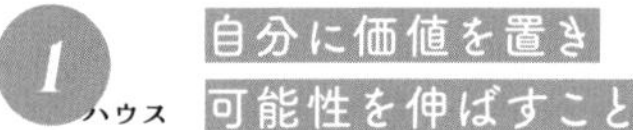

1 ハウス　自分に価値を置き 可能性を伸ばすこと

どこまで自分の可能性を伸ばせるか、自己実現できるかが重要な人。誰かに奉仕することや、自分を犠牲にすることは望まず、自分に価値を置き、自分の可能性を伸ばすことが社会貢献になります。独立独歩で開拓者精神で生きることが魂の喜びに。

ドラゴンヘッドが

2 ハウス　自分の力を使って お金や物質を得ること

存在価値を自分で確立したいと望んでいます。お金や物質を得ることやお金儲けを追求することで、自分に価値を見出し、自信につなげましょう。しかし本当の希望は、自分の価値を構築すること。親、血縁との関わりで物や形を継承する場合もあります。

ドラゴンヘッドが

3 ハウス　学びを通して 知的好奇心を満たすこと

出張、旅行など常に変化と移動を好みますが、それは新しい知識、情報を得るため。1つのことに縛られず、柔軟に知的好奇心を満たすのが良いでしょう。教育、勉強、習い事を追求するのも吉。コミュニケーションを通して自己表現するのを目標にしましょう。

ドラゴンヘッドが

4 ハウス　家族と深く関わり 心の平和を築くこと

家族や親と深く関わりましょう。墓を守ることや、家、土地にご縁があるかもしれません。自分の居場所や家を持ちたいと願うことも多いですが、本当に実現させたいのは心の平和です。精神的な成長を望みますが、それらは主に家族を通して経験するでしょう。

ドラゴンヘッドが

5 ハウス　純粋に喜びを求めて 人生を楽しむこと

冒険して自分の可能性を追求しましょう。自己表現、創造力を通して学びがあります。枠にはまらない自由な生き方をし、子どものように純粋に喜びを求めて人生を楽しむのが有益。または子どもとの縁や、何かを創造し育てることに人生の喜びを見出すでしょう。

ドラゴンヘッドが

6 ハウス　仕事など毎日の義務を しっかり果たすこと

つらい仕事も引き受け、病人の世話をするなど、常に奉仕する務めを果たすことを優先しましょう。完璧に物事をこなさなくてもいいやと思いがちですが、あえて細かいことに目を配る努力をすると、毎日をしっかり生きていける自信がつきます。

別冊P1に記入した
自分のホロスコープを見て
［ドラゴンヘッドのハウス］を確認。

例：Mさんの場合は5ハウス。

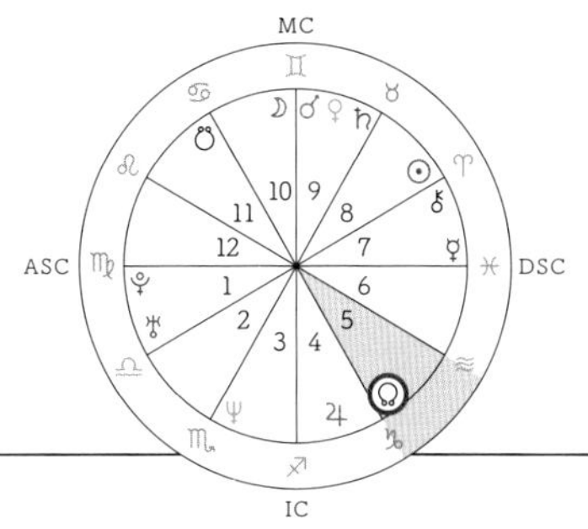

ドラゴンヘッドが 7ハウス 人との関わりを通じて自分を深く知ること

人間関係を通して自分の価値を見出します。人との深い縁を感じたり、裁判など争いを経験したりしそう。しかし、それらはすべて相手を通して自分を深く知る作業。経験を通して魂を磨けます。結婚やパートナーとの関係でも大きな学びがあるでしょう。

ドラゴンヘッドが 8ハウス 目に見えない大きな事象について学ぶこと

スピリチュアルなことや霊的なこと、目に見えないことで学びがあります。世界に何か大きなものが存在し、宇宙のリズムがあることを無意識で理解している人です。それゆえ霊的な作用を受けやすく、先祖や親と深く関わったり、人を見送る役割をもつでしょう。

ドラゴンヘッドが 9ハウス 1つのことを専門的に追求していくこと

真実の追究のために、哲学、宗教、専門的なことに関わり、自分の精神的範疇を広げたいと思う人。広い世界に目を向け、広い文化を知り、それらの情報を自分の人生に生かすことができます。1つのことを専門的に追求していく過程に学びがあるでしょう。

ドラゴンヘッドが 10ハウス 理想とする自分の社会を築いていくこと

自分の社会を築く過程で学びがあります。自分自身で理想とする世界を作ることができると知るために、現実世界では、世間から注目されたり、目立つ場所や仕事に就いたりする人が多いです。自由に意見を言える環境で、社会に挑戦しましょう。

ドラゴンヘッドが 11ハウス 仕事以外に打ち込む楽しみをもつこと

平等意識を強くもちながら、自分の夢や願望をもち続け、進化したい人です。さまざまなグループ・サークル・団体と関わり、習い事をして、同じ目的をもつ人と合流します。友人を大切にし、仕事以外に打ち込む楽しみをもって成長していくと良いでしょう。

ドラゴンヘッドが 12ハウス 困っている人を助け奉仕すること

精神世界に重きを置く人。前世でのカルマを解消するためにあえて厳しい状況を選んだり、隠れた善行をしたり、精神的な修行をしたりする人もいるでしょう。現実的な執着を手放し、慈善事業や奉仕などを行い、困っている人を助けることで魂が救われます。

Q13：どんな行動パターンが心地よい？

**人生をつくっていくバイタリティーの源を火星が示します。
何がネックとなって動けないのかを知り、
自分がどんな行動を取るべきかを導きましょう。**

火星が

牡羊座

目指す目標に向かって スピーディーに走る

目標を見つけたらじっとしていられず、瞬時に動いてしまうでしょう。逆に何のために頑張るのかという目標が見えなくなると動けなくなります。情熱的で勇気があり、冒険心に富んでいます。開拓していく喜びを感じたときに、行動力を存分に生かせるでしょう。

火星が

牡牛座

段取りを味わいながら マイペースに動く

自分のペースを大事にするので、急かされたり、予定外のことで計画を邪魔されたりするのが嫌いです。楽しいこと、やりたいことの段取りを1つずつ味わいながら経験したいので、強制されることは苦手。心地よいものを手にするためなら頑張れます。

火星が

双子座

妨害のない状況で スイスイと動く

活発で鋭敏、積極的で闘争的なエネルギーの持ち主。ツーと言えばカー！と返ってくるようなノリとツッコミも大好き。そういうやりとりや自分の行動力を妨害されずスイスイ動いていけると、ノってくるでしょう。逆に妨害があるとプイっと方向を変えたくなるかも。

火星が

蟹座

愛する人を守るために 攻撃的に動く

育った環境や母親への怒りが行動の原動力になっているかも。普段は攻撃的なエネルギーは出ませんが、自分の立場や愛する人、特に家族のためにはパワーが発揮されます。居心地の良い生活・場所を築きたい気持ちからも前向きなエネルギーが出ます。

火星が

獅子座

賞賛を得るために パワフルに動く

誇りをもっており、自分をよく見せるためや人から賞賛されるための努力を惜しみません。目的に向かって成長したいエネルギーも強く、創作意欲があります。また、リーダーシップがあり、コーチなどにも向いていますが、権力志向が強く出てしまうかもしれません。

火星が

乙女座

予定を立てた通りに 合理的に動く

ある程度きれいな状態の物をきっちり並べることや、予定通りに物事を進めることが心地よく、置くべき場所にきちんと収まることで安心できます。頭の中で考える段取りと報酬のバランスが取れていると頑張れますが、バランスが悪いと動きづらくなります。

別冊P1に記入した自分のホロスコープを見て［火星の星座］を確認。

例：Mさんの場合は双子座。

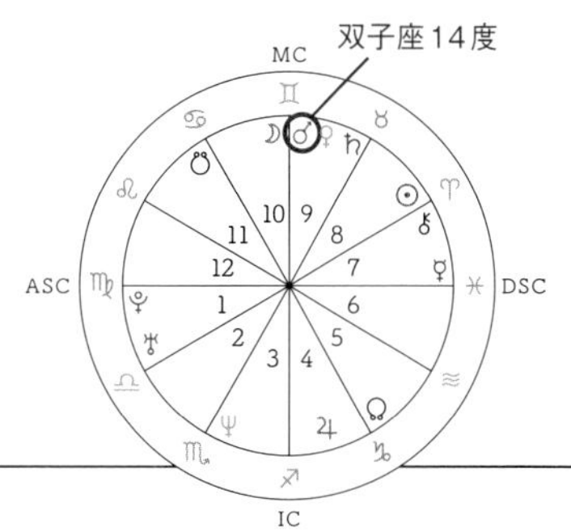

火星が

天秤座

人の望みに合わせて頑張って動く

自分の意見より、人の望みに合わせて行動するのが得意。人間関係を良い状態で維持したいため、相手を知る努力は怠りません。やる気が出ないときは自分が必要とされてないと感じるかも。自分ではなく誰かのために頑張りたいと自覚すると動き出せそう。

火星が

蠍座

誰にも言わず黙々とエネルギッシュに動く

何かに取りつかれたように熱中できるとても激しいエネルギーをもっています。決断力があり、目的を達成する力があるので、誰にも言わずに決めたことを黙々とこなします。底力が強く徹底して頑張れます。ときに人を支配しようとしてしまうので注意が必要です。

火星が

射手座

楽天的な気分で自由に開放的に動く

寛大で開放的になっているときが一番能力が上がるでしょう。周りの人のために争うところもあります。大雑把で計画性には欠けますが、失敗してもあまり落ち込まず気にしません。法律や宗教に対してエネルギーを注ぎ、精神的な答えを得るために努力できます。

火星が

山羊座

価値のあることに対し積極的に動く

野心や物質的意欲があり、社会的に義務を果たし、認められることが自分の価値を高めることだと思っています。周囲からの信頼も得られます。行動の結果に得られるものがはっきりせず、「これが何になるのだろう？」という気持ちになるとやる気が出ません。

火星が

水瓶座

好きなことに関して好きなように動く

社会のルールに縛られず、自分の好きなことを追求していくことに一番バイタリティーを発揮します。逆に無理やりやらされている感覚では、エネルギーがどんどん縮小していくでしょう。今の生活をもっと快適に知的に改造していくことに楽しさを感じるでしょう。

火星が

魚座

人の気持ちを受け止めゆるやかに動く

人を助ける世界に生き、瞑想やスピリチュアルなことに関心が高いので、自分が必要とされている感覚がバイタリティーを高めます。他人の感情を読み取る能力はありますが、自分の欲求や怒りを正直に言えず、我慢したり、犠牲になってしまう一面もあります。

Q14：自分は他人からどう見られている？

**アセンダントの星座は、社会を乗り切るために
活用できるエネルギーを表します。その星座のエネルギーを駆使する自分が、
周りからはどう見えているかを知ることができるのです。**

アセンダントが

牡羊座

はつらつとして さっぱりとしたタイプ

見た目も性格もさっぱりしており、はつらつとした印象です。女性の場合は化粧っ気の少ない人が多いでしょう。せっかちな傾向があるので、興味のあることには挑戦していけるタイプです。後先を考えずに行動したり、細かいことは気にしない印象が強いでしょう。

アセンダントが

牡牛座

忍耐力がある 穏やかで優しい人

穏やかで優しい雰囲気をもつ人。服装も清潔感のあるきれいで優しい印象の物を選ぶ傾向にあり、1つの物や人に持続的にエネルギーを注げます。なかなか腰が上がりませんが、一度決めたことは最後までやり通す忍耐力や持続力をもっています。

アセンダントが

双子座

頭の回転が速く 器用な世渡り上手

頭の回転が速く、何事も臨機応変に対応しそうな印象。実際に、スマートで器用な人が多いでしょう。注意散漫な面はありますが、流行や情報収集・発信が得意。広い知識を生かして、うまくチャンスをつかみ、調子よく現実社会を生きていけるでしょう。

アセンダントが

蟹座

警戒心が溶けると 優しく世話好き

優しい人で、植物や動物とも話せるような繊細な感性をもつ印象があります。心を開いて仲良くなると、とことん親切で世話を焼くでしょう。感情の起伏の差は激しく、無意識で好きな人、嫌いな人、というわけ方をしてしまいがちで、身内意識が強い印象も。

アセンダントが

獅子座

華やかに振る舞う 面倒見の良いリーダー

堂々とした雰囲気で華やかに自分を飾り、よりゴージャスに着飾るのが得意に見えます。周りからの賞賛や応援があると、さらに力を発揮する、面倒見の良いリーダー気質。服装やアクセサリーも派手な物が似合い、自分をより良く見せ、目立つ存在に。

アセンダントが

乙女座

何でも卒なくこなせる 控えめな気配りの人

慎重で前へ出るより後ろに回り、目立たないようにするなど何事も控えめな印象です。派手な服装や、自分を着飾るのは恥ずかしいという感覚がありそうに見えます。仕事や与えられた義務にとても忠実。細かいことによく気がつき、何でも卒なくこなせます。

別冊P1に記入した
自分のホロスコープを見て
［アセンダントの星座］を確認。

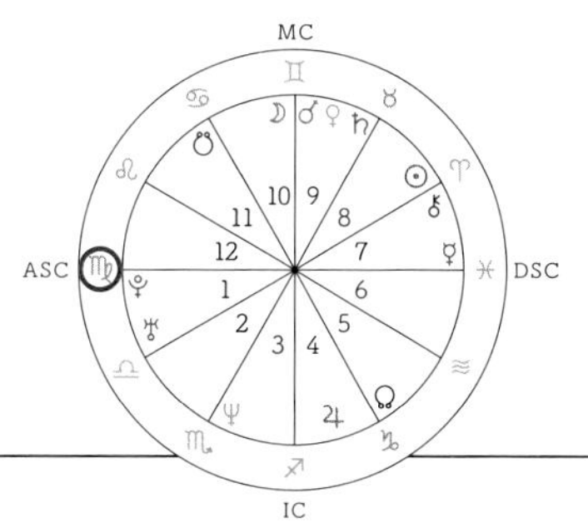

例：Mさんの場合は乙女座。

アセンダントが

天秤座

人づき合いの上手な おしゃれで落ち着いた人

優雅で上品、社交上手で洗練されたマナーが身についている印象。どんな人とでもうまくやっていける雰囲気をもっており、実際にもめ事や口論はほとんどないでしょう。その代わり孤独に弱く、物事にあくせくしたり、必死に努力する姿は見せたくないタイプです。

アセンダントが

射手座

楽天的で明るい オープンマインドな人

オープンマインドな雰囲気があり、開放的で明るい性格。周りから支持され、自然と人が集まります。若い頃は落ち着きがない人も年齢を重ねるにつれて落ち着いてきますが、海外などに放浪したり、真実を追い求めて果てなき追究を続けたりする人もいそう。

アセンダントが

水瓶座

浅く広い人間関係を好む 自由で個性的な人

どことなく淡々とし、あっさりしている雰囲気で個性的です。個性を尊重するので、親切で社交的な一面もありますが、ベタベタした関係は苦手。人やルールに束縛されるのを嫌い、常に自由で自分の独創性や可能性を発見していける才能があります。

アセンダントが

蠍座

本心を読み取りにくい 独特な色気のある人

常に本心を読み取れないような、秘めた魅力があり、独特の色気がある印象です。何事も徹底して行う集中力があるので、目的意識をもったら最後まで追究する素晴らしい能力を発揮するでしょう。また、好きな人のためなら大胆な転身ができます。

アセンダントが

山羊座

地味で責任感のある 真面目な仕事人

地味で保守的、真面目といった印象で、実際に責任感が強く、約束は必ず守るタイプ。私生活より、仕事や社会的な活動を優先する傾向にあります。義務感にとらわれがちですが、仕事や社会生活を送る上では器用に活用できるエネルギーをもっています。

アセンダントが

魚座

守ってあげたくなる 感受性の強い癒やし系

誰にでも無意識で同調するため、どこか弱々しく頼りない印象を与えます。感受性が強く、エネルギーに敏感で繊細なので、言わなくてもわかってくれる人という印象を与えることも。ヒーリングや癒やすことが得意で、人の痛みをやわらげる独特の才能をもちます。

Q15: 似合うファッションの雰囲気は?

**アセンダントの星座によって判断します。
星座のもつ性質によって、自分に似合うファッションを
導き出すことができます。**

アセンダントが

牡羊座
スポーティなデザインの定番アイテムでまとめて

この12タイプの中でスポーティな着こなしが一番得意な人。アクティブに動きやすい服、格好よくてシンプルな雰囲気が似合います。スウェット、Tシャツ、ジーンズなど定番アイテムや、レザージャケットを羽織ったバイカーファッションがおすすめ。

アセンダントが

牡牛座
着心地を重視した装いに高級アイテムを一点投入

上品で明るい色や、高級感のある柔らかい素材を取り入れた優雅な雰囲気が似合います。デザインよりも着心地にこだわると良いでしょう。バッグや靴、腕時計、ジュエリー、ベルトなど、小物で高級感を出すスタイルが得意です。キラキラした物も◎。

アセンダントが

双子座
都会的な装いをベースに毎日異なる印象を出す

機能性を重視した都会的な服を着こなします。手足の長い人が多く、細身のシルエットやストライプ柄が似合うでしょう。TPOに合わせながら、日によって装いの系統を変えると、魅力的な印象を与えられます。シャツや靴で色物を取り入れるだけでも◎。

アセンダントが

蟹座
自然体が魅力的なナチュラルなスタイル

爽やかで優しい色合い、リネンやコットンなど天然素材の服が似合います。ふくよかな人が多く、ふんわりとしたシルエットで体型をカバーする傾向です。着やせして見えるデザインの服選びや、組み合わせのテクニックを学ぶと、より洗練されます。

アセンダントが

獅子座
主役級のアイテムで派手に目立つスタイル

鮮やかな色、大柄のプリントなど、華やかなアイテムが似合います。派手に目立つ小物も良いでしょう。デザイン性の高いアイテムを堂々と着こなせるので、存分に注目されてください。この12タイプの中でパーティースタイルが一番得意な人です。

アセンダントが

乙女座
上品なデザインをシンプルに着こなす

肌ざわりの良い上質なコットン素材の服が似合います。襟元までボタンを留めるような礼儀正しい装いや、オフィスに着て行けるようなシンプルできちんとした雰囲気のスタイルが得意でしょう。柄物なら、ギンガムチェックやドット柄がぴったり。

別冊P1に記入した
自分のホロスコープを見て
［アセンダントの星座］を確認。

例：Mさんの場合は乙女座。

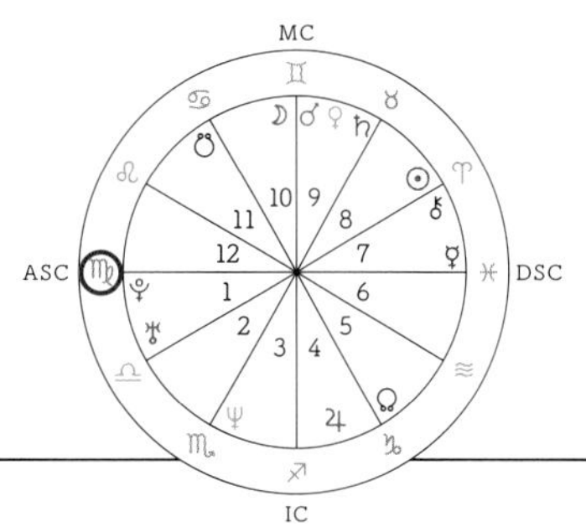

アセンダントが

天秤座

トレンドを取り入れた最旬の上級ファッション

12タイプの中で一番おしゃれな人。最旬のトレンドを取り入れたスタイルが似合います。テイストの違う服もセンス良く組み合わせて着こなすでしょう。TPOに合わせて、ブランド服をさりげなく身につけ、自分らしいファッションを楽しむでしょう。

アセンダントが

射手座

カジュアル服をベースに自由な雰囲気を出して

ハーフパンツやビーチサンダルなど、リゾート風のカジュアルスタイルが似合います。また、外国の民族衣装も着こなせるタイプで、エスニックなデザインや、ヒッピー風ファッションも得意でしょう。ロックバンド風のレザースタイルも似合います。

アセンダントが

水瓶座

自分にしか着こなせない個性的なファッション

新しい感覚のファッションが似合います。モード系ブランドの服や、ユニセックスなアイテムが得意でしょう。左右非対称なデザインや変わった柄などを、個性的に着こなします。世界に1つしかない服を好み、自分でリメイクする人も多いでしょう。

アセンダントが

蠍座

見えそうで見えないセクシーな着こなし

色気のあるアイテムや、ダークカラーが似合います。透け感のある素材やノースリーブの服など、肌を見せる着こなしで魅力が増します。ただし露出しすぎて下品にならないように。帽子を深く被って、顔を隠しながら存在感を出すポーズも得意技です。

アセンダントが

山羊座

大人の格好よさが出るフォーマルな装い

きちんとしたジャケットや着物など、正統派な装いが似合う人です。若い世代のトレンドを取り入れようとするより、大人の格好よさを意識すると魅力的に見えます。昔から好きだったテイストや、その場に合った服を着ることで信頼感が増すでしょう。

アセンダントが

魚座

アイテム数を絞ったレイヤードスタイル

ゆったりとしたインナーに、流行りのアウターを羽織ったスタイルが似合います。シンプルな重ね着スタイルが得意な人です。特に、靴や帽子など小物にこだわった着こなしが上手。ビンテージの古着、フリルやレースを使った服も似合うでしょう。

Q16：自信をもつにはどうしたら良い？

土星のハウスは、今世で自分が成功するために乗り越えなければならないことや課題を示します。無意識に不安をもっている分野を知り、勇気をもって取り組むことで自信につながるのです。

土星が1ハウス

粘り強さを生かすことで周りの人から信頼され、自信をつけていけるでしょう。また、あまり人に頼らず、黙々と自力で頑張る姿も高い評価を得られます。それらはすべて幼い頃に感じていた劣等感による賜物。大器晩成の人生を送ることができるでしょう。

土星が2ハウス

価値を高める物事に じっくりと取り組む

時間をかけて自分の価値を構築していくことが自信につながります。慎重に物事を判断し、長期戦で物事に取り組むことで、他の人が成し得ないことも達成できるという自分の才能に気がつくはず。無駄遣いをせずにコツコツと貯蓄しておくことも◎。

土星が3ハウス

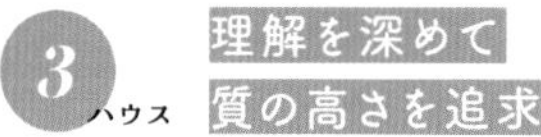

スピードや量よりも「質で勝負」することで自信につながるでしょう。規則正しく、物事の秩序を気にして考えるために時間はかかりますが、一度理解したことはしっかり覚えていられる人です。焦らず論理的に人に伝えられるところも才能の1つでしょう。

土星が4ハウス

繊細な心を生かし、他人の痛みには存分に共感してあげましょう。それによって周りの人から高い評価を得られ、自信につながりそうです。根底がどっしりと落ち着いているため、動揺している人を落ち着かせることができるという才能もあります。

土星が5ハウス

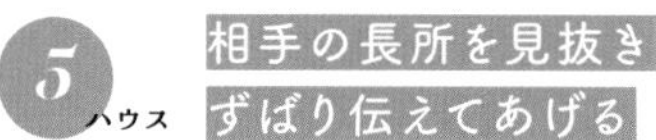

相手の良いと思ったところを素直に伝えてみると、信頼を得られ、それが自信につながるでしょう。人の能力を見抜いて育てる才能があるので、遠慮しなくても大丈夫です。また、遊びに対しても用意周到な性格を、人のために使ってみるのも良いでしょう。

土星が6ハウス

頑張っている自分自身を きちんと認めてみる

心のどこかに虐げられているような苦しい感情があり、なかなか自信をもつことができないかもしれません。しかし、誰よりも責任感があり、完璧にこなせる人です。一生懸命、自分のために努力している自分自身のことを、誇りに思ってください。

別冊P1に記入した自分のホロスコープを見て［土星のハウス］を確認。

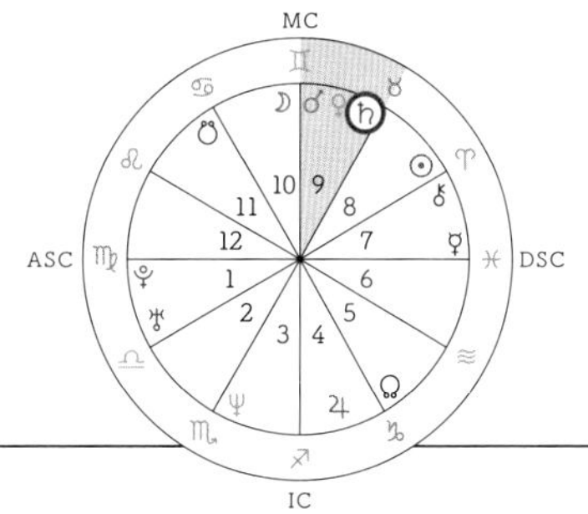

例：Mさんの場合は9ハウス。

土星が7ハウス 心のこもった交流で良い関係を育んでいく

他者を尊重しながら、時間をかけて良い関係を築いていける能力を誇りに思ってください。あなたが一度築いた信頼は、簡単には壊れません。人との距離感を取るのが上手で、土足で踏み入ることはせず、誠実な対応ができる自分に自信をもちましょう。

土星が8ハウス 金銭的な問題を自分で対処していく

経済面において自力で対処できるという才能があります。もし今の生活が、人に借りを作って自由を奪われるような状況でないならば、それは自分の能力と努力によるもの。自信をもちましょう。また、性に関して自分を許すことも、自信につながります。

土星が9ハウス 興味のあることを学び続けてみる

自分のやりたいことに携わりましょう。人とは違うルートで進学するなど、たとえ時間がかかっても学びを続けることが、大きな自信となります。また、正直で真面目、有言実行する性格を全面的に出すと、他者から信頼を得られ、自信となるでしょう。

土星が10ハウス 他人よりも頑張ることが直接的な自信となる

人並み以上の努力が、自信につながります。基本的に、社会とは厳しいものだという考えがあるかもしれませんが、その卓越した頑張りによって、晩年は地位を確立し、報われることにもなります。1つの職場で長くキャリアを積むことができる人でしょう。

土星が11ハウス 他人との交流によって自分の個性を知っていく

さまざまな人を通して、自分の個性を探りましょう。客観的な側面を知っていくことで、自分自身を誇りに思えるはずです。友人関係が吉凶混合のため、団体行動が苦手で、友人の数は少ないかもしれません。しかし年上の友人と忠実な関係を築きます。

土星が12ハウス 厳しい現実に向き合う自分の存在自体を誇る

自分の存在そのものに誇りをもってください。たとえ苦しい状況や生きにくい環境だったとしても、その分用心深く、何かを決定するときには充分注意して行える長所がある人でしょう。人生に果敢に挑む姿は、他人から見ても誇らしく映るでしょう。

Q17: 自分が傷つきやすいことは?

「傷ついた癒やし手」との異名をもつキロン。傷を負った人、痛みを知った人だけが本当の痛みを癒やすことができるという意味です。キロンのハウスを見ることで何で傷つきやすいかを知りましょう。

キロンが

ハウス

自分の存在そのものに否定感があるかも

なぜ生まれてきたのか、私は誰なのかといった答えの出にくい疑問を抱えていたり、身体的にハンデがあったりして自分自身を否定しがちです。自分の存在そのものを否定された感覚があるかも。どのような自分でも表現できるようになると癒やされるでしょう。

キロンが

ハウス

自分の五感にハンデがあると思っているかも

五感にハンデがあると感じているかも。食べ物や金銭を失うのではないかという傷があり、それゆえに食べすぎたり、お金に執着しやすかったりするかもしれません。感覚は自分だけのもの、自分が認めればそれで良い、という価値を感じられると良さそう。

キロンが

ハウス

自己表現に対して恐れを抱いているかも

思考が働き始め、心が発達する段階で、考えを否定されたり、言葉をけなされたことで、表現に対して恐れがあるでしょう。言葉は単なるコミュニケーションの1つでしかありません。人との関わりや意見を言うことを恐れずに自分を許せると、緊張もほぐれそう。

キロンが

ハウス

心安らぐ場所を求め続けているかも

精神的な安全を感じられるはずの家庭環境において、安心できる場所がなく、大人になっても心の安らぎをどこかに求めているかもしれません。心の奥にある傷を癒やせるのは自分だけです。傷ついた感情をとことん見つめていくことで、癒やされるでしょう。

キロンが

ハウス

個性の表現に対して恐れをもっているかも

子どものように創造性を発揮し、個性を表現する段階で傷ついたかもしれません。特別扱いして欲しい気持ちが傷ついていたり、そのままの自分を見せてはいけないと思い込んでいたりすることも。自分の表現力や才能を自分自身で認めると癒やされていくでしょう。

キロンが

ハウス

成長過程で自己のイメージが傷ついたかも

健全に育っていく段階で自己イメージが傷ついたかもしれません。日々の役割をこなすことに取りつかれたり、潔癖なほどきれい好きになったり、理想の自己像に作り上げるために躍起(やっき)になったりしやすいですが、自分の身体を優しくケアすると癒やされていきます。

別冊P1に記入した自分のホロスコープを見て［キロンのハウス］を確認。

例：Mさんの場合は7ハウス。

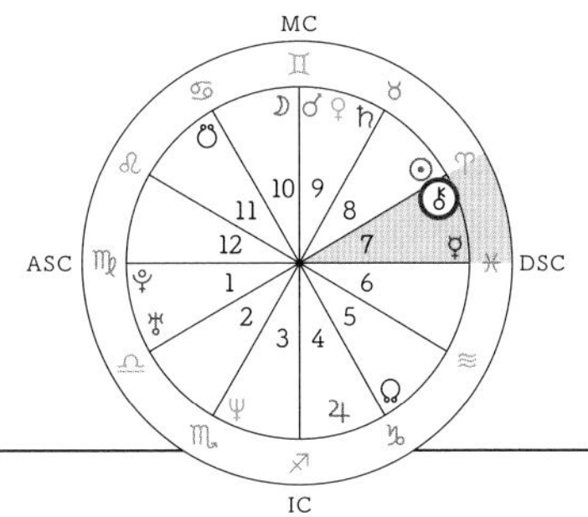

キロンが

ハウス

平等な対人関係の構築に不安があるのかも

自分以外の誰かがいることで自己を保ったり、自分を他人に投影し、ひたすら相手を癒やそうとしたりしがち。対人関係にとてもナイーブで、他人が傷つくことに敏感です。それゆえ人に対して気を使ったり繊細な対応ができ、そうすることで癒やされていきます。

キロンが

ハウス

性のイメージにゆがみをもっているかも

本能的欲求において傷ついたかもしれません。性は汚い、悪いといった誤認識をもっていることや、誰かを深く信頼し関わることを恐れていそう。死について恐れをもっている可能性もあります。自分の恐れと同じ傷がある人との関係性を通し、癒やされます。

キロンが

ハウス

自分の才能に対して負のイメージがあるかも

自分の精神が高まるときに傷ついたかもしれません。宗教的な刷り込みを受けた、専門技術を学べなかった、大学へ行けなかった、入学試験に失敗したなどで自分には特別な技術や能力がないと思いがち。ありのままの自分を受け入れることが癒やしに。

キロンが

ハウス

社会における自己のイメージに傷があるかも

親の在り方や、社会での立ち位置について傷があるかもしれません。社会や組織に属することを嫌い、社会に自分を打ち出していくことに後ろめたさがあるかも。自分が人生の主人公であり、生活環境を作り出すのは自分だという意識が傷を癒やすでしょう。

キロンが

ハウス

集団での自己の振る舞いについて傷をもつかも

自分は集団に適合しないといった傷があるかもしれません。自分と同じ感覚をもつグループを探して渡り歩くことや、変化していくことへの漠然とした恐れがあるかもしれません。グループや団体の中で自分の個性を知るのは、傷を癒やしていくことにつながります。

キロンが

ハウス

過去世で心理面に傷を負ったのかも

過去世での出来事や心理的な傷が無意識下で影響しているかもしれません。それゆえにイマジネーションがどこから生まれるのかは大事ですが、ヒーラーとしてのスペシャリストになりやすく、占星術やタロットなどで見えないエネルギーを読むと癒やされていきます。

Q18：外国と縁はある？

9ハウスは、外国などの遠い世界を表します。たくさんの天体が9ハウスに入っている場合は、海外との縁が特に強いと言えます。

9ハウスが

太陽

海外に憧れをもち 外国と縁をもちやすい

外国と縁があるでしょう。自分らしさを表現する場所は、守備意識の高い閉じた環境ではありません。より開かれた自由な未知の世界に自分を置き、気持ちを満たそうとするでしょう。そのため、自然と海外へ憧れをもち、外国との縁ができてくるでしょう。

9ハウスが

水星

異文化交流を求めて 留学を経験する人も

正直な思考の持ち主で、専門的知識が人生を豊かにしてくれます。日本国内だけにとどまらずグローバルに学びを深めていきたいと願っています。異文化にふれ、違う価値観の人と話す刺激が欲しいと思っているようです。留学を希望する人が多いでしょう。

9ハウスが

火星

活動に参加するために 海外に行く可能性が

飛躍的なバイタリティーがあり、自分の可能性をどこまでも伸ばしたい人です。チャンスがきたら物怖じせず飛びつき、行動力を発揮します。スポーツ競技会で海外に行く、海外協力青年隊に参加するなど、活動することが前提で縁ができる可能性があります。

9ハウスが

月

知識を学ぶために 海外に行く可能性が

未知のことをもっとよく知りたい！という精神的探究心が強く、勉強意欲がとまらない人。そのため、海外など普段手の届かない場所まで出かけて、必要な知識を学びたくなるでしょう。自分の居場所は故郷から遠く離れたところになる可能性があります。

9ハウスが

金星

海外旅行が趣味になり 外国人と恋愛する人も

広い世界を見てさまざまな経験をするのが何よりの楽しみ！と思う人が多いでしょう。そのため、海外旅行は熱中できる趣味となりそうです。また、違う価値観で育った人とも縁があるので、外国人と恋に落ちたり、何らかの縁ができる人が多いかもしれません。

9ハウスが

木星

海外との縁が深く 人生を通して影響される

ズバリ海外には縁がありますし、広い世界へ旅立つことで、自分の視野も考え方も行動力も変わり、人生そのものがとても豊かになるでしょう。正直でストレートな感覚や、もともともっている発展運は海外とのやりとりを通して大きく開いていくかもしれません。

別冊P1に記入した自分のホロスコープを見て［9ハウスに入っている天体］を確認。複数ある場合は、当てはまるすべての部分を読んでください。

例：Mさんの場合は土星、金星、火星。

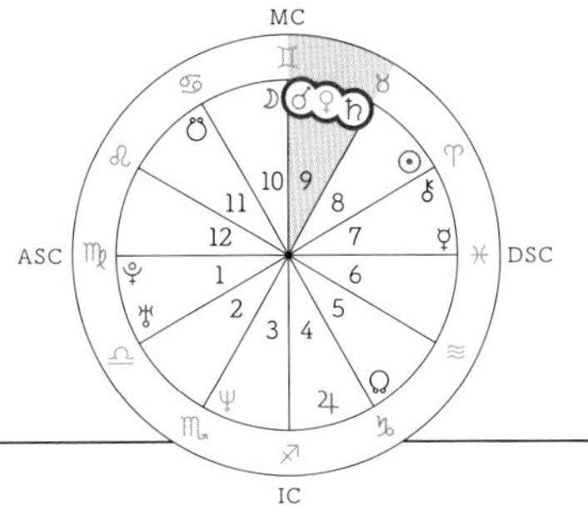

9ハウスが

海外との縁は薄めだが学びを通した縁はあり

海外に対して少し差別意識があったり、不必要に恐れる気持ちがあったりしそう。率先して海外との縁は作っていかないかも。ただ、長期に渡って研究していることや学んでいることがある人は、そのことを通して海外との縁がゆっくりできるかもしれません。

9ハウスが

海外旅行をきっかけに移住や結婚する人も

自由な学習方法を好むので、海外でのカリキュラムを好むでしょう。海外旅行をきっかけにここに住むと決めたり、外国人と恋に落ちて暴走することも。しかし、気持ちが揺れるだけの可能性があるので、長期計画を立ててじっくり考えてから行動しましょう。

9ハウスが

海外のヒーリング関連やリゾート地には縁が

海外のリゾート地でゆっくり波の音を聞くような旅行に縁がありそうです。またスピリチュアルツアーやヒーリングに関係するパワースポット巡りなどに関する海外との縁はあるかもしれません。でも、感覚にまかせて、現実逃避しすぎないように気をつけましょう。

9ハウスが

海外に縁がある人は渡航で人生が変わるかも

海外に縁があるかどうかは、きっぱり二分され、縁がない人は一度も行かない代わりに、縁がある人は渡航によって、人生が変わりそう。故郷に愛着がない人が多いので、海外へ行くことで人生が変わる人は、そのままその地で生涯を終えることもありそう。

Q19: 夢中で取り組める趣味は?

個人的な趣味を表す金星。ハウスの性質によって、自分がどんな趣味に夢中になれるかがわかります。趣味が転じて副業になる可能性もあるかもしれません。

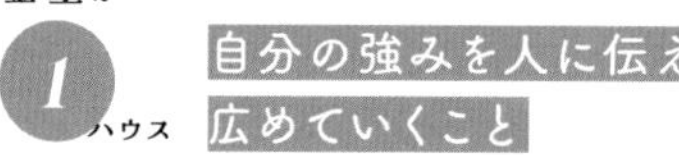

「自分自身を商品としてどう見せていくか」を考えることで、ビジネスにつなげていくことができます。自分の生き方、これまで挑戦してきたこと、それらの経験を他人に伝えたり、見せたりしながら常に第一線を走っていくことで、お金を生み出せるかもしれません。

金星が2ハウス　五感を生かした活動やお金に関わること

五感にすぐれているため、嗅覚や視覚、味覚などを生かすことが、夢中で取り組める趣味や仕事につながる可能性があります。また金銭の管理にもすぐれているため、家計から経理、ファイナンシャルプランニングまで、お金に関わる仕事に向いているでしょう。

金星が3ハウス　人と関わる活動や文章を書くこと

いつでもどこへでも行けるように、ある程度自由に動ける環境を好んでいます。また、学校やセミナーや本など、知識を得るためにお金を遣うのは価値があることだと思っています。好奇心の強さは、コミュニケーションを生かした仕事や文筆業に向いているでしょう。

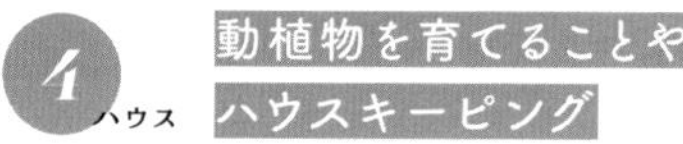

ペットや植物をかわいがります。料理上手で大切な人をもてなしたり、世話を焼くのが好きです。いくつになっても母親を大切にする傾向があり、ガーデニングにこったり、自分の部屋をきれいに飾るのも好きです。DIYの趣味が転じて仕事になることもありそうです。

創造するのが得意で、作り上げたものを大切にします。投資などギャンブル的要素のものに引かれやすい傾向も。歌でもダンスでも感情でも自分を表現することが得意で、自分を磨き、表現することで人生の豊かさが変わるでしょう。俳優、女優にも向いています。

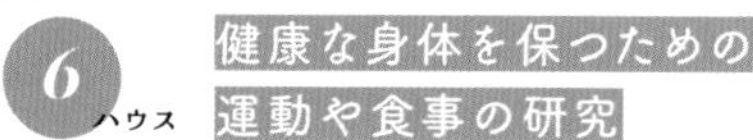

健康や生活を整えるための運動や健康食などにこだわり、その健康法を一生取り入れていけるでしょう。気づけばプロ並みの知識をもっていたという人も。自分を楽しませる趣味よりも、行動に見合った対価をもらえる仕事のほうに力を注ぎやすいかもしれません。

別冊P1に記入した
自分のホロスコープを見て
[金星のハウス] を確認。

例：Mさんの場合は9ハウス。

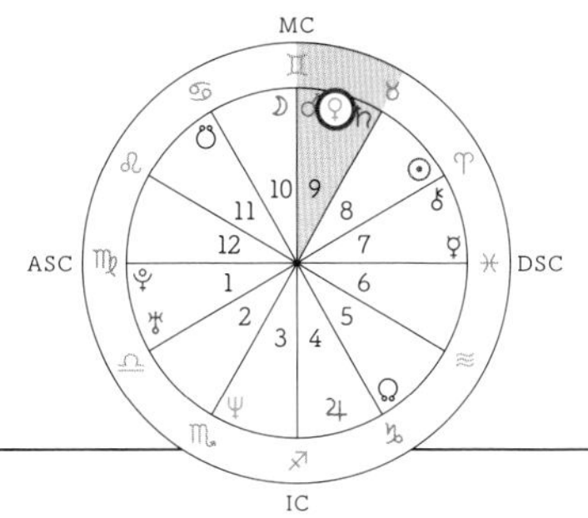

金星が

ハウス

ファッション関連や 人との縁を結ぶ仲介役

とにかく人が大好きなので、人と人をつなぐ機会に恵まれ、あらゆる仲介役をこなすうちに仕事になることも。また、美しい装いをする人が多いので、その美的感覚が副業にも成り得そうです。ルールを決めたがるので、結果、公的契約書に詳しくなる場合もありそう。

金星が

ハウス

外国人との交流や 海外、旅行に関すること

旅行が趣味で、ドキュメンタリー番組を見たり、違う環境で育った人の話を聞いたりすのが大好き。外国人と縁があり、自由な恋愛を求める面も。楽天的で必要なものはいつでも手に入るという感覚があるので、結果的にラッキーなことを引き寄せる傾向もあります。

金星が

ハウス

電化製品の批評や セミナーのプロデュース

未来への期待が膨らむようなセミナーや団体活動を楽しめるでしょう。また新しい電化製品にも詳しいので、機械の比較や特徴をとらえる趣味が仕事に転じることも。新しい世界に飛び込むことに抵抗がないので、グループワークが仕事になる可能性もあるでしょう。

金星が

ハウス

人や物に対する調査や スピリチュアル関連

鋭い洞察力や直感力があるので、自分のことは秘密主義でも、気になる相手についてはすべてを知りたくなるでしょう。探偵や徹底的に調べることへの才能として生かせそうです。透視やオカルトなど、目に見えないものに興味をもち、それらを仕事にすることも。

金星が

ハウス

仕事を趣味として 楽しみながら行うこと

余暇に趣味を楽しむというより、仕事や環境における役割そのものが趣味になりそう。仕事や社会的立場に価値を置き、一生懸命頑張るので、仕事を楽しみながらこなし、人脈にも恵まれ、仕事関係の人に声をかけられて次の仕事につながる人も多いでしょう。

金星が

ハウス

ボランティア活動や 聖地巡りガイド

非営利団体での活動や、慈善事業、スピリチュアルなこと、祈りや瞑想に本気で取り組める気質です。特に人助けは天職のように感じるかもしれません。神社や聖地巡りを極めた現地ガイドも楽しめそうです。感性を生かし、芸術活動を応援する立場になることも。

Q20：自分は「スピリチュアルな世界」に縁がある？

8ハウスは見えない世界を表しています。オカルトやスピリチュアルに対してどう思っているのか、縁があるのかを知ることができるでしょう。

8ハウスのカスプが

牡羊座

直観力がすぐれていそう

自分が実際に見たものや、経験したことしか信じないタイプかもしれません。しかし、意外にも動物的直感がすぐれているようです。相手に関する情報で、余計なことを聞かなかったとしても、ズバッと言い当てたりすることがあるでしょう。

8ハウスのカスプが

牡牛座

証拠はないけれど世界を感じる

証拠はないけれど、感覚的にスピリチュアルな世界を感じることができるタイプです。特に、自分に合うものや心地よいものには、反応しやすいでしょう。合うと感じたものや、心地よいものによって、自分自身を良い状態にキープできます。

8ハウスのカスプが

双子座

頭や情報で理解するタイプ

山ほどの情報を集め、持論を展開できるほどのスピリチュアル系の知識をもっているかもしれません。スピリチュアルの本やセミナーには頻繁に参加する人が多いでしょう。聞こえたり見えたりはしにくく、感覚よりも頭や情報で理解するタイプのようです。

8ハウスのカスプが

蟹座

祖先に守られている感覚をもつ

おばあちゃんがユタだったり、親や身近な人にスピリチュアルな人がいたりするせいか、自然と受け入れる感覚があるでしょう。自分自身でも否定はしないけれど、自分には能力はないと思いがちです。親や先祖など家系に守られている感覚が強いタイプです。

8ハウスのカスプが

獅子座

祖先や神様から愛される

とても縁があります。いつも見えない世界から守られているのでしょう。過去世でのあなたの行いが、徳となっているからかもしれません。先祖や神様から愛されていて、いざというときは、あからさまに守護されていると感じられるでしょう。

8ハウスのカスプが

乙女座

疑いの気持ちをもっている

スピリチュアルに対して、疑いの気持ちをもっています。信じたいけれど、すべては信じられないし、信じたくないと思っているかもしれません。論より証拠を重んじるのでしょう。心の底から人を信じることにも抵抗があるタイプです。

別冊P1に記入した
自分のホロスコープを見て
［8ハウスのカスプの星座］を確認。

例：Mさんの場合は牡羊座。

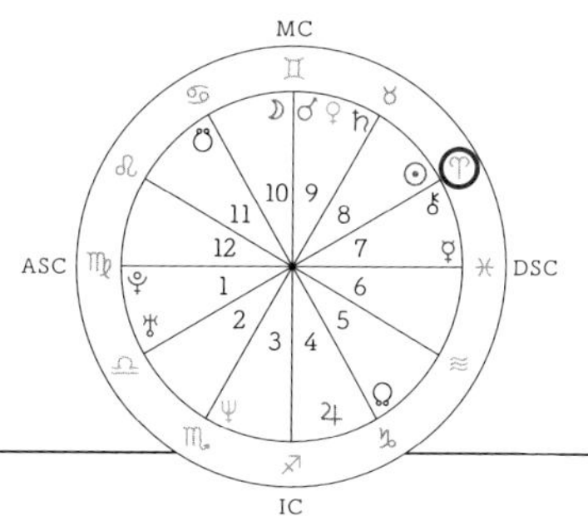

8ハウスのカスプが

天秤座
身近な人に同調する可能性が

状況に流される可能性があります。身近にスピリチュアルな人がいたら、同調して感覚が開花するかもしれません。自分の感性を信じて生きたとき、突然花開く可能性があります。スピリチュアルなことを通して、豊かになっていきやすいでしょう。

8ハウスのカスプが

蠍座
才能がすぐに開花しそう

かなり深い洞察力がありますので、意識をスピリチュアルに向ければ、すぐに開花できるでしょう。むしろ今もち合わせている感覚は、過去世や先祖から引き継いできている特別な能力の可能性が大です。ときに、見たくないものまで見えてしまうこともありそう。

8ハウスのカスプが

射手座
のめり込むことはなさそう

オープンマインドなタイプですので、否定も肯定もせず、のめり込むことはないかもしれません。宗教的な防衛が働いている可能性もありますが、ジメジメした世界観より明るくハッピーなものだけを上手に取り入れることができるでしょう。

8ハウスのカスプが

山羊座
少しネガティブな印象がある

スピリチュアルに対して、少しネガティブな印象があるかもしれません。むしろ見えない世界を否定する教えを受けていた場合もあります。しかし、自分を守る力が強いので、あえて見えない世界に頼りたくないのかもしれません。

8ハウスのカスプが

水瓶座
宇宙人好きな人が多い印象

宇宙人が大好きな人が多いでしょう。新しい発想や現実を覆すような都市伝説でも何でもこいと思っているタイプです。伝統や思想に縛られることを嫌うので、しきたりよりも自分の感性を生かせるという意味で、スピリチュアル系を取り入れる人も多いはず。

8ハウスのカスプが

魚座
見えないものに同調して流されやすい

抜群にスピリチュアルの才能があります。ただし、見えないものに同調して情に流されやすいので注意。スピリチュアルに縁はありますが、優しさや癒やしの力を磨くより、自分の本来の強さや相手の強さを信じる力を育てるほうが、ことはうまく進むでしょう。

Q21: 人とうまく話す方法は?

**コミュニケーションを司る水星を見ていきます。
人と話すときの自分の特徴を知り、
周りの人とうまく交流する方法を確かめましょう。**

水星が

牡羊座

相手の話をきちんと聞くこと

活発な知能をもっており、話し方はストレートで遠回しな言い方はしません。気づいたら自分の話ばかりになりやすいので、一呼吸置いて相手の話を聞くこと。話題もウィットに富み、たまに皮肉や言葉にトゲがある場合があるので、ブラックジョークは控えめに。

水星が

双子座

早口や早とちりに気をつけること

反射神経が良いほうで、相手の投げかけに対し瞬時に対応できる器用さがあり、コミュニケーションは得意でしょう。通訳やジャーナリスト、受付や販売員などコニュニケーション力を生かせる職についている人もいるはず。早口や早とちりには気をつけましょう。

水星が

獅子座

周囲の人へ配慮しながら自分の意見を伝えて

主観的で自己中心になりがちなので、周りへ配慮しつつ意見を言いましょう。自分のことを伝えるのは得意ですが、人の考えを汲み取るのは苦手。自分が受け入れられているかを気にします。話し方や表現力は抜群。恋愛や子どもの話をするのが好きでしょう。

水星が

牡牛座

自分の考えを相手に教える

ゆっくり落ち着いて話せる人。具体的な情報のやりとりができ、実用的に考えられます。あなたのしっかりした考えを相手に教えてあげるとより良いコミュニケーションが取れるでしょう。相手の言ってることをじっくり考え、納得できる答えを自ら導き出すタイプ。

水星が

蟹座

初対面や合わない人とは距離を置いて大丈夫

人と話すときは、自分が傷つけられないか、相手を傷つけないかと考えます。話を聞きながら、相手の感情を読み取り、自分の経験を表現するのが得意。親しい人、心許せる人とは緊張せず話せるので、初対面の人や合わない人に無理してつき合わなくてOK。

水星が

乙女座

相手に同意し共感すること

相手が伝えたいことを注意深く観察し、理解できる能力をもっています。相手に同意し、共感することでうまくコミュニケーションを取れるでしょう。相手の矛盾や欠点に気づいてしまうので、あまり否定的に突っ込まないようにするのもコツです。

別冊P1に記入した自分のホロスコープを見て［水星の星座］を確認。

例：Mさんの場合は牡羊座。

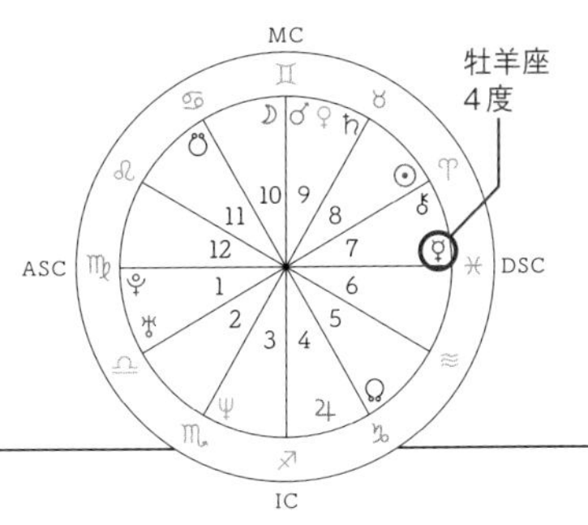

水星が

自分の考えをきちんと伝える

優雅で品のある言葉遣いの人が多く、相手を不快にさせないため交渉事はうまくいきやすいでしょう。相手に合わせた会話が得意ですが、優柔不断になったり、相手まかせにしたりすると誤解されることも。自分の考えを言ってみるとスムーズに意思疎通できます。

水星が

前向きな意見で空気をパッと変える

正直な思考で嘘をつけず、失言することが多そう。世の中にとってベストなことを考えているので、知識欲や向上心が高め。あなたの前向きで発展的な思考は、周りを明るくさせます。悩んでいる人に寄り添うより、パッと空気を変えるほうがうまくいくでしょう。

水星が

自分の個性を発揮する

クールで客観的ですが、親切で友好的なところも。型にはまらない考え方や話し方が人を惹きつけます。自由な発想を表現しアイデアを出してください。相手の顔色をうかがうことはせず、自分の個性に価値を置くことで結果的に周りの人とうまく関われるのです。

水星が

気楽に思いを打ち明ける

疑い深く、自分の感情や考えを相手に素直に伝えないため、何を考えているかわからないと思われそう。気楽に考えを打ち明けて大丈夫。裏をかきすぎて信用できない場合は、シンプルにとらえましょう。信用できると思った人とは深い感情をシェアできるように。

水星が

相談内容を見極める

相手が何気なく言ったことを真面目に考え、対策を練ったり否定的にとらえたりしそう。聞いて欲しいだけなのか、具体的な解決策を聞かれているのか判断を。冗談がなかなか通じず論理的な答えを出すのが得意なので、解決策の相談に乗ると信頼されます。

水星が

結論をしっかり伝えること

サイキックな知性の持ち主。無意識に相手の考えがわかるでしょう。人の話をすべて聞かなくても言いたいことがわかるため、相手も同じだと勘違いし、大事なことを伝えないことがありそう。できるだけ結論をしっかり伝えるように意識しましょう。

Q22：自分が得意or苦手な人間関係は？

**1対1の人間関係を表す7ハウスを見ていきます。
どんな人が得意、または苦手なのかを知り
人生を豊かにしましょう。**

7ハウスのカスプが

牡羊座

主張ができる人とはうまくつき合えそう

何でも1人でこなすような独立心の強い、エネルギッシュな人と関わる機会が多いでしょう。スポーツなどを通して切磋琢磨する人とはウマが合いそう。自分の意見を言える人はつき合いやすいですが、人の話を聞かない人や、ケンカっ早い人は苦手でしょう。

7ハウスのカスプが

牡牛座

落ち着きのない人とつき合うのは苦手

穏やかで優しく、芯のある人には心を開きやすいはずです。マイペースに長いつき合いができるでしょう。逆に、セカセカしすぎたり、言うことがコロコロ変わったりするような落ち着きのない人とつき合うのは、苦手と感じるかもしれません。

7ハウスのカスプが

双子座

顔が広い人との交流を楽しめる

人づき合いが良く、友人知人がたくさんいて器用に交流する人と、交友関係を深められそうです。必要なときだけ情報交換するような、あっさりしたつき合いを楽しめるでしょう。逆に、寡黙で何を考えているのかがわからない人は苦手です。

7ハウスのカスプが

蟹座

情緒豊かな人の前でリラックスできる

情緒豊かで世話好きな人と関わると、肩の力が抜けて素直になりやすいでしょう。逆に自分の感情を押しつけて同意させようとする人や、感情を無視して責任ばかりに目がいく人は敬遠したくなるかもしれません。一度嫌いになったら関係を修復することは難しそう。

7ハウスのカスプが

獅子座

独自の世界観をもっている人に惹かれる

人間関係に恵まれる人です。自分の世界観をもち、パッと明るく華やかな人と話が合いやすいでしょう。尊敬でき、人として魅力的な部分がある人と縁があります。逆に、自分の意見が人や、依存心の強い人は苦手だと感じやすいでしょう。

7ハウスのカスプが

乙女座

感性が似ている人との関係性を育める

しっかりしていて細かいことまで目が行き届き、少々批判的な部分もあるけれど、仕事はできるといった人が、あなたの世話を焼いてくれるかもしれません。感覚で話が通じる人とは仲良くなりやすく、心配性でネガティブな人はその空気感に引っ張られるので苦手。

別冊P1に記入した
自分のホロスコープを見て
［7ハウスのカスプの星座］を確認。

例：Mさんの場合は魚座。

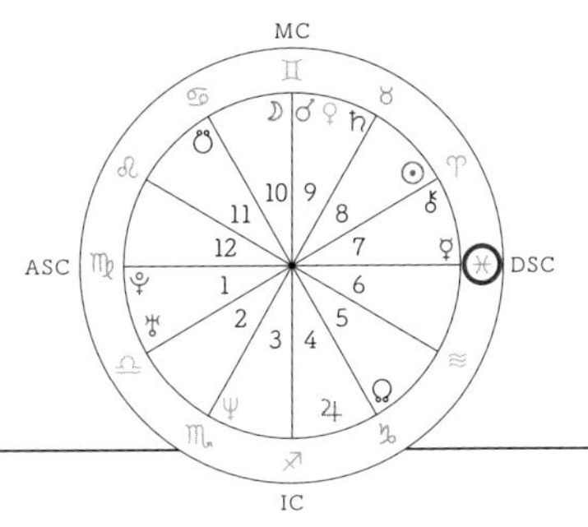

7ハウスのカスプが

天秤座

共通点の多い人と楽しい会話ができそう

社交的で空気が読めて、TPOに合わせた会話ができる洗練された人が、あなたを助けてくれることが多いでしょう。趣味やきれいなものなど、共通する点が多いので会話を楽しめます。自我が強くわがままな人は、一緒にいるとイライラして我慢できないかも。

7ハウスのカスプが

蠍座

秘密をきちんと守れる人がベター

ひそかに相手の見えないところまで想像し、すべてを知りたがっているマニアックな人と深い関わりができます。自分にだけ打ち明けてくれる人や秘密を守れる人とはうまく関われそう。本音をつかめず何を考えているかわからない人はシャットアウトしがち。

7ハウスのカスプが

射手座

正直で明るい人だと気を使わずにいられる

人に対して比較的開放的に接することができるため、いろんな人が寄ってきやすいタイプです。旅行で同室だったり、相席になったりしたときでも気を使わずに過ごせる人と縁があります。精神的に正直で明るい人が好みで、神経質な細かいタイプは苦手でしょう。

7ハウスのカスプが

山羊座

フレンドリーな関係は苦手

人に対しては誠実であらねばならないと思い込んでいるので、誰に対しても気を使いすぎる傾向があります。軽いノリのつき合いは苦手でしょう。何か目的を一緒に達成していく中で、信頼関係が築かれていきます。真面目な努力家に惹かれるでしょう。

7ハウスのカスプが

水瓶座

さっぱりとした関係性が◎

「人は人、自分は自分」と割り切った関係性でいられる相手とうまくいきます。束縛されたり干渉されたりすることは、良しとしません。気を使わずに、好きなことをできる人と縁があり、ベッタリ依存してくるタイプは苦手でしょう。

7ハウスのカスプが

魚座

意見をはっきり言える優しい人と親しくなれそう

自分を犠牲にしてでも相手をもち上げ、合わせてしまいがちです。無意識に自分を低く見積もり、相手のほうがすぐれていると思い込む節があります。自分の意見をはっきり言えない人は苦手でしょう。底抜けに優しい人とは親しくなりやすいでしょう。

Q23：自分が心地よく感じる仲間や友人は？

11ハウスは、友人や団体、組織など、その他大勢を表すハウスです。血縁よりも友人と深く関わることが大切という感覚が11ハウスにはあります。

11ハウスのカスプが

牡羊座

リーダーシップを発揮し強い意志をもつ人

強い意志をもち、逆境に負けない精神性の持ち主に惹かれます。友達の中に1人はいるであろうリーダー気質の人とウマが合い、トントン拍子で話が進みそうです。生ぬるい場所より、忙しく開拓していくような活気ある人たちの中にいるほうが居心地が良さそう。

11ハウスのカスプが

牡牛座

自分のこだわりを追求している人

お金を増やす方法や、美しさを磨く手段など、それぞれのこだわりを追求している人と一緒にいると、心地よく感じるでしょう。こだわりがある人たちからは、あなたが大事にしていることを尊重してもらいやすいのです。また、基本的に仲間には恵まれます。

11ハウスのカスプが

双子座

目標や夢の話をワクワクしながら聞いてくれる人

奇想天外なことを考えたり思いついたりする友達に恵まれます。自分の感性をもっと自由に解放するきっかけになるでしょう。夢や希望を語るとき、理屈や方法論ではなく、シンプルに目標や夢を一緒に語ることができて、ワクワクしてくれる人と仲良くなれそうです。

11ハウスのカスプが

蟹座

地元の仲間や幼馴染

入れ替わりが激しいコミュニティーではなく、同じメンバーとの交流が長く続き、昔の自分を知ってくれている仲間がいる団体が心地よいと感じます。幼馴染と一生友達でいられるタイプ。どこへ行っても地元を懐かしみ、昔ながらの友人との関係を大切にします。

11ハウスのカスプが

獅子座

責任感が強く引っ張ってくれる人

自分は二番手で、一番手を引き受けてくれる人をサポートするのが得意です。頑張っている人、責任感が強い人と一緒に活動しやすく、人間関係のバランスを取りながらうまく関わっていけます。グループの中で、自分の能力をよりいっそう発揮できるでしょう。

11ハウスのカスプが

乙女座

やるべきことをきちんとこなす集団

きちんと約束を守ってくれる、礼儀正しい人たちとはうまくやっていけるでしょう。それぞれが役割をきちんと果たして、全体がまとまるような仲間や状況が理想です。ガサツでわがままな人がいる場所や、面倒な集団とは距離を置きたくなるようです。

別冊P1に記入した自分のホロスコープを見て［11ハウスのカスプの星座］を確認。

例：Mさんの場合は蟹座。

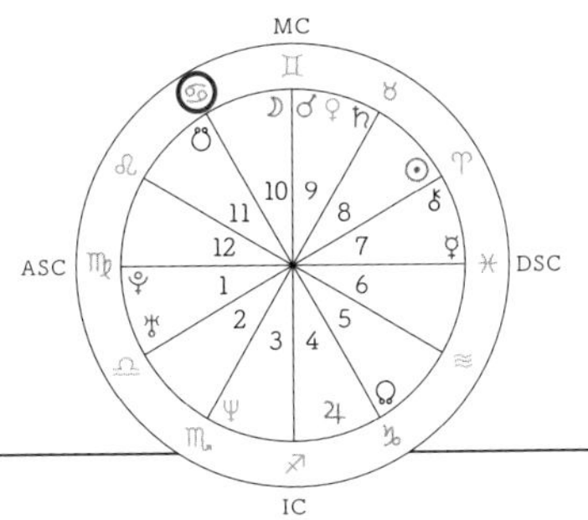

11ハウスのカスプが

天秤座

個性を尊重し合える仲間

批判やダメ出しせず、できないことを頑張るよりできることを伸ばしていくチーム、皆が好きなことを生かして成り立つ世界観が好きです。お互いにほどよくバランスが取れている仲間とはずっと友達でいられます。個性の集まりをうまくまとめる力があるのです。

11ハウスのカスプが

射手座

好きなことをして生きている人

社会に縛られず、自由に生きている友人に憧れます。将来の保証はなくても、今を楽しそうに好きなことをして過ごしている友人と知り合うチャンスがあり、感化されるでしょう。また、正直な人や同じ宗教観をもつ人とも気兼ねなく仲良くなれそうです。

11ハウスのカスプが

水瓶座

情報通な人やネット上のつながり

新しいデバイスが出るたびに、一早く使ってレビューしてくれる友人や、インターネットを通して気軽につながれる仲間と過ごす時間を心地よく感じるでしょう。血縁関係よりも同じ趣味をもつ友人を優先する傾向があるかもしれません。

11ハウスのカスプが

蠍座

言葉を交わさずとも意思疎通できる関係

深い縁を感じる人とは長く続きます。お互い離れ離れになるなど、何があろうとも意識ではつながっていて、会った瞬間に素に戻れるような友人に恵まれることでしょう。多くを語らなくても、目を見てわかり合えるような深い信頼で結ばれた関係性がベストです。

11ハウスのカスプが

山羊座

その場の交流を楽しむ

コツコツ努力を積み重ねて築き上げた友情は、何にも変えられない価値があります。ただ、あまりグループに属したいと思わないので、その場限りの友好関係をほどよく楽しむほうが心地よく感じるかも。シリアスになりすぎず、軽い気持ちでコンタクトを取って。

11ハウスのカスプが

魚座

空想の話を一緒に楽しんでくれる人

空想や想像上での話を親身になって聞いてくれたり、スピリチュアルな話を楽しんでくれたりする友達が心地よいでしょう。イマジネーションを働かせて空想話に花を咲かせられそう。大勢の団体は少し苦手かも。感覚の合う人が1人でもいれば難なく過ごせます。

Q24:自分と相手の感性は合う?

恋人であれば恋愛の楽しみ方、夫婦であればお金に対する感覚など
2人がそれぞれ大事にしたいものの感性は合っているのかを
自分と相手の金星のエレメントで診断します。

自分が　**相手が**

互いに魅力を感じやすく、愛し方にも矛盾がない関係。両思いになりやすく、どちらかが盛り上がると相乗効果でさらに盛り上がります。浮き沈みが少々激しいことも。

自分が　**相手が**

一緒にいることで情熱がさらに盛り上がるような刺激的な組み合わせ。直球を変化球に変えてくれるような予想のできない楽しみがある2人です。

自分が　**相手が**

自分を犠牲にすることなく、安定した現実的なつき合いを望んでいるだけなのに、相手からは感情の起伏がないように思われることも。時間をかけて愛が育ちます。

自分が　**相手が**

忍耐力の強さと柔軟性を補足し合える関係。相手の発想や行動が良い刺激になり、冒険心が湧いてきそう。ただし、こちらが念入りに準備したことを悪気なく変更されるかも。

自分が　**相手が**

情熱に従って盛り上がる関係。感情に溺れたいところですが、相手は自分のペースで信頼を築きたいと思っています。思いつきを形にするヒントをもらえる相手です。

自分が　**相手が**

自分がふれ合いたいと思っているときに、相手は感情的に理解したいと思いがち。愛情表現がストレートすぎる傾向なので、少し情緒的になるほうが相手に喜ばれるかも。

自分が　**相手が**

大事にしたいことが同じで、ペースを乱されません。金銭的な価値観も一致しやすく、一緒に行動しやすい抜群の相性です。時間をかければかけるほど信頼が増していきます。

自分が　**相手が**

現実主義で慎重に物事を進めたい自分に対して、相手から根拠のないことを言われると、どう対処していいかわからなくなりそう。相手の感情の起伏を理解できれば良い関係に。

別冊P1に記入した
自分と相手の
［金星の星座］のエレメントを確認（P197参照）。

例：Mさんの場合は双子座でエレメントは風。

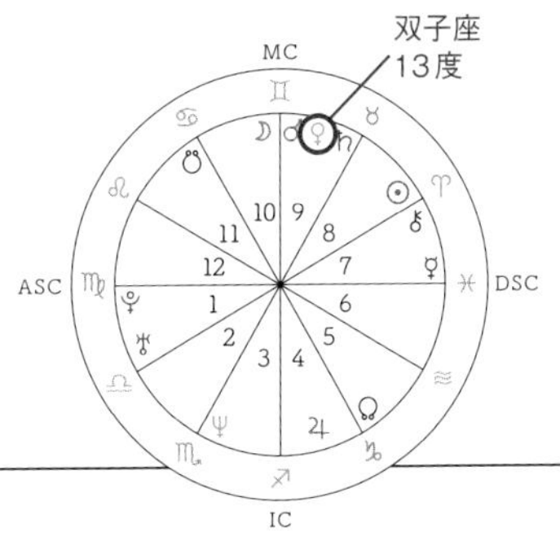

自分が **相手が**

風の星座　火の星座

自分がその場の雰囲気で発言したことに対しても、相手は情熱を注いでくれます。また、真剣に対処してくれる姿が非常に頼りになり、信頼を感じられるでしょう。

自分が **相手が**

風の星座　風の星座

ノリが良くて相性は抜群。ただし、そのときの空気感や勢いが最高だったとしても、状況が変わると話が一変することがあります。その場合、深追いはしないほうがベター。

自分が **相手が**

水の星座　火の星座

感性が違うため、カフェに行ったらその場の空気感をゆっくり楽しみたい自分と、「飲んだらすぐ出よう！」と言う相手。ペースに合わせるよりは自分の要望をきちんと伝えること。

自分が **相手が**

水の星座　風の星座

同じ映画を鑑賞後、自分が感動を味わっている時に、相手は感じたままにペラペラと話しかけてきます。どう説明するかを考えているうちに、違う話題になっているでしょう。

自分が **相手が**

風の星座　地の星座

自分がただ共感して欲しいだけのときにも、現実的な対処法やリスク回避などのアドバイスをくれるタイプ。相手の生真面目さを、愛情だととらえられたらうまくいきます。

自分が **相手が**

風の星座　水の星座

自分の社交辞令を相手が深読みして、関係が重たくなることがありそう。話のテンポは違いますが、自分の深い感情をきちんと理解してくれる優しい感性に癒やされるでしょう。

自分が **相手が**

水の星座　地の星座

そばにいて手をつないで欲しい、同じ空気を感じたい、というときにも、相手は仕事を優先しそう。現実的な部分が相手の長所だと感じられたら、関係は長く続くでしょう。

自分が **相手が**

水の星座　水の星座

相性はバッチリの大吉です。お互いの情緒を理解して癒やし合えるでしょう。深い信頼関係で結ばれますが、現実的な側面をどのように補うかがポイントです。

Q25:「ママ友」とのつき合い方は?

**3ハウスはコミュニケーションを意味するハウスです。
女性に限らず子どもをもつ親同士のつき合い方に対しての
自分の考え方がわかります。**

3ハウスのカスプが

牡羊座

交友関係は活発 保護者内で頼れる存在

自分の意見をしっかりもち、物怖じせず積極的に声をかけたり、役員を引き受けたりして、交友関係は活発です。言いたいことをはっきりと言いますが、仲良くなることに躊躇がないのでママ友は多いでしょう。困っているママ友の代わりに意見することも多いかも。

3ハウスのカスプが

牡牛座

子どもの行事をきっかけに お茶やランチで仲良く

保守的な考えで穏やかな話し方なので、積極的に交流しようとはせず、子どもの行事を通して仲を深めるでしょう。つかず離れずですが、何かあったら味方になってくれそうな信頼できるママ友はいます。一緒にランチをするなど、飲食を通じた交流が得意かも。

3ハウスのカスプが

双子座

環境に合わせた ライトなつき合い

引越しが多いのか、周りの変化が多い環境なのか、入れ替わり立ち替わり、関わる人が変わります。その場その場でうまく太刀振る舞うイメージです。一生の友と言うよりは、環境に合わせた軽いつき合いを楽しめます。習い事での知り合いは、かなり多くなりそう。

3ハウスのカスプが

蟹座

近所や親戚のママ友と 楽しく過ごせる関係

同居や住まいが実家の近くなど、親と仲が良く、近所づき合いも円満にこなせそう。学校のママ友の場合は、子ども同士の関係で変化が多いので、近所のママ友や親戚内のママとのつき合いが濃くなりそう。泊まりがけで遊ぶような親しい関係も築けます。

3ハウスのカスプが

獅子座

一時だけではない 良い関係性を築ける

自分の考えがしっかりあるので周りに振り回されず、良い関係を築けそう。ママ友の中でリーダー的な存在です。同じような境遇のママ友と心地よく過ごせ、周りから期待されることも多いでしょう。一緒に仕事することになるママ友と知り合うこともあるかも。

3ハウスのカスプが

乙女座

周囲に合わせすぎず 適度な距離間で

子どもの習い事で情報交換するなどして、ママ友の輪が広がりそう。ただ、相手の言葉を気にしやすく、関係性にも神経を使うので、あまり深く関わりたくないと感じるかも。周りに合わせすぎる必要はありません。説得力のある結論を出すところが信頼されるでしょう。

別冊P1に記入した
自分のホロスコープを見て
［3ハウスのカスプの星座］を確認。

例：Mさんの場合は蠍座。

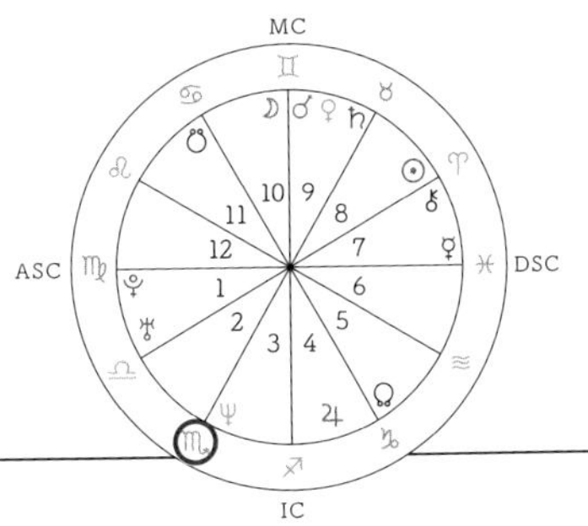

3ハウスのカスプが

天秤座

きれいなママとして華やかなつき合い

その時々に合わせて、ほどよい関係性を作れそうです。ストレスなく、マイルドで調和に満ちた華やかな交流を楽しめます。子どもが最優先というよりも、ママ友同士の大人なつき合いを楽しみます。周りからはきれいで洗練されたママだと見られやすいでしょう。

3ハウスのカスプが

射手座

ストレスなく楽観的なつき合い

見解を広げてくれるおおらかなママ友と、楽観的なつき合いができそう。ストレスは少なく、自由に、ときに大胆に、一緒に家族で遠出するような関係性を築けます。海外移住や、子どもの習い事を遠方にすることに運があり、宗教観さえ超える仲になるかも。

3ハウスのカスプが

水瓶座

環境の異なるママ友と個性を認め合うつき合い

立場や境遇に、まったく影響されません。「世の中にはいろいろな人がいる」と思考を柔らかくしてくれるママ友と縁がありそうです。驚きは多いですが、互いの個性を認め合うような自由なつき合いができるでしょう。あなたには、常識的なママ友は必要ありません。

3ハウスのカスプが

蠍座

気楽に考えることで信頼できる人と出会えそう

心を開くことを躊躇しているせいか、本音を話しにくく、緊張感を抱きそう。相手は意外と何も考えてないことが多いので、気軽に考えて。悩みを打ち明けられると思った人がいれば、深い信頼関係を築ける可能性大。まずは気楽に関わることをおすすめします。

3ハウスのカスプが

山羊座

真面目さを活用すると本物の関係を築ける

発言に責任を感じやすいため気軽な会話を楽しめず、できるだけ関わりたくないと思いがち。しかしその真面目さが相手に信頼感を与えます。深刻になりすぎず、仲良くなりたい人には、真実だと思うことを遠慮せず伝えて。それによって本物の関係を築けます。

3ハウスのカスプが

魚座

独自の優しい感性で自然と縁がつながる

相手に合わせがちで、疲れやすいでしょう。「自分は自分」という感覚を忘れず、与えられた役割をこなしていると、気づいたら周りを癒やす存在に。無理に積極的に振る舞い、自分を卑下する必要はありません。ガツガツしていない優しいママ友と縁があります。

Q26：自分はお金に縁がある？

金運を表す2ハウスに惑星が入っていないからといって金運がないということではありません。カスプの星座で自分の金銭感覚を知り、どんなお金に縁があるかを見ていきましょう。

2ハウスのカスプが

牡羊座

稼ぐことに一生懸命になることで縁ができる

進んで金銭を獲得しようとするガッツがあります。お金を稼ぐことに一生懸命になれるので、多少の争いがあるかもしれませんが、競争意識があるからこそ、それを得ていく力にできる人です。人に買ってもらうより必要なものは自分で買いたいタイプでもあります。

2ハウスのカスプが

双子座

収入減を複数もつなどで良い稼ぎができそう

話術や知恵を使って、割の良い稼ぎができるでしょう。収入源をいくつかもつ可能性もあり、ビジネス、コミュニケーションを生かして金銭を得やすいです。文章を書いたり、教えたりすることが得意な人が多いので、それに関連した職種で稼げる人もいるでしょう。

2ハウスのカスプが

獅子座

金銭は得やすいけれど散財もしやすい傾向が

財力で自分を誇示しようとしやすいかも。その分、高額な物を購入したり、頻繁におごったりと派手にお金を遣って、散財しやすい面はあります。しかし、競争心が強く、一生懸命働くので金銭は得やすく、人生において、お金には恵まれやすいでしょう。

2ハウスのカスプが

牡牛座

貯蓄感覚にすぐれるのでお金が貯まりやすい

物質的な欲求を満たしやすいです。おいしい物、心地よいものなど、五感を満たすことにお金を遣い、常に欲求を満たそうとしています。しかし、お金には恵まれ、お金を得るため、貯めるための良い感覚をもっているので、お金は貯まりやすいと言えるでしょう。

2ハウスのカスプが

蟹座

お金に縁はあるけれど手元には残りにくいかも

貯めるのも遣うのも好きな人が多そう。日常的なお金の出入りが激しく、つき合いや家族のための出費を惜しまないタイプです。ある程度の貯蓄はできるのですが、貯まったら遣ってしまうので、手元には残りにくいかもしれません。けれど、お金に縁はあります。

2ハウスのカスプが

乙女座

効率良く稼いでしっかり貯蓄ができそう

細かくきっちりお金を管理できるタイプです。無駄なことにお金は遣いません。利用できるものは何でも利用して、効率良く稼ぐこともできます。一般的に、コミュニケーション、知恵を生かして金銭を活用するタイプなので、しっかり貯蓄をすることができそう。

別冊P1に記入した自分のホロスコープを見て［2ハウスのカスプの星座］を確認。

例：Mさんの場合は天秤座。

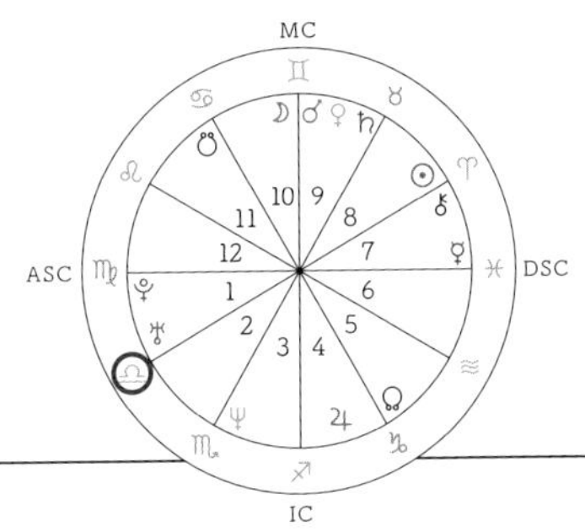

2ハウスのカスプが

天秤座

お金に不安がなく結果、お金に恵まれそう

金銭感覚にすぐれていますが、お金は必要なときに巡ってくるという感覚で、あまりあくせくしていないでしょう。贅沢というより質の良い物を欲しがります。それでもお金で苦労しないのは、お金に不安がないから。不安がないと、お金に恵まれるのです。

2ハウスのカスプが

射手座

お金に無欲な姿勢がお金を呼び込みやすい

お金に関して大雑把で楽観的。自分本位に遣おうとする傾向もあります。お金のために一生懸命働くことはしません。お金に恵まれているので、本人にその意識がなくても不安なく遣えるでしょう。お金に対して無欲なので、逆にお金を呼び込みやすいのです。

2ハウスのカスプが

水瓶座

収入は不安定でも能力を生かして稼げる

自分の能力がいかに金銭につながるかを考えて行動できます。得意分野から稼ぐきっかけをつかむタイプなので、固定資産や固定給で収入を得るより、フリーな立場でその都度収入を得やすい運です。金運は吉凶混合ですが、年齢とともに倹約家になりそう。

2ハウスのカスプが

蠍座

貧乏を経験してものちに大金を稼げそう

自分の財産を明かさず、上手にしっかりとへそくりができるタイプ。お金があるときとないときの差が激しいですが、それはピンチをチャンスに変えて自分を追い込み、大金を稼ぐことができるから。貪欲に働き、欲しい物は絶対に手に入れるガッツがあります。

2ハウスのカスプが

山羊座

浪費はせずお金にシビア。晩年に豊かになりやすい

お金にはシビアで野心的。価値あるものには投資しますが、浪費はしません。実際たくさん貯金があっても、常にお金に対して不安があり、自分の金銭感覚や物に対する価値に自信をもちにくい傾向があります。晩年になるほど、豊かになりやすいです。

2ハウスのカスプが

魚座

感性を生かした仕事でしっかり稼ぐ人も

稼ぐことに夢を描くが、夢見がちで金銭に対して非現実的な面が。細かいお金にこだわらず、気づいたら遣い果たしたり、愛情や優しさを得るために、お金を遣ったり。人によっては、感性を生かし、スピリチュアルなことや芸術関係で稼ぐ可能性もあります。

Q27：自分の人生に必要なお金は？

**2ハウスは、金銭や収入源を表します。
自分がどのようにお金を稼ぎ、どのように遣うのかという
金銭感覚を知ることができるでしょう。**

2ハウスのカスプが

牡羊座

病気やケガによる突発的な出費

突発的な出費に見舞われることがあるようです。ちょっとした事故や物品の破損、ケガをしたときの病院代が必要になる可能性が高いです。保険に入っておくと安心かもしれません。自転車や自動車など、乗り物自体にお金を遣うことも多いでしょう。

2ハウスのカスプが

双子座

知識欲を満たすためと快適に移動するため

セミナーや参考書など、勉強のためにかなりお金を遣うでしょう。知識や人脈こそ宝だと思っている節があるのかも。また移動手段に快適さや利便性を求め、お金より時間を優先するため、タクシー代などの交通費やドライブ関連の支払いが多そうです。

2ハウスのカスプが

獅子座

高級腕時計や高級車など人からほめられそうな物

誰が見ても一流品というアイテムを手に入れたいと感じます。高級ブランドの腕時計や皮小物、そして高級車など、高額の買い物をしそうです。自分に自信があるので「これぐらいは支払える！」という感覚で、欲しい物を買うために働くタイプでしょう。

2ハウスのカスプが

牡牛座

自分の気に入った物に惜しみなく遣う

自分にとって心地よいと感じる物を、定期的に購入したくなるようです。一生大事にできる極上の一品、珍しい食材には惜しみなくお金を遣うでしょう。使い捨て商品には興味がありません。それも安定した収入が見込めるからこそでしょう。

2ハウスのカスプが

蟹座

生活雑貨や必要品趣味の小物に

基本的には、家庭内で使う物に対して、細々とした出費が多いでしょう。日用雑貨に目がなく、お気に入りにこだわりだすと際限なく集めます。好きなテーマの小物をたくさんコレクションしていそう。またセール品やお得な商品を買い込むことも。

2ハウスのカスプが

乙女座

健康商品やサプリコスパ重視の買い物傾向

健康グッズやサプリメントにお金を遣うことが多いでしょう。また、値段に関わらずコスパの良い物に惹かれます。収支をしっかりと把握していて、高額の支出でローンを組むとしても無理のない範囲内に収めるでしょう。無駄遣いはしません。

別冊P1に記入した自分のホロスコープを見て［2ハウスのカスプの星座］を確認。

例：Mさんの場合は天秤座。

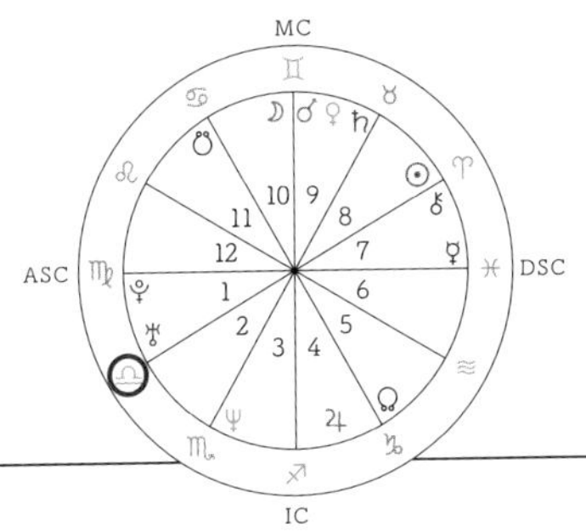

2ハウスのカスプが

天秤座

人のために遣う交際費や自分を磨く美容代

人間関係を良好にするお金は惜しまないでしょう。愛情に価値を置くため、人に喜んでもらえる出費はあまり気しないようです。誕生日プレゼントやご祝儀で、しっかりお祝いします。化粧品やエステなど、美容にお金をかけることも必要経費という考えです。

2ハウスのカスプが

射手座

物よりも経験を選び特に旅行でお金を遣う

人生を変える旅行や、一生に一度しか経験できないような貴重な体験にお金を遣いたいと考えます。貯めることや物を購入することよりも、経験のほうが大事だという考えです。自分の感性が求める経験に対して忠実に動き、惜しみなく遣うでしょう。

2ハウスのカスプが

水瓶座

パソコン関連の趣味に細々と課金を重ねる

スマホやタブレットなど情報端末が新しく出るたびに購入しそう。ゲームやプログラミングなど、パソコンを使うことに対して目がないでしょう。そのため支出額はピンキリですが、ゲーム内で課金を重ねたり、周辺機器に凝ったりするかもしれません。

2ハウスのカスプが

蠍座

恩恵を期待できそうな開運グッズや占い鑑定

開運グッズにお金を投じそう。エネルギーの強い石や浄化に良い塩など、恩恵を得られることを信じて購入します。魔法や占い、オカルト分野で、一般的な商品ではないものにお金を遣う場合も。また、将来大化けが期待できそうな株に費やすことあります。

2ハウスのカスプが

山羊座

ビジネスに関連する運営費や人件費

大胆に遣うタイプではなく、きちんと保証のあるものや安心に対してはお金をかけます。事業の立ち上げやウェブサイトの構築にお金を投じることも。自分が雇用主となって人に支払う可能性もあり、その場合は責任感をもってしっかり払い続けます。

2ハウスのカスプが

魚座

固定の物ではなく見えない物事に費やす

さまざまな空間を体験するため、自分の感性を喜ばせるために出費します。瞑想のワークショップや座禅体験など、目に見えないことに価値を置いて遣います。手元に物が残らないため、自分でもいつのまにかお金が消えていくという感覚でしょう。

Q28：何にお金を遣うと心が満たされる？

金銭や物品を表す金星。どんな物を買ったり、何に対してお金を遣ったりすることで心が満たされるのかは、ハウスの性質に由来します。

金星が

恋愛やお金に対して新しい経験をしたいと願っています。そこで、自分のためになること、今まで経験していないことは、「あれもこれもやりたい」という魂の願いをかなえることにお金を投じると、心が満たされるでしょう。また、中古品より新品の物を好みます。

金星が

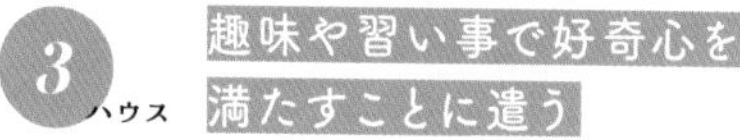

さまざまな習い事をし、趣味にお金を遣って自分の好奇心を満たすことにお金を遣うでしょう。また人との関わりだけでなく、出かけていって実際に体験するのも好きなので、日帰り旅行や、インスタ映えするカフェで楽しく過ごすことでリフレッシュできそうです。

金星が

創意工夫して作り上げるのが得意なので、製作費にお金をかけます。また、子どもや部下の育成のための教育費も惜しみません。ギャンブルは深みにはまらないよう注意。恋愛中は特に、自分をきれいに見せるために装飾品やエステにお金を遣いそうです。

金星が **2** ハウス

価値ある物や心地よさを感じる物に遣う

心地よい物やおいしい物が大好き。少々高くても価値のある食べ物を好んだり、希少価値のある鉱石など天然の素材に憧れたり、マッサージなど心地よく過ごすためにお金を遣います。対価に見合ったものを見極める能力があるので、無駄遣いはしません。

金星が **4** ハウス

自分の居場所を心地よくするために遣う

インテリアや内装にこだわって心地よい空間を作り、好みの日用雑貨をちょこちょこ買い集めてほっこりした気持ちになることで、心が満たされます。また植物や小動物を育てることが得意で、それが心の安定につながるため、お金を惜しまず遣うでしょう。

金星が **6** ハウス

健康グッズやサプリエステなどに遣う

身体を健康に保つためのサプリなどにお金を遣いそう。きれい好きなので掃除道具にこだわったり、自分自身を磨くエステや健康グッズを買い集めたりしそう。少々自己批判になる傾向があるので、お金を遣った自分に厳しくしすぎないように気をつけましょう。

別冊P1に記入した
自分のホロスコープを見て
［金星のハウス］を確認。

例：Mさんの場合は9ハウス。

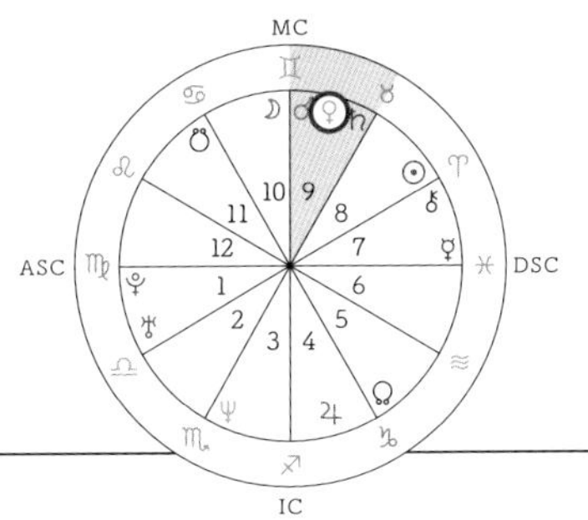

金星が

ハウス

プレゼントの購入や美容関連にお金を遣う

相手が喜んでくれることが何よりのごほうびなので、誰かにプレゼントをあげるのが好きです。求められれば喜んで応じるので、おごってあげることが多そう。自分をきれいに保つことでも満たされるので、美しさを保つ情熱にかられ、お金をたくさん投じそうです。

金星が

ハウス

セックス関連やスピリチュアル系に遣う

セクシャルな欲求を満たすためにお金を遣いそう。見えないものに興味があるので、心理学的なこと、スピリチュアルなことにお金をかけても気にならず、自分の霊性を高めていく努力を惜しまないでしょう。また、他人の財産を動かす才能もあります。

金星が

ハウス

セミナーや講座の参加費や海外旅行などに遣う

自分の精神を高めるセミナーや講座にお金は惜しまないでしょう。それらをすべて自分の生活に生かせます。決まりきった毎日よりも可能性に満ちた瞬間に心が解き放たれるので、海外旅行などでさまざま人生経験をすることが、心の自由さと安定につながります。

金星が

ハウス

キャリアアップやコーチング料に遣う

キャリアアップのためにお金を遣って自己啓発することが満足につながります。自分の野心を遂げるための契約や結婚もあり得ますが、環境に恵まれる運があり、人生そのものを楽しめるでしょう。有料でパーソナルコーチなどの指導を受けると心が満たされそう。

金星が

ハウス

グループ活動の費用やオンラインゲームに遣う

皆で協力して成し遂げるのが大好きなので、グループでの活動にエネルギーもお金も遣えるとかなり満足できそうです。また新しいデバイスの攻略にも満足を感じるので、オンラインゲームで、知らない人たちと結果を出すようなゲームはフレッシュできそうです。

金星が

ハウス

ボランティア団体に寄付芸術鑑賞などに遣う

慈善事業に協力や寄付することで心が満たされる感覚があるかも。純粋な気持ちにふれたいと願っているので、優しい波動に包まれることにお金を遣って自分を癒やすでしょう。占いやスピリチュアルグッズにはまることも。コンサートや芸術鑑賞も満たされます。

Q29: 老後・リタイア後の資産はどうなる?

幼い頃の潜在意識を4ハウスは表しています。人は無意識に幼児期の環境を晩年に再現しようとすることから、老後のことを見るときは4ハウスとなるのです。

4ハウスのカスプが

牡羊座

一生現役を貫いて稼ぎ続ける

若い頃のバイタリティーを老後も生かし続けられます。ケガや病気が多いと健康関連に結構なお金を投じることになりそうですが、引退した後も、自分の力で稼いでいく力があるので、静かに余生を楽しむ感じではありません。一生現役を目指すことになるでしょう。

4ハウスのカスプが

牡牛座

豊かな資金を得て余裕のある生活を送る

きちんと勤め上げて、豊かな退職金を手にしたり、ある程度の貯金を持って豊かに有意義に過ごしていけそうです。過去につらいことや大変なことがあっても、それは価値があることだったと感じられそう。それだけ精神的に余裕がある生活が送れるのでしょう。

4ハウスのカスプが

双子座

生活に困らない程度に資産を得て軽快に過ごす

いくつになっても情報のやりとりが楽しく、軽快に過ごせそうです。身体が動きづらくなっても、頭は回っていて、散歩が趣味だったり、いろいろなところに出かけたりして、比較的人との関わりが多いでしょう。資産的には生活に困らないといった感じになりそうです。

4ハウスのカスプが

蟹座

金銭的には支援があり頼られて忙しく過ごす

実家や嫁いだ先とつながる縁があり、地元から離れていた人も、戻る可能性があります。そこでは何かと頼りにされ、家族とのやりとりで忙しくなりそう。家族の支援があるので金銭的に困ることはなく、感情的にも満たされた豊かな生活ができるでしょう。

4ハウスのカスプが

獅子座

ある程度の資産を持ち楽しい時間がもてる

晩年は豊かに過ごせる運があります。家族や後輩が頻繁に訪ねてきて、楽しい時間がもてて、にぎやかな毎日を過ごせそうです。人生は大器晩成型なのかも。若いときに努力したことが身になり、ある程度の資産を持ち、納得する環境で過ごせるでしょう。

4ハウスのカスプが

乙女座

質素で慎ましいけれど整った暮らしを楽しむ

実際のところはさほど困ることは起こらない様子なのですが、気持ち的に心配事をあれもこれもと引っ張ってきやすく、気持ちが落ち着かないかもしれません。リタイア後の生活は比較的質素で慎ましいですが、きちんと整ったシンプルな生活を楽しめそうです。

別冊P1に記入した
自分のホロスコープを見て
［4ハウスのカスプの星座］を確認。

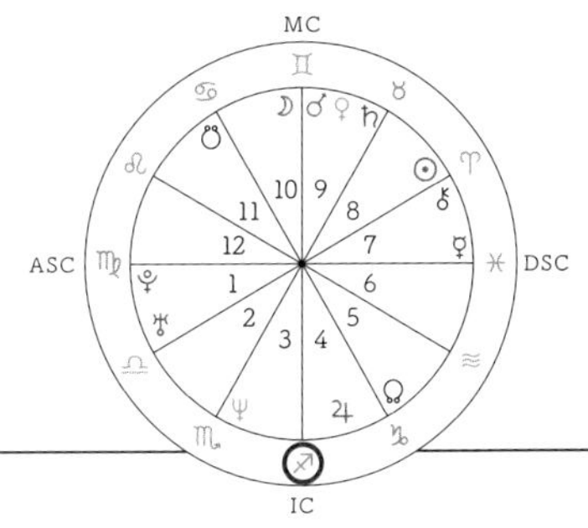

例：Mさんの場合は射手座。

4ハウスのカスプが

天秤座

お金に困ることはなく 賑やかに楽しく過ごす

若い頃の大変だったことを思い出しながら、「こんなに楽しく豊かな環境を人生の最後に経験できるなんて思いもしなかった」と語れるような、豊かな暮らしができそうです。訪問客が絶えず、賑やかで楽しい時間がもてるでしょう。お金にもさほど困りません。

4ハウスのカスプが

射手座

金銭的にも精神的にも 満ち足りた生活ができる

人生をいとおしく感じ、毎日を豊かに過ごせそう。お金にも困りませんが、物質的なことより精神的な開放感や充足感のほうが強い様子があります。若い頃は気になっていたことも手放して、のびのびと、自分らしく自由気ままに毎日を過ごしていけるのでしょう。

4ハウスのカスプが

水瓶座

資金はともあれ 人生に大変化がありそう

若い頃には、決まったレールの上をひたすら歩んできたような人も、「リタイアしてからの人生が本番だ！」と言わんばかりの奇想天外な人生を送ることになりそうです。誰も予想していなかったような、まったく違う人生が待っているかもしれません。お楽しみに！

4ハウスのカスプが

蠍座

余裕のある資産で 生活を一変させるかも

社会的役割を終えて、本当に望んでいた人生にしたい！と奮起して生活を一変させる可能性があります。いきなり再婚したり、引越ししたり、雲隠れしたりと予想できない感じがあります。それはある程度の資産があるからこそできること。余裕があるのでしょう。

4ハウスのカスプが

山羊座

豊かな資金を手にし 堅実な老後を過ごせる

晩年に対する不安があるかもしれませんが、今という時間をどう過ごすかは、自分自身を認めることによっていくらでも変わります。将来への不安はいったん横へ置いて、これまで辛くても頑張ってこれた自分を思い出しましょう。堅実な老後を過ごせます。

4ハウスのカスプが

魚座

物質欲にとらわれない 自然に囲まれた生活に

自分を犠牲にしてきた人は自然に囲まれながら、ゆっくりと自分を癒やしていくでしょう。物質的な物より精神的な喜びを感じ、自分の人生の意味を見つけていけます。変わっていく身体や環境にこだわらなければ、何気ない毎日から愛を感じられる老後になりそう。

Q30: 自分はどんな家庭に生まれ育った?

「この基盤で生きていく」ことを示す人生の根底が4ハウス。
密なつき合いによって人格が形成されていくので、とても大事です。
この家で、この家族で生きることによって、魂が成長するでしょう。

4ハウスのカスプが

牡羊座

活気のある家庭だが両親との間にトラブルが

明るくて、活気がある家庭環境で育ったのではないでしょうか。ただし、潜在的には、両親と争っていることがあるかもしれません。または、両親のどちらかが、激しい気性をもっている場合がありそうです。とても仲の良い家族とは言えないかもしれません。

4ハウスのカスプが

双子座

親の転勤や異動で引越しが多い家庭

落ち着きのない環境で、引越しなどの移動が多い両親のもとに生まれたかもしれません。習い事や教育には熱心な家庭という場合もあります。家族間での変化が多く、臨機応変に対応せざるを得ない場面があったかもしれません。

4ハウスのカスプが

獅子座

両親の良い影響を受けて育った

両親の良い影響を受けているでしょう。心地のよい環境で期待されて育った場合もあるでしょう。両親のどちらかを尊敬している人が多いかもしれません。比較的に恵まれた環境で育ったため、どんな場所でも受け入れてもらえる感覚があるはずです。

4ハウスのカスプが

牡牛座

愛情を惜しみなく注がれた

保守的で、穏やかな家庭に生まれたようです。家族内での決まり事が多く、贅沢で恵まれた環境だったのではないでしょうか。愛情をたっぷり注がれていると、感じることができる環境で育ってきたと言えるでしょう。愛にあふれる両親のようです。

4ハウスのカスプが

蟹座

思いを受け止めてくれる家族

両親とは仲が良く、円満な関係を築くことができているでしょう。移転などで、変化が多かったかもしれません。また、感情を汲み取ってもらえる環境に身を置けていたことでしょう。もしくは、自分の感情を素直に出しても、受け入れてくれていたかもしれません。

4ハウスのカスプが

乙女座

教育に力を入れる両親

しつけや教育、衛生面においても厳しい家庭だった可能性が高いです。世間体を気にする両親だったのでしょう。そのため、教育には特に熱心にされていたと思います。塾や教材にかけるお金は惜しまなかったでしょう。期待されすぎてしまって疲れることも。

別冊P1に記入した
自分のホロスコープを見て
［4ハウスのカスプの星座］を確認。

例：Mさんの場合は射手座。

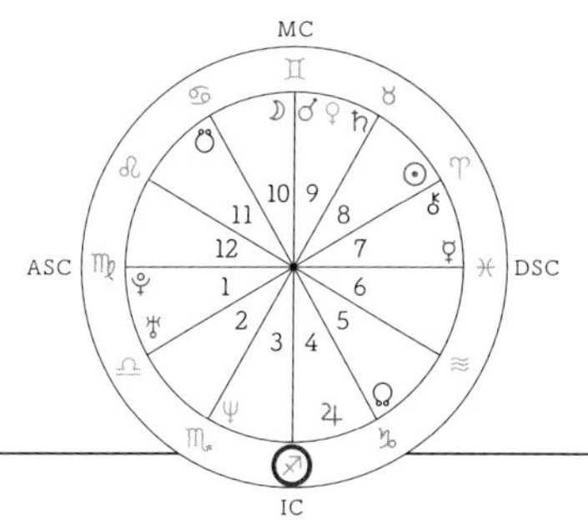

4ハウスのカスプが

天秤座

華やかな家庭環境で育った

調和に満ちた、華やかな関係の家庭で育ってきたのかもしれません。両親の仲が良かったり、兄弟の間柄も穏やかな愛情を感じられたりしたのでしょう。誰が見ても、良い家庭環境で育ってきたと言えるようなオーラを醸し出している場合もありそう。

4ハウスのカスプが

射手座

好きなことができる恵まれた環境

楽観的で、宗教観や精神思考の強い家庭に生まれたかもしれません。自由にのびのびできる恵まれた環境だったことでしょう。やりたいことは何でもやらせてくれたのではないでしょうか。家系そのものが良いこともあるようです。

4ハウスのカスプが

水瓶座

個性を認め合える家族関係

移転が多い家庭だったかもしれません。驚くようなことも頻繁に起こる環境にいたでしょう。お互いの個性を認め合うような、自由な家庭で好きなように生きてきたことだと思います。ハイテクな電化製品が多い環境だった可能性もありそうです。

4ハウスのカスプが

蠍座

ストレスを感じやすい家庭環境

緊張感があり、ストレスを感じやすい環境で育ったかもしれません。両親のどちらかに威圧感があったのではないでしょうか。家族の間に何らかの秘密がある場合もあります。家族といてもリラックスできないので、独り立ちするのが早かったかもしれません。

4ハウスのカスプが

山羊座

我慢を強いられる過酷な環境

多くの我慢を強いられる、厳しい家庭だったのではないでしょうか。両親が、堅い考え方をもっていたのかもしれません。または、何かしらの重荷を背負っていた場合もありそうです。孤独を感じやすい環境だったとも言えるでしょう。

4ハウスのカスプが

魚座

家庭環境が複雑

複雑な家庭環境で育ったのかもしれません。孤立する人や、家出をすることが多かった人がいるでしょう。家の中にいると、犠牲精神を感じやすいのかもしれません。絵を描いたり、想像力を働かせたりして、現実逃避をしていた場合もありそうです。

Q31：親からどんな影響を受けている？

子どもにとって、親というのは人生で初めて出会う「生き方のモデル」です。親によって社会に対してどのような意識が備わるか、という可能性を見ていきます。

10ハウスのカスプが

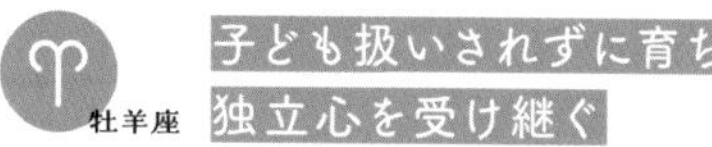

牡羊座

子ども扱いされずに育ち 独立心を受け継ぐ

裏表ない態度でぶつかってくるような気性の激しいエネルギーで、子ども扱いしない大人のもとに生まれています。独立性を育てられているでしょう。親が起業しているケースが多く、自分で社会を切り開いていく力を無自覚に学び、引き継いでいます。

10ハウスのカスプが

牡牛座

愛情豊かな親のもと 豊かな五感を受け継ぐ

独自のこだわりはあるけれど、たっぷり愛してくれる穏便な性格の大人のもとに生まれています。生きていくために必要な滋養を十分に与えられ、無意識に必要なものは得られるという感覚があります。自分の五感を満たすことができる資質を受け継いでいます。

10ハウスのカスプが

双子座

会話の多い家庭で育ち 柔軟性を受け継ぐ

習い事をたくさんさせてくれ、よく話をする共働き家庭で、出張や移動の多い大人のもとに生まれています。人や社会とどのようにつながるか、社交性を学んでいます。器用な親の姿を見て、自分も家庭と仕事の両方をこなすような柔軟性を引き継いでいます。

10ハウスのカスプが

蟹座

思いやりのある家庭で 種族意識を受け継ぐ

やや心配性だけれど、たっぷりケアしてくれ、家族を思いやる大人のもとに生まれています。家族の一員としてどうあるべきか、という種族意識を引き継いでいます。生活そのものが家族ありきで成り立っていて、家族間のルールや親との関係性は強いでしょう。

10ハウスのカスプが

獅子座

責任感の強い親から リーダー気質を受け継ぐ

リーダーや責任者と縁のある大人のもとに生まれています。良いお手本として「大人になったらこうなりたい」と思わせるような責任感を引き継いでいるでしょう。誰かに甘えて依存するより、自分の力で何とかしようというリーダー気質を引き継いでいます。

10ハウスのカスプが

乙女座

常識のある親のもと マナーやTPOを伝授

健康意識が高く、神経質な面もあるけれど社会に適応した大人のもとに生まれています。TPOに合わせた立ち振る舞いや、マナーをしっかり守れるよう教わっています。謙虚であることや自分の感情よりも役割を果たすことを優先する気質が育てられています。

別冊P1に記入した
自分のホロスコープを見て
［10ハウスのカスプの星座］を確認。

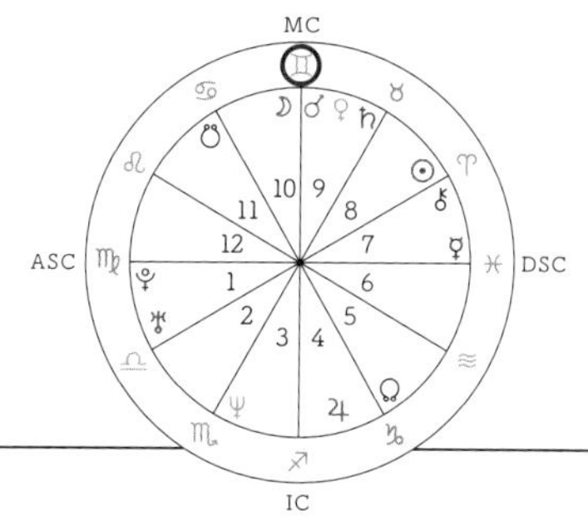

例：Mさんの場合は双子座。

10ハウスのカスプが

愛ある優しい親から調和の姿勢を受け継ぐ

愛のある優しい大人のもとに生まれています。わがままになりすぎず、その場の空気をなごませる調和の姿勢を教わっています。また人生では豊かさや優しさ、喜びを感じられるという感覚も、親から引き継いでいます。愛を信じられるのは親のおかげかもしれません。

10ハウスのカスプが

信頼できる大人な親から楽観的な思考を伝授

開放的で正直な、信頼できる大人のもとに生まれています。親の信念があなたの人生哲学になっている可能性があります。自由な発想で社会を生きていけるよう楽観的な思想を育ててもらい、さまざまな世界を体験できる道を選ぶようサポートされているでしょう。

10ハウスのカスプが

個性的な家庭で、自由が許される感覚を伝授

個性的な生き方を選ぶ大人のもとに生まれているため、独自の生き方を見出そうとします。さまざまなことを経験したいので環境は変わりやすいですが、中年以降は自分の世界を築き落ち着きます。自由な生き方を許されている感覚を無意識に引き継いでいそう。

10ハウスのカスプが

深い愛情をもつ親から鋭い洞察力を受け継ぐ

秘密はあるけれど、とことん愛する力のある人のもとに生まれています。一般的な表社会だけでなく、裏社会も存在することを何となく感じているでしょう。すべてを語らずとも察する能力が鍛えられていたり、表向きの生き方の他に秘密の世界をもちやすいです。

10ハウスのカスプが

有言実行タイプの親から努力の大切さを伝授

有言実行タイプの大人のもとに生まれています。社会とは厳しいものだという無意識の教えがあるでしょう。楽して生きることは選ばず、努力してこそ達成できる世界があることや、目上の人に逆らわずうまくやっていける気質を、親から受け継いでいるでしょう。

10ハウスのカスプが

感覚を大切にする家庭で感性に従う生き方を伝授

形のない感覚的なものを大事にする大人のもとに生まれています。枠にはまって生きるより、自分の感性に従って生きることを教わっています。絶対○○したい！という強い欲求をもちにくく、自分は何者なのか、何が向いているのかを探求しやすいでしょう。

Q32: 自分の人生は、どのように「子ども」が関わる?

子どもとどのように関わる人生なのかは、ある程度決まっていると考えられています。自分が産む子に限らず、養子という形だったり、自分が教師として子どもに携わったり、部下を育てることなども当てはまります。

5ハウスのカスプが

牡羊座

気性の激しい子によって成長する意欲が高まる

現状がどうであれ、本来は人生に果敢にチャレンジしていく気質のあなた。関わる子どもはかなり気性が激しいか、活発なエネルギーを備えているはず。その子によって自分の開拓精神が刺激され、活性化します。子どもの成長を通して活力を取り戻せそう。

5ハウスのカスプが

牡牛座

愛情を注ぎ安らぎを得られる

人生を堅実な喜びで埋めたいと願うあなたが関わる子どもは、穏やかな愛を学べる存在になることが多いでしょう。かわいく、ただただいとおしく、その愛らしい存在と関わることで、あなたの芯の強い愛情が発揮され、穏やかに育てていくことを心から楽しめそう。

5ハウスのカスプが

双子座

天真爛漫な交流で対等に楽しむ

子どもの無邪気なコミュニケーションによって、あなたの好奇心が刺激されます。勉強を通して、他人の子と関わっていくことも多いでしょう。年齢は違っても話が合う子どもとの出会いに恵まれ、1人の子どもと年齢に応じた会話を楽しみ、流動的に関われそう。

5ハウスのカスプが

蟹座

多くの子どもと接して感情が満たされる

周囲を「家族として」考える意識が強く、近所の子どもに対しても「うちの子」という感覚で、多くの子どもと接するでしょう。実際に、たくさん出産するかもしれません。子どもを持つことで感情が満たされます。また、「年の離れた兄弟」に縁があるでしょう。

5ハウスのカスプが

獅子座

世界中の子どもと縁があり人生を大きく豊かにする

子どもによって人生が豊かになる感覚があり、授かるかどうかに限らず、かなり縁が強いでしょう。世界中の子を通して、チャレンジに満ちた豊かな人生になります。あなた自身の子どもらしい無邪気さと、可能性を表現し続けることが、子どもたちのためにもなります。

5ハウスのカスプが

乙女座

縁が薄いながらも大事に育てようとする

子どもにそこまで縁がありません。自分でも、何をするか予測がつかない子どもより、大人と接したいと感じているもしれません。子どもを授かるとしても1人で十分、という感覚です。そしてその1人をしっかりと教育し、手厚く世話をしたいと強く思うでしょう。

別冊P1に記入した
自分のホロスコープを見て
［5ハウスのカスプの星座］を確認。

例：Mさんの場合は山羊座。

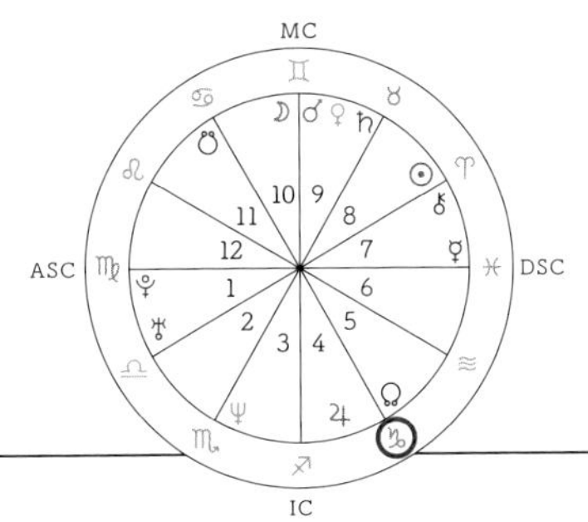

5ハウスのカスプが

天秤座

子どもを通して人と関わる喜びを知る

子どもが人生に彩りを加えてくれます。かわいくてたまらない！という感情によって、自己完結の喜びから、他者と関わる喜びにシフトしていくでしょう。女の子を育てることが多く、その愛らしさを実感できるはず。育てることによって人生が豊かになります。

5ハウスのカスプが

射手座

子どもを育てることで固定観念が解放される

のびのびとした可能性に満ちた子どもと縁があります。子どもを授かることだけでなく、他者の子どもを育てることも含めて、人生にあらゆる発展をもたらします。凝り固まった思考を解放してくれそうです。誰かを育てることが大きな気づきと発展をもたらします。

5ハウスのカスプが

水瓶座

理解しにくいながらも個性的な子に刺激される

「宇宙人？」と思うほど奇想天外な子と縁があるでしょう。あなたが関わる子どもは、不要な既成概念を壊してくれます。実際に子どもとの関係によって、あなたはオリジナリティーを発揮できるようになるはず。あまり多産ではなく、不妊治療などは効果的でしょう。

5ハウスのカスプが

蠍座

一般的な関わり方ではなく接していく中で学びが

もし授かった子どもがいれば、深い縁です。家族だから仲が良いとは限らず、むしろ何を考えているかわからない存在に、本当の強さとは何かを試されるかもしれません。よくある子育てアドバイスとは無縁で、向き合い方を探ることに学びがありそう。

5ハウスのカスプが

山羊座

自分の中の子どもが実際の子どもに教わる

子どもに対してとても真面目に関わります。あなたと縁のある子どもも努力家です。気遣いながらも謙虚で良い関係を築いていけます。もし子どもが嫌いと感じるなら、それは責任を強く感じるからこそ。子どもによって親にさせてもらい、成長していくでしょう。

5ハウスのカスプが

魚座

繊細な感性の子によって創造性が高まる

とても繊細な子どもと縁があります。自分の中に眠る創造性を刺激する存在です。子どもは未知の存在と感じるかもしれませんが、現実がすべてイメージから生まれるように、あなたの感性を見えないところでたくさん刺激し、本当の愛を教えてくれるでしょう。

Q33: 義家族とのつき合い方は?

結婚相手の家族というと、舅、姑、義理の兄弟など、さまざまですが、ここでは結婚相手が受け継いでいる価値観や、相手の家族の雰囲気を、まとめて読み解いていきます。

8ハウスのカスプが

牡羊座

遠慮は無用 気持ちをはっきりと伝えて

感情をダイレクトに伝えてくる家でしょう。言いたいことを言い合うことが家族なら当然だと思っていそうです。「それは嫌」と断っても全然気にせずに、また誘ってくるようなサバサバした感覚です。できるだけはっきり伝えることで良い関係を築けるでしょう。

8ハウスのカスプが

双子座

互いに忙しく 踏み込むことはなし

忙しく流動的に動いている家で、あまり干渉してこないでしょう。互いに多忙だという理解があります。邪魔にならないように、最低限の関わりで仲良くしていけそうです。わざわざ相手の家に行かなくても、電話だけで用事が済んでしまうことも多いでしょう。

8ハウスのカスプが

獅子座

頼りになる存在の家 ありがたく恩恵を受けて

とてもしっかりした家で、いざというときには力になってくれるでしょう。家族が集まるイベントのときには、きちんと挨拶をして、相手を立てること。それだけで関係はうまくいきます。贈り物やサポートに対しては、感謝して遠慮なく受け取ることもポイントです。

8ハウスのカスプが

牡牛座

希少価値のある手土産で 愛情のお返しを

暖かい家族です。家に行けば食べ切れないほどの食事を振る舞われ、土産も用意されているでしょう。無自覚に愛があり、自分が家族として扱われていると実感できます。長く良い関係を保つには、手土産が必須。特に、手に入りにくい食べ物が好まれそう。

8ハウスのカスプが

蟹座

あなたと関わることを 楽しみにしてくれる

何かとこちらを歓迎してくれるでしょう。孫ができれば頻繁に遊びくるかもしれません。パートナーは自営業などで忙しいことが多いため、家のことを義実家に頼ると、快くサポートしてくれそうです。こちらから甘えていくほうが良い関係を築けるでしょう。

8ハウスのカスプが

乙女座

あれこれ言う姑でも 感謝の言葉は忘れずに

よく気がつくタイプの姑がいる家。少々鬱陶しく感じそうですが、ほどよい交流で十分です。批判ではなく愛情があるからこそだととらえて聞き流しましょう。たとえ的はずれなアドバイスでも、相手をねぎらい、感謝の気持ちを伝えるという礼儀は忘れないこと。

別冊P1に記入した
自分のホロスコープを見て
［8ハウスのカスプの星座］を確認。

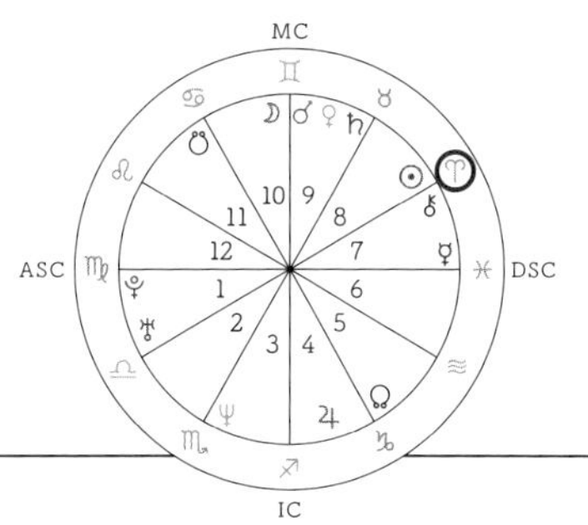

例：Mさんの場合は牡羊座。

8ハウスのカスプが

天秤座

こちらを優先してくれる家 たまには誘い出して

控えめで、こちらを気遣って合わせてくれる優しい家。「親だから○○してもらって当然」という感覚は薄く、ストレスが少ないでしょう。こちらから声をかけなければ相手からも誘いがないので、互いに遠慮しがちなことに気をつければ良い関係を築けます。

8ハウスのカスプが

射手座

たまに会う友達のように 楽しく過ごせる家

干渉やいざこざは少なく、普段はほとんど接点がありません。心配や気に留めることが互いに少ないでしょう。夏休みや年末年始に泊まりに行ったり、一緒に旅行したり、関わるときは密に楽しめる関係。遠方に住む友達のような感覚で、気楽につき合えそう。

8ハウスのカスプが

水瓶座

「義理の実家」という 概念をもたない人

あなた自身、パートナーの家族と仲良くする感覚がないでしょう。結婚と離婚を重ねる場合は、義理の家族もその都度変わるため、血縁にこだわるよりは、日常で関わる人と協力し合うほうが向いているでしょう。また、そういった自由な感覚の家と縁がありそうです。

8ハウスのカスプが

蠍座

家族という縛りを 心地よく感じない環境

パートナーのほうが、できるだけ自分の家と関わりたくないと思っていそう。あなたが仲介役になりそうですが、無理して関わる必要はなく、相手もそれを望んでいない可能性があります。お互い干渉せず、信頼し合うことを念頭に置けば、問題も起きません。

8ハウスのカスプが

山羊座

良い関係を維持するには 距離感を大切に

少々考えが固く、古い形式を好む家かも。パートナーは堅苦しいことを避ける人のため、直接連絡がくることが多そう。信頼が置ける人たちではありますが、ほどよい距離感が大切です。言うことをすべて聞く必要はなく、自分の考えをしっかり伝えること。

8ハウスのカスプが

魚座

たまに会う親戚とは その場だけ楽しめれば◎

相手の家族とは縁が薄いかも。全員の立場が把握できないような集まりでは、ただ心地よく過ごすことを意識しましょう。子どもっぽい大人が多い家の可能性が高く、ベッタリされるか、まったく関わりがないかのどちらかです。自由な関係性を意識して。

Q34: 自分の恋愛傾向は?

恋愛という喜びを純粋に楽しめるかどうかを、5ハウスで判断することができます。恋愛そのものの現れ方だけでなく、「愛の冒険」という衝動をどう表現して楽しむかもわかります。

5ハウスのカスプが

牡羊座

熱い思いを まっすぐ伝える

相手に情熱的なアプローチを、積極的にするタイプです。ストレートに思いを伝えるので、恋愛を楽しめるでしょう。略奪愛をする可能性もあります。自分から好きになるタイプですので、相手から言い寄られてもなびくことはありません。

5ハウスのカスプが

双子座

感覚が合う人と ラフな関係を築く

フィーリングの合う人に惹かれやすく、淡白で軽いノリを好むタイプです。同じ趣味で盛り上がれるような人だと、楽しい日々を過ごせるでしょう。連絡は頻繁に取り合いたいと思っているので、連絡頻度が合わない人は恋愛対象にならないようです。

5ハウスのカスプが

獅子座

周囲から羨望の眼差しを 向けられるような恋愛

大胆な恋愛を楽しめます。恋愛を通して自信をつけるタイプです。好きな人がいてこそ、人生が楽しいと思っているでしょう。周りの人からうらやましがられるようなカップルになりたがる傾向がありそう。モテる人が多いので、恋愛中心の生活になりがちかも。

5ハウスのカスプが

牡牛座

信頼できる人と 穏やかな関係を楽しむ

愛に満たされた、安定した恋愛ができるでしょう。1人の人と、長く続く関係を築きます。恋人と一緒に、ほのぼの過ごしたいと思っていそうです。感覚や価値観が、異なる相手に対して苦手意識をもっているかもしれません。安心感のある人を好きになりそうです。

5ハウスのカスプが

蟹座

心の結びつきを 感じられる恋愛

同情の気持ちから、恋愛に発展しやすいでしょう。あなたから好きになった人には、献身的に尽くす傾向があります。好きになってくれた人を受け入れることもありそうです。心でつながっていると感じられたときに、幸せな気持ちになるでしょう。

5ハウスのカスプが

乙女座

恋心を慎ましく 育てる

プラトニックな恋や片思いになりやすく、謙虚で控えめな恋愛をするでしょう。頭で考えがちで、恋をしていることを自覚するまでに時間がかかるかもしれません。知識やスキルを磨き合える人だと、長続きしそうです。頭の良い人を好む人も多いでしょう。

別冊P1に記入した
自分のホロスコープを見て
［5ハウスのカスプの星座］を確認。

例：Mさんの場合は山羊座。

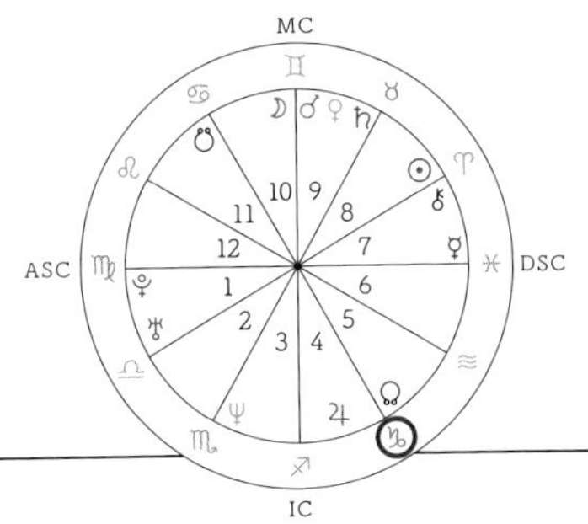

5ハウスのカスプが

恋の駆け引きを楽しむ

洗練された、華やかな恋愛を楽しめるでしょう。恋の駆け引きが上手なタイプですから、よくモテます。出しゃばりすぎず、ほどよく相手に合わせることができるのでしょう。おしゃれで、人づき合いが好きな人に興味をもつようです。

5ハウスのカスプが

さっぱりとしていて楽しい恋をする

オープンで楽しい恋愛を好みます。ドロドロした関係は苦手でしょう。恋愛経験が多く、精神的につながりの強い人や、尊敬できる人だと、関係が長く続くようです。または、相手が好意を寄せてくると冷めてしまうので、追いかけるような恋愛が向いています。

5ハウスのカスプが

さまざまな恋愛を楽しむ

友達だと思っていた人の中から恋人関係へと発展しやすいタイプです。自由で、いろいろなタイプの恋愛を楽しむことができるでしょう。そのため、束縛されるのは苦手です。性別も容姿関係なく、ピンときたらそれが恋愛のサインでしょう。

5ハウスのカスプが

相手の重荷になるくらい深く愛する

身体の結びつきが強い恋愛で、1人を思い続けることができるタイプです。浮気をされたら絶対に許さないでしょう。愛する気持ちから相手を束縛してしまい、もめることもあるようです。良くない恋愛にはまることがあるかもしれないので気をつけてください。

5ハウスのカスプが

ゆっくりと関係を深める

恋愛経験が少なく、慎重で真面目な性格だが、誠実な恋を展開するでしょう。恋愛中も自分の役割を考えてしまい、感情に没頭しにくいかもしれません。じっくりと関係を深めてから、順序を守った恋愛をしたいと思っている人が多そうです。

5ハウスのカスプが

恋愛によって人生が色づく

夢見がちで、誘惑に弱いでしょう。断ることが苦手なため、告白されたら好きではなくてもOKしてしまうことがあるかもしれません。恋に溺れてしまう可能性もあります。恋愛をすることによって、人生の色が変わるでしょう。

Q35: 自分にとってのベストパートナーは?

7ハウスのカスプの星座で、自分にぴったりなパートナーの性格やどんな仕事をしている人かを知ることができます。

7ハウスのカスプが

牡羊座

自らの力で道を切り拓く人

独立精神のある強気な人があなたのベストパートナーとなりそうです。肉体労働者やスポーツ選手、自営業者など、バイタリティーあふれるエネルギーを生かした仕事をしている人がおすすめ。あなたを引っ張ってくれる、頼れる人との相性が抜群でしょう。

7ハウスのカスプが

双子座

頭の回転が速く臨機応変に動ける人

臨機応変に対応できる、頭の良い器用な人に惹かれるでしょう。接客や営業、流通業など常に忙しく仕事をしている職種の人かもしれません。旅行が好きな人が多いので、一緒に行く場所を探してくれて、楽しんでくれる人だとベストと言えるでしょう。

7ハウスのカスプが

獅子座

自分に自信があり責任感が強い人

プライドが高く責任感のある人が最高のパートナーとなるでしょう。ある程度の地位や権力があってこそ力を発揮できるタイプです。基本的に結婚相手には恵まれているでしょう。結婚してからのほうが、人生が豊かになる可能性が高いかもしれません。

7ハウスのカスプが

牡牛座

争いを好まない穏やかな相手

平和主義で穏やかな人が、あなたにとって理想の相手でしょう。食べることが好きで、こだわりが強い人かもしれません。頑固だけど、安定した観念をもっていて、自分の意志がぶれないような芯の通った人の可能性が高そう。またプレゼントのセンスは完璧。

7ハウスのカスプが

蟹座

家族を大事にしている人

心を開いた人にだけ優しく、家族思いの人が良いでしょう。家業を手伝っている人の可能性があります。日用品、飲食店、スーパーなどの業務に適した才能をもっている人の場合もありそう。地元愛がある人も多いので、幼い頃の話を頻繁にしてくれるかも。

7ハウスのカスプが

乙女座

清潔感があり聡明な相手

きれい好きで頭が良く神経質な人が、あなたにとって理想のパートナーとなります。何かに完璧を求める傾向があるようです。仕事に関しては、技術や経験、専門知識を生かすことを得意とする有能なタイプでしょう。あなたのことをたくさんほめてくれそうです。

別冊P1に記入した自分のホロスコープを見て［7ハウスのカスプの星座］を確認。

例：Mさんの場合は魚座。

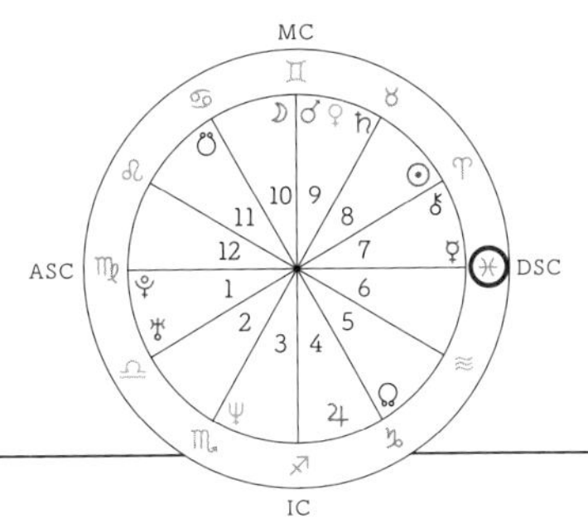

7ハウスのカスプが

天秤座

美的センスが輝く おしゃれなタイプ

人当たりが良く、美意識の高い人がベストパートナーとなりそうです。洗練されたセンスをもち、自我は比較的弱く、相手に合わせることが得意なタイプかもしれません。接客業、美容師やファッション関係など、おしゃれで優雅な感覚をもつタイプが多いでしょう。

7ハウスのカスプが

射手座

後先考えずに 楽しさを優先する人

楽観的で楽しいことを重視する人との相性が良さそう。精神的な理解があってこそ結婚につながると考えているかもしれません。外国人や異文化の人との縁もあります。視野を広げて、多くの人と関わる中でベストパートナーを見つけられるでしょう。

7ハウスのカスプが

水瓶座

独特で自由な生き方をしている人

独創的で自由な生き方を好む人との相性が良さそうです。結婚など、契約事やルールに縛られることを嫌う相手ですので、結婚に関しては事実婚などを優先し、戸籍は気にしないかもしれません。電撃婚や授かり婚の可能性もあります。

7ハウスのカスプが

蠍座

心を開くのに 時間がかかる相手

秘密主義で、打ち解け合うまでに、そこそこの時間がかかる人が、あなたにとって最高の相手となるでしょう。本当の考えや姿を知ってからこそ、信頼関係を築けるタイプ。人との関係は狭く深い傾向があります。表に出ない仕事や裏方に適性があるようです。

7ハウスのカスプが

山羊座

安定した職に 就いている相手

堅実で真面目な人がベストパートナーとなります。公務員などの将来を保証されている、安定した職に就いている人と縁がつながりやすいはず。ただし、人生の喜びを一緒に味わうというよりも、それぞれの義務を遂行するのにふさわしい相手を見つけるイメージ。

7ハウスのカスプが

魚座

感受性豊かで 慈愛に満ちた相手

芸術的感性や慈愛が強く優しい人がベストパートナー。夢追い人の可能性がありそう。現実社会より精神社会を重視し、スピリチュアルな感覚が強い人です。結婚や相手を理想化してしまい、犠牲的になりやすいため、依存関係にならないよう注意してください。

Q36:運命の人にはどこで出会いやすいですか?

7ハウスの守護星がどのハウスにあるかを見ていきます。
たとえば、7ハウスのカスプが牡牛座だったら、守護星は金星ですので、
金星がどのハウスに入っているかで調べるのです。

7ハウスの守護星が1ハウス 一対一で対応してくれる場所

健康診断を受ける病院やパーソナルトレーニング、エステティックサロンなど個別で対応してくれる場所で、運命の人に出会う可能性があります。または、建物の最上階、山頂など1人で登れる場所や、初めて訪れる場所に恋の縁がありそうです。

7ハウスの守護星が2ハウス 銀行や宝石店や石を発掘する場所

金融の相談をできる銀行や宝石店で運命の相手に出会うかもしれません。石を発掘する場所の可能性もあります。価値観を共有できるシーンで恋に落ちるでしょう。セミナーや職業訓練所など、スキルを磨くような場所でも運命的な出会いをしそうです。

7ハウスの守護星が3ハウス SNSやインターネット

SNSやインターネットを通した出会いで、運命の人と出会えるでしょう。外見よりもまずは、会話のテンポや考えを共有することから始まる恋愛が向いています。同じ趣味を通して出会うことや、兄弟、友達の紹介の可能性も。カフェで出会う場合もありそうです。

7ハウスの守護星が4ハウス 自分の地元や同級生の可能性大

運命の人との出会いは地元の可能性大。同級生の中にいるかもしれません。または、田舎街、田園風景のある場所で恋に落ちることもありそう。知り合いの家での集まりや、飲食の場でも運命的な出会いをする場合があるので、誘われたら積極的に参加を。

7ハウスの守護星が5ハウス 華やかな場所やレジャー先

テーマパークやイベント会場、結婚式場などの華やかな場所で運命を感じるような相手と出会うでしょう。レジャー先や公園など、アクティブなことができる場所の可能性もあります。スポーツジムのインストラクターとは、ドラマティックな恋に発展するかも。

7ハウスの守護星が6ハウス 病院や職場や同僚との交流の場

定期検診に通う場所や、職場での出会いが一番多いタイプです。取引先や同僚との交流でステキな出会いがある可能性もあります。またはペット関係、習い事など、勉強するシーンでときめくような出会いをするかもしれません。

別冊P1に記入した
自分のホロスコープを見て
［7ハウスのカスプの星座］
→［その星座の守護星があるハウス］を確認。

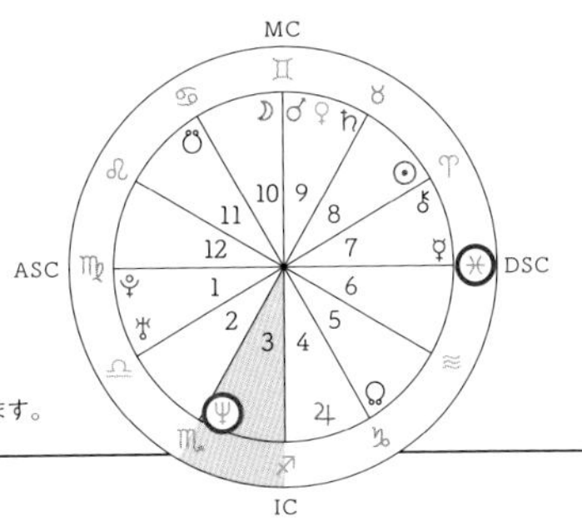

例：Mさんの場合は魚座なので3ハウス（海王星）。
※星座によって守護星が2つある星座もあります。その場合両方に縁があると解釈できます。

7ハウスの守護星が

結婚相談所や派遣先

結婚相談所や派遣先など、紹介されるシーンで運命の相手と出会いやすいでしょう。仲介者に頼るのがおすすめ。ただし、あなた自ら行動を起こさなくても、運命の相手があなたを見つけてくれそう。声をかけられてピンとこなくても誠実な対応をしてください。

7ハウスの守護星が

水商売関係の店や会員制のバー

水商売関係の店で運命の人と出会うかもしれません。何かしらのセラピーや、スピリチュアルなことを通して、関係を深めていくようです。保険や株のことに関して相談できるような相手かもしれません。会員制のバーやクラブでの出会いもおすすめです。

7ハウスの守護星が

大学や専門学校または書店

大学や専門学校などで特別な資格の勉強をしている場面や、海外旅行先、本屋でステキな縁を見つけることができそうです。同じスポーツジムに通っている人の中に、運命の相手がいる可能性も。泊まりがけの研修やセミナーで出会うこともあるかもしれません。

7ハウスの守護星が

両親や上司の紹介

運命の相手と出会いやすい場所はズバリ職場。両親や上司の紹介でステキな相手と出会えるかもしれません。また、先輩や上司など年上の相手と縁があるでしょう。社会活動や異業種交流会を通して尊敬できる部分を見つけると惹かれやすいタイプです。

7ハウスの守護星が

オンラインサロンやオフ会

オンラインサロンやコミュニティー、オフ会などで運命の人と出会うでしょう。飲み会や合コン、友達の紹介の可能性もありそうです。ボランティア活動を通じて、魅力的な相手を見つける可能性があります。革新的なイベントでの出会いだとベストです。

7ハウスの守護星が

リラックスできるような日常から離れた場所

病院、学校、神社、または旅行先、避暑地やリトリートなどの日常と離れた場所で運命の出会いをする可能性が高いでしょう。メタバースや招待制のコミュニティーなど、閉鎖的な集まりへ参加してみると、心惹かれる相手が見つかりそうです。

Q37：自分が若いときに陥りやすい恋愛は？

**金星は愛情を表します。
どの星座に金星が入っているかによって、
恋愛思考が表現されているのです。**

金星が

牡羊座

勢いまかせの快活な恋愛

明るくて積極的に愛情表現してくれる相手との快活な恋愛を楽しんだことでしょう。恋を燃え上がらせ、勢いにまかせた若気の至りもあったかもしれません。自分から好きになり、相手を落とすまでが最高に燃え上がった恋愛をしたようです。

金星が

双子座

変化に富んだ恋愛

性別に関係なく、フィーリングが合うとすぐに仲良くなり盛り上がったでしょう。出会いは多いですが、本気で夢中になれる相手は少なく、TPOに合わせて恋愛事情が変わるような変化の富んだ恋を楽しんだ様子。楽しい会話を重視する恋愛が多いでしょう。

金星が

獅子座

華やかな恋愛ごっこ

恋愛しているシチュエーションを楽しむような「デート」を満喫したと思います。おしゃれで美男美女が多く、思い返せば恋愛ごっこだったこともあるでしょう。ゴージャスな恋愛で盛り上がって、お互い惹かれ合うような関係性を楽しんだようです。

金星が

牡牛座

穏やかに心安らぐ恋愛

なかなか恋の情熱は燃え上がらず、長い時間をかけて気づけば恋に発展していたというような、穏やかになごむ恋愛を大切に育んできたのでしょう。1人の相手と、長い関係を続けていたので、次の人と恋に落ちるまでの期間が長かったかもしれません。

金星が

蟹座

家庭的な恋愛を楽しんだ

恋愛と結婚を勝手に結びつけてしまうほど、家庭的な恋愛を楽しみました。洗練されたおしゃれなデートより、手料理でもてなし一緒に映画を見る家でのデートが一番落ち着いたことでしょう。懐かしい思い出は大切にとってあるかもしれませんね。

金星が

乙女座

ナチュラル思考の恋愛

律儀で清潔感があり、ナチュラル思考の恋愛でした。常識のある人と無理ないつき合いができ、情熱的に盛り上がることは少なくても、相手に尽くしてあげたいというあなたの優しさがあふれたことでしょう。遠慮がちで積極的なアピールは苦手だったと思います。

別冊P1に記入した
自分のホロスコープを見て
［金星の星座］を確認。

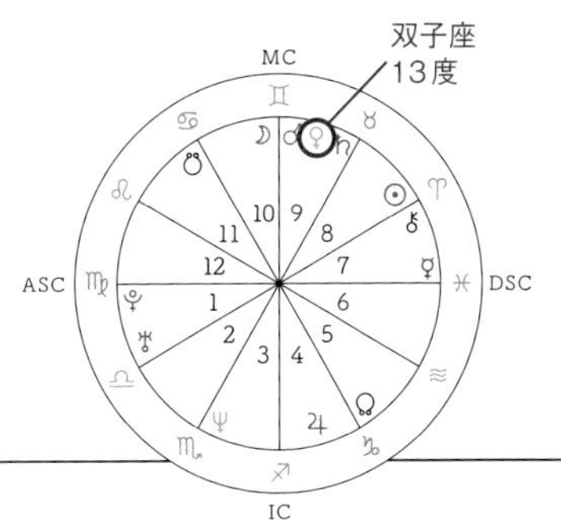

例：Mさんの場合は双子座。

金星が

天秤座

センスが磨かれるような尽くす恋愛

恋愛をすることで、おしゃれや美的センスがさらに磨かれたことでしょう。男女問わずきれいな人が多く、社交的で調和の取れた良い関係を楽しめたはずです。自分のことより相手に何かをしてあげたり、合わせたりする喜びが強かったことでしょう。

金星が

射手座

型にはまらない自由な恋愛

私たちつき合っています！と宣言して縛り合う必要なく、自由奔放にお互いの刺激になることを楽しめたでしょう。型にはまらない恋愛を求めて、自分が開かれていく感覚を得た人もいそう。精神的に尊敬できる人や、外国人と縁があったでしょう。

金星が

水瓶座

相手の個性を重視したさっぱりした恋愛

若いときから恋愛を自由に楽しめます。年齢も性別も関係なし！　その人の個性が好きだと思えばつき合うことができるタイプです。中性的な人が多く、さっぱりした感覚で、干渉されずに約束もしないような関係性に価値を置いていたことでしょう。

金星が

蠍座

好きな相手がいてこそ人生が華やかになる

初めての恋人が初体験の相手、というケースが多そうです。セックスありきの恋愛で、初めて親以外の人と密に交わる喜びを感じたでしょう。思い返せば嫉妬心や執着心もかわいい思い出ではないでしょうか。好きな人がいてこそ人生が薔薇色に見えます。

金星が

山羊座

頼りがいのある年上の人との恋

恋愛に奥手で真面目な気質です。感情優位ではなく相手に迷惑かけないように謙虚に振る舞います。誠実で信頼に値するかどうかで関係性の強さが変わるでしょう。大人っぽくて頼れる恋愛が多く、実際に年上の人とつき合うことも多かったことでしょう。

金星が

魚座

相手にすべてを捧げるような恋

惚れっぽくて、優しくされたり言い寄られたりすると好きになってしまったかも。純粋で素直なところが魅力で、守ってあげたいと思わせる天才。ガサツでズケズケしている人は苦手でしょう。相手のためにすべてを捧げる恋愛に。好きになりすぎてつらいことも。

Q38: 自分が大人になってから楽しめる恋愛は?

**社会的要素を強く示す太陽の星座に、
ある程度、社会経験を積んで大人になってからの恋愛観が現れます。
自分と同じような性質を求める傾向にあるのです。**

太陽が

牡羊座

憧れの人を応援する恋

年齢に関係なく人生にチャンレンジしている人を魅力的だと感じます。ただし、忙しい人が多いので、人として憧れたり好きになるだけで、恋愛関係にならずに応援するだけの恋愛になることも。それでも憧れの人がいるだけで人生は楽しくなります。

太陽が

牡牛座

余裕のある人との大人な恋愛

年を重ねるごとに貫禄が増し、精神的にも物質的にも余裕のある人との大人な恋を楽しめます。リッチでレアな食事を楽しんだり、特別な体験を一緒にできたりしたら、末長く関係が続くでしょう。子どもっぽい人のことは、恋愛対象になりません。

太陽が

双子座

息抜き程度のフランクなつき合い

年齢を感じさせない若々しい人が多く、フットワークの軽さからつき合いはフランクになりがちです。どっぷり相手にはまるというよりは、息抜きに楽しむ程度に恋愛を楽しみます。基本的にはビジネスを通して恋愛関係に発展する人が多いでしょう。

太陽が

蟹座

感情を素直に出せる相手との恋愛

社会人としての立場や顔があるので、表には出しませんが本当は甘えたい願望があります。そういった素直な感情を出せる人に惹かれ、惹かれ合うとすぐ一緒に住みたくなるでしょう。家族間の問題を抱えている人も多く、葛藤の中で恋愛が癒やしになります。

太陽が

獅子座

相手を喜ばせるためにサプライズをする

社会的立場が高く、リーダー気質の頼れる人に惹かれがち。経営者の孤独感を癒やしてくれる、仕事以外の楽しみを共有してくれる人と大人な恋を楽しめます。喜んでくれる顔が見たくて、高価なプレゼントや、特別な夜を過ごせるサプライズをするでしょう。

太陽が

乙女座

スマートで頭の良い人との恋愛

仕事に偏りがちなのと、感情優位になりにくいので、我を忘れて恋に溺れることは少ないでしょう。スマートで清潔感があり、頭の良いタイプに引かれる傾向があります。ビジネスを通して知り合い、ビジネスとしてのつき合いで満足してしまうことも。

別冊P1に記入した
自分のホロスコープを見て
［太陽の星座］を確認。

例：Mさんの場合は牡羊座。

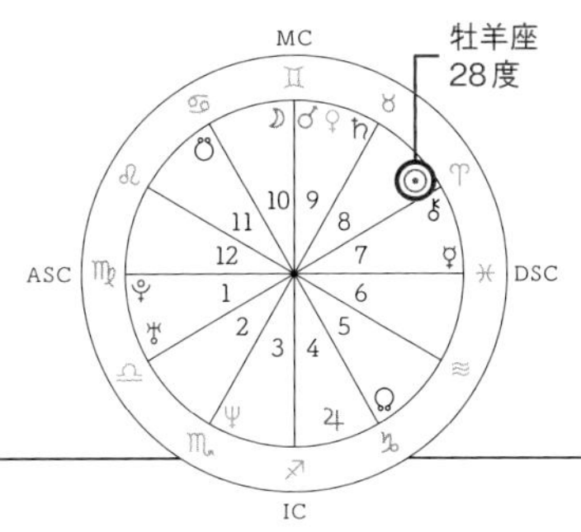

太陽が

天秤座

優しく労わり合える関係性

ある程度の年齢になると、見た目に気を使う人と使わない人の差が歴然としますが、いつまでもきれいでおしゃれで、さりげない優しさをもち合わせている人に惹かれます。お互いに優しさをもち寄り、自分の価値観を押しつけず、労わり合える関係を大切にします。

太陽が

射手座

精神的なつながりを感じられる恋

性的なエネルギーが少なく、むしろ精神的つながりや信頼を重要視するタイプです。尊敬できる人とのプラトニックな関係を温めていけるでしょう。または、セックスフレンドとして割り切ったつき合いを楽しむかのどちらかになりそうです。

太陽が

水瓶座

自分らしく生きている相手に惹かれる

自分の感性を喜ばせるために、恋愛に限らずその人らしく生きている人に惹かれます。もともとベタベタしたつき合いは好まないので、その人らしさを感じられる瞬間が好きで、距離に関係なく時空を超えて恋ができそう。恋する相手は人間じゃないかもしれません。

太陽が

蠍座

色気がある大人な関係性

身体をうずくような色気のある相性の良い人に惹かれるでしょう。性欲は強いほうがお互いの刺激になり、いつまでも若々しくいられます。また、性的なこと以外では「この人についていく！」と決めた人をたとえ片思いでもとことん応援します。

太陽が

山羊座

落ち着ける相手との恋愛

仕事に邁進し、生活の80%は仕事のことを考えているのではないかと思うほど真面目なため、恋愛に興味が湧きにくいかも。しかし人は誰でも愛されたいもの。心をなごませてくれてホッとできる一面を見せてくれる人に惹かれますが、一線を超えることは難しそう。

太陽が

魚座

優しく慈愛に満ちた人と助け合う恋愛

年齢に関係なく、いつまでも心優しい慈愛に満ちた人と助け合って生きていきたいと願っています。過去に好きだった人のことをずっと温めている可能性も。仕事や役割に関係なく癒やされる人と恋愛に発展するでしょう。自分を助けてくれた人のことは忘れません。

Q39: 結婚するほど縁のある人は?

**7ハウスは、人生を通して最も深く関わるタイプの人を示しています。
「結婚」「契約」という他人との1対1の関係性の強弱も表しますが、
ここでは結婚するほど縁のあるエネルギーを、7ハウスの星座で見てみましょう。**

7ハウスのカスプが

牡羊座

**身体を動かすのが好きで
エネルギッシュな人**

独立精神をもった強気な人が結婚相手にぴったりです。肉体労働者やスポーツ選手、自営業をしている人など、活力あふれるエネルギーを生かした仕事をしている人の可能性が高いでしょう。相手についていきたいと思えるかどうかで判断するのが良さそうです。

7ハウスのカスプが

双子座

**聡明で
冷静な判断力をもつ人**

頭が良く、臨機応変に対応できる器用さをもっている人との結婚がおすすめです。接客や営業、流通業など、常に忙しく動き続けるような仕事をしている人の中で、あなたの理想の相手が見つかるかもしれません。好きなことが同じだと気兼ねなくつき合えそう。

7ハウスのカスプが

獅子座

**承認欲求が高く
責任を果たせる人**

プライドが高く、責任感のある人と結婚すると幸せな人生を送れるでしょう。ある程度の地位や権力があってこそ力を発揮できるタイプの相手です。結婚相手に恵まれる運をもっているので心配しなくて大丈夫。結婚後に人生が豊かになる可能性が高そうです。

7ハウスのカスプが

牡牛座

**平和を愛する
落ち着きのある相手**

平和主義で穏やかな人と結婚すると、幸せな家庭を築くことができそうです。食べることが好きで、こだわりが強い人を見つけたらぜひアプローチしてみてください。頑固だが優しく、安定した観念をもっているので、安心して関係を深められるでしょう。

7ハウスのカスプが

蟹座

**家族を大事にする
家庭的な人**

心を開いた人にだけ優しくて、家族思いの人があなたにとって理想の結婚相手となりそうです。家業を手伝っていたり、生活用品店、スーパー、飲食店などに適した才能をもっていたりする相手かもしれません。料理を一緒に楽しめるような人だとベスト。

7ハウスのカスプが

乙女座

**掃除を欠かさない
完璧主義者**

きれい好きで頭が良く、神経質な人が結婚相手となりそう。何をするにも完璧を求める傾向がある相手かもしれません。仕事では、技術や経験、専門知識を得意とする有能なタイプでしょう。愛する気持ちを伝えるのが苦手なので大目に見てあげてください。

別冊P1に記入した
自分のホロスコープを見て
［7ハウスのカスプの星座］を確認。

例：Mさんの場合は魚座。

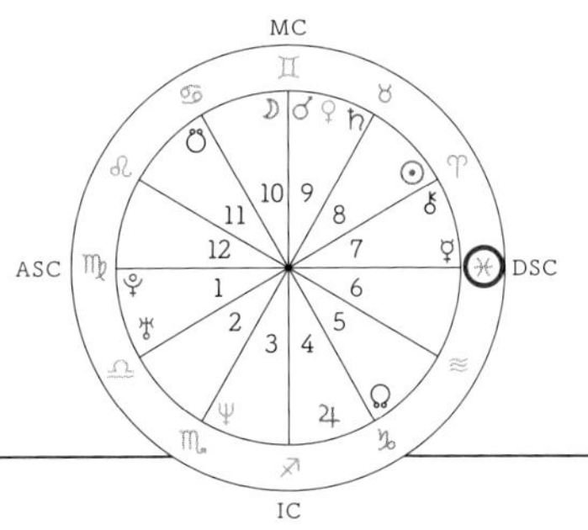

7ハウスのカスプが

天秤座

センスが良く 美に関する職業の人

人当たりが良く、美意識の高い相手がおすすめです。洗練されたセンスがあり、自我は比較的弱く、相手に合わせることが得意でしょう。接客業、美容師やファッション関係などの仕事をしている人の可能性が高そう。おしゃれで優雅な感覚をもっている人です。

7ハウスのカスプが

射手座

物事を明るく考える人や 外国人

楽観的で楽しい人があなたの結婚相手となるようです。精神的な理解があってこそ結婚につながると考えている人かもしれません。外国人や異文化の人との縁もあります。お互いの違いを認め合いながら生活していける人がベストパートナーとなるでしょう。

7ハウスのカスプが

水瓶座

革新的なアイデアで 自由に生きる人

独創的で自由な生き方を好む人がパートナーとなるでしょう。結婚などの契約事や、ルールに縛られることを嫌う傾向があるかもしれません。結婚ではなく事実婚を望み、戸籍は気にしない人のようです。または、電撃婚や授かり婚で結婚するかもしれません。

7ハウスのカスプが

蠍座

一定数の人と 深い関わりをもつ相手

秘密主義なため、打ち解けるまでになかなかの時間を要する人かもしれません。本当の考えや姿を知ってこそ、信頼関係を築けるタイプですので、交友関係は狭く深いでしょう。表に出ない仕事や裏方で力を発揮する人のようです。

7ハウスのカスプが

山羊座

将来の安定が 見込める相手

堅実で真面目な人との結婚がおすすめ。公務員など将来を保証されているような安定した人と縁がつながりやすいでしょう。ただし、人生の喜びを一緒に味わうというより、それぞれの義務を遂行していくのにふさわしい相手という感じになりやすいかもしれません。

7ハウスのカスプが

魚座

芸術的な感性がすぐれる 夢追い人

芸術的感性や慈愛が強く、優しい人と言える一方で、働かずに夢を追いかけている人の可能性がありそう。現実社会より精神社会を重視し、スピリチュアルな感覚が強いようです。結婚や相手を理想化し、犠牲的になりやすいので、依存しないよう注意を。

Q40: どうしたら結婚できる?

結婚しやすいか否かは７ハウスで見ていきます。
７ハウスのカスプの星座によって、
どのような縁が生まれやすいかを見ていきましょう。

7ハウスのカスプが

牡羊座

相手からではなく自らアプローチを

「この人好き！」と思ったら、自分からアプローチするのがおすすめです。守ってもらうよりも、自分が相手を支えるというくらいの気持ちをもちましょう。一緒に人生を切り開いていく覚悟ができたときが、結婚するのにベストなタイミングです。

7ハウスのカスプが

双子座

フィーリング重視。勢いで結婚できそう

友達感覚でフィーリングが合えば、勢いで結婚してもOK！　何とかなります。ラブラブな結婚生活を夢見るよりも、友達関係の延長線上にあるくらいの意識をもっていたほうが、順調に結婚生活を育むことができるタイプのようです。

7ハウスのカスプが

獅子座

責任感のある相手なら決断をゆだねる

相手と自分を比べないことが大事。尊敬できる人だからこそ自分はまだまだだとか、自分に自信があるがゆえに相手に不満を感じやすいかもしれません。しかし、結婚してからの人生のほうが豊かになれるタイプ。責任感のある人なら思い切ってゆだねるのも手です。

7ハウスのカスプが

牡牛座

2人の人生を想像できたときに決断できる

気持ちがそこまで盛り上がらなくても、相手の優しさや穏やかさをいとおしく感じ、人生を２人で平和に過ごしていけると想像できたときに結婚を決断できるでしょう。金銭に対する価値観と、食べ物の趣味が同じならベストと言えます。

7ハウスのカスプが

蟹座

家族として支え合う覚悟ができたとき

自分では決断し兼ねていたとしても、家族の応援や承認があれば、安心して結婚話を進めて大丈夫です。お互い独立した関係というよりも、家族として支え合う覚悟ができたときが、結婚するのにベストなタイミングと言えるでしょう。

7ハウスのカスプが

乙女座

相手を必要だと思ったら決断を下して

考えすぎると結婚できなくなるので、相手のことが必要だと思ったときが結婚を決断する好機です。年齢や子どものこと、家族のことを考え出すと不安しか生まれないでしょう。自分が頑張りすぎずに、リラックスできる相手なら、条件に関係なくOKすると吉。

別冊P1に記入した自分のホロスコープを見て［7ハウスのカスプの星座］を確認。

例：Mさんの場合は魚座。

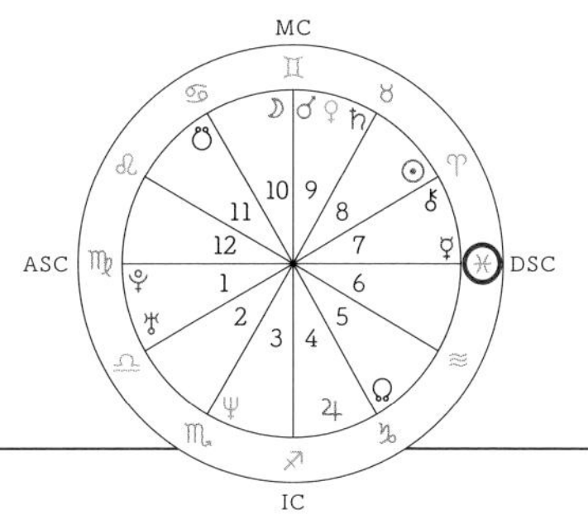

7ハウスのカスプが

天秤座

自分の意見をきちんと伝える

結婚運はありますが、遠慮しすぎているかもしれません。相手に何もかもまかせるのではなく、自分の意見も積極的に伝える姿勢を見せてください。そうすることで、お互いに思いやりにあふれた、良い関係を築いていけるでしょう。

7ハウスのカスプが

射手座

精神的な理解ができるかどうか

結婚に縛られずに、いろいろな楽しい友好関係を楽しみたい気持ちが強いかもしれません。結婚しても友達のような関係をイメージできる人が良いでしょう。精神的な理解があってこそ結婚につながり、お互いを尊重できる関係性になれそうです。

7ハウスのカスプが

水瓶座

相手が望む場合に結婚の形を提案する

結婚する意味がわからないと考えていそう。結婚という契約のルールに縛られず、お互いに自由を満喫し、それぞれ独創的な形でつながれたら結婚しなくて良いかもしれません。もし相手が望んでいたら、昭和の風習ではなく未来形の結婚を提案すると吉。

7ハウスのカスプが

蠍座

あなたからプロポーズを

自分の本音を相手に伝えられていますか？秘密主義で、相手の顔色をうかがっているかもしれませんが「この人だ！」と思える人がいるなら、自分からプロポーズするのもおすすめです。結婚してこそ、信頼関係を深めていけるタイプと言えるでしょう。

7ハウスのカスプが

山羊座

年上で頼りがいのある相手を見つける

結婚を高いハードルだと感じているかも。相手に対して誠実であるがゆえに、緊張しやすく自分の役割を考えてしまいそう。将来を保証されている安定した人と縁があります。年上でしっかりしている人だとベスト。相手に甘えられるかどうかがポイントでしょう。

7ハウスのカスプが

魚座

相手の面倒を見る気持ちをもったとき

自分の妄想に突き進み、夢見がちなタイプ。いつまでも理想の相手を探しているかもしれません。生活の安定より、感性を共有できるかどうかを大事にするでしょう。また、自分が相手の面倒を見てあげるくらいの気持ちがあれば、結婚のベストタイミング。

Q41: 再婚する場合、可能性は?

**9ハウスは、真実の追求を意味します。
一度結婚を経験したことで、結婚について
より深く考えることができるのでしょう。**

9ハウスのカスプが

牡羊座 **結婚自体したくないと考えそう**

再婚を考えるというより、そもそも結婚に縛られたくないと感じる人が多いでしょう。あえて結婚せずに、パートナーという関係を保とうとするかもしれません。相手に頼ることなく、自分の力で生きていきたいという思いが強いようです。

9ハウスのカスプが

牡牛座 **穏やかな相手と再婚の可能性大!**

再婚の可能性は大いにあります! 前回の結婚で学んだことを生かしながら、今度は自分自身を犠牲にしすぎないようにすることがポイントです。お互いに温かい愛情で支え合えるような、穏やかな人と再婚できる期待が高いでしょう。

9ハウスのカスプが

双子座 **仕事関係の人と意気投合しそう**

仕事関係の人と気づいたら長い期間一緒にいて、ビジネス契約なのか、結婚なのか、両面から考えることになりそうです。契約にはさほどこだわりませんが、話が合うという点において、なかなか出会えない人と縁がつながる予感があるでしょう。

9ハウスのカスプが

蟹座 **生活スタイルを確立できたときが好機**

再婚運があります。1人でも生きていける気概をもちますが、誰かとともに生活したいという気持ちももち合わせているようです。そのため、お互いの生活スタイルがきちんと整ったときに、籍を入れるのがベストと言えるでしょう。

9ハウスのカスプが

獅子座 **再婚によって人生が豊かになる**

再婚によって人生が開花するでしょう。過去の結婚は関係ありません。むしろ過去の失敗が、あなたを成長させるための糧となり養分となるので、プラスに働きます。再婚を意識していないからこそ、良い人と巡り会えそうです。

9ハウスのカスプが

乙女座 **再婚よりも定年退職後の過ごし方を重視する**

生活スタイルや時間の過ごし方が合う人となら再婚するのはおすすめです。ただ、再婚してもしなくてもどちらでも良いという感覚で、再婚することを強く望んでいないかもしれません。むしろ定年退職後をどのように過ごすかがポイントになるでしょう。

別冊P1に記入した
自分のホロスコープを見て
［9ハウスのカスプの星座］を確認。

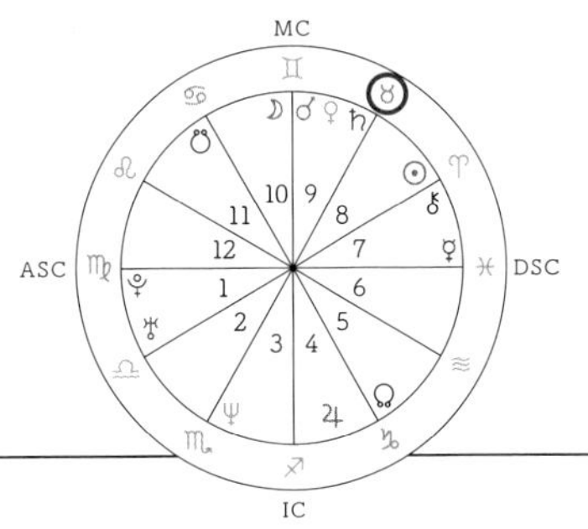

例：Mさんの場合は牡牛座。

9ハウスのカスプが

天秤座

利害が一致する人がおすすめ

お互いに利点が一致するような人との再婚は、大いにありです。しかも、初婚のときと比べると、信じられないほど優しい関係性を築いていけるでしょう。再婚相手によって、人生が劇的に変化する場合があるので、慎重に見極めてください。

9ハウスのカスプが

射手座

自由を謳歌できる関係性をキープ

お互いに縛られず、自由を謳歌したいという価値観の合う人との縁があります。ただし、あえて再婚するという選択をする理由が見つからないことがあるかもしれません。パートナーとして、良い関係を築いていける人ならうまくいきそうです。

9ハウスのカスプが

水瓶座

一見変わっている生活スタイルが◎

再婚にこだわらず、結婚願望がない人が多いかもしれません。2人きりの家ではなく、たくさんの人がいるシェアハウスや、相手の実家に居候をするなど、変わった生活スタイルをすることで、大切なパートナーとの関係を続けていけそうです。

9ハウスのカスプが

蠍座

執着心で再婚しそう

どうしても好きな人と離れたくないという、ある意味、執着心の強さから再婚したくなるかもしれません。しかし、2人の間柄だけでなく子どもや両親との関係性を考えると、それが本当に良いことなのかをよく話し合って決める必要がありそうです。

9ハウスのカスプが

山羊座

結婚に対して恐れを抱いている

結婚に対して恐れがあり、再婚はできたらしたくないと考えているでしょう。良い相手がいても、結婚したら関係性が崩れるのではないかという不安があるのかもしれません。相手の顔色をうかがうより、自分が幸せかどうかを考えるのがポイントです。

9ハウスのカスプが

魚座

生活に不安を感じて再婚に踏み切るのはNG

精神的につながることができれば、契約を交わす必要はないといった感覚があります。そのため、再婚に価値を見出せないでしょう。生活の不安定さを感じて再婚をしてしまうと、思わぬ犠牲を強いられることもあるので、注意が必要です。

Q42: 自分の「性」の特徴は?

8ハウスは、肉体的な結びつきの性衝動を意味します。
8ハウスを担当する星座がどのようなエネルギーなのかによって、
自分の性に関する特徴を探ることができます。

8ハウスのカスプが

牡羊座 **こだわりがなくさっぱりしている**

淡白なほうかもしれません。欲求を感じたらあっさり早めに対処できるでしょう。1人よがりになる傾向がありそうです。じっくりねっとりは苦手で、感情にまかせられない部分がある様子。快楽までの道のりは最短で行きたいと思っているかもしれません。

8ハウスのカスプが

双子座 **言葉を交わすことを大切にする**

言葉で攻めて楽しめるタイプです。1回目のセックスは淡白になりがちかもしれません。回数をこなしたり、行為に及ぶ前の段階のやりとりを増やしたりすることで、より楽しめるでしょう。相手との言葉のラリーを大切にするようです。

8ハウスのカスプが

獅子座 **雰囲気の良い状況で楽しむ**

行為の最中はとにかくほめて欲しいと思っていそうです。歯の浮くようなセリフを言われると、気分が盛り上がるでしょう。どれだけ大事にされているかを確かめたいと思っていそう。シチュエーションも大事にするので、ロマンティックな雰囲気を好みます。

8ハウスのカスプが

牡牛座 **ふれ合って安心感を得たい**

感覚を重視するタイプです。マッサージの延長線として、セックスを楽しめるようです。行為をしなくても、ふれ合うだけで満足できるかもしれません。安心感を得るほうがうれしいと感じるでしょう。一緒にバブルバスを楽しむのがおすすめ。

8ハウスのカスプが

蟹座 **愛を確かめる手段の1つ**

快楽だけを求める人ではないようです。精神的な満足があってこそ満たされるのでしょう。快楽の前に、安心感を得られることが絶対条件と考えています。そのため、遊びの関係では満たされにくく、恋人や夫婦間で愛を確かめるために行うでしょう。

8ハウスのカスプが

乙女座 **清潔を重視するのであまり興味をもてない**

行為は淡白で、セックス自体にあまり興味がないかもしれません。清潔第一ですので、気持ちだけで突っ走ることはありません。歯磨きや、シャワーを浴びた後でなければ無理だと思っていそう。相手が満足している様子に愛を感じるでしょう。

別冊P1に記入した
自分のホロスコープを見て
［8ハウスのカスプの星座］を確認。

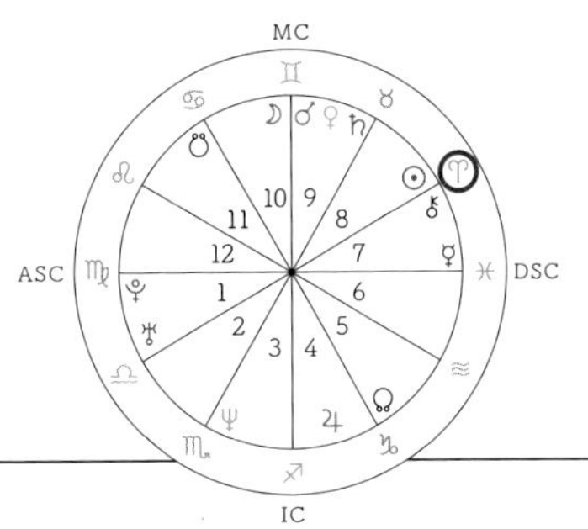

例：Mさんの場合は牡羊座。

8ハウスのカスプが

天秤座

美しさを保ちたい

野獣のような姿は見せたくないと思っていそうです。あくまでもエレガントに、きれいにことを済ませたいのでしょう。しかし、行為を通じてしっかり愛を感じることができて、美しくなれるので安心してください。セックスのときに態度が変わる相手はNG。

8ハウスのカスプが

蠍座

つながりを感じ本当の相手を知りたい

性を通して本当の相手を知りたいのでしょう。つながりを強く感じられる、大事な行為だと考えているタイプです。相手が喜ぶためなら何でもしたくなります。尽くし合えるようなセックスが理想でしょう。一生現役で、欲求が衰えることはありません。

8ハウスのカスプが

射手座

単純な快楽を求める

身体の快楽よりも、精神的なつながりを感じたいと思っていそう。または、真逆で快楽だけを楽しめるタイプ。感情は引きずられにくいようです。性を通じて、人として成長できると信じているでしょう。セフレ肯定派が多いのも特徴です。

8ハウスのカスプが

山羊座

積極的になれず楽しめないかも

役目としてこなせますが、実際は面倒だと感じているかもしれません。ある程度、仕事や義務を終えてからでなければ楽しめないでしょう。セックス自体を苦手だと感じ、積極的になれない人もいるようです。子どもを授かるための行為ととらえているでしょう。

8ハウスのカスプが

水瓶座

欲求が高まりにくい

性的欲求そのものが少なく、1人で済ませるほうが楽に感じていそうです。また、新しい試みを喜んで試せるタイプ。性別関係なくセックスを通して、新しい自分を発見できるかもしれません。行為中は、冷めた面が出やすい可能性があります。

8ハウスのカスプが

魚座

1つになる喜びを感じることができる

全身で溶け合いたいと思っているようです。感性をフルオープンにして、相手と1つになる喜びを感じることができるでしょう。セックスを通じて違う世界へ到達できます。ムードで酔うことができるので、心ない一言を言われると萎えてしまいそうです。

Q43: 健康面で気をつけたほうが良いことは？

占星術で備わっているとされる健康面での気質が「もしも」悪く現れた場合はこうなる…という考え方です。まったく影響ない人もいますので、心配しすぎないようにしてください。

月が

牡羊座

片頭痛や急な発熱 炎症系の病気

片頭痛や急な発熱、炎症系の病気に注意。切り傷、ヤケドにも気をつけて。普段から怒りやすい人は深層心理で自分を卑下し、正当化するために怒っている可能性があります。真実を見極める視点と、適度な運動が効果的。自分を許しましょう。

月が

牡牛座

甘い物や高カロリーを摂りすぎること

首や喉に注意。甲状腺機能が弱かったり、扁桃腺が腫れたり、肩こりになりやすかったりしそう。甘い物や高カロリーの摂りすぎによる血液の病気や便秘にも気をつけて。こだわりを捨て、自分の欲しい物を素直に求め、自由に生きることが健康につながります。

月が

双子座

インフルエンザなどの伝染病に注意

伝染病にかかりやすく、不眠やストレス性の疾患に気をつけてください。気管支や鎖骨からくる不調は、身を置いている組織に抵抗がある証拠。腕や肩の不調は自分の人生経験が生かされていないと感じているせいかも。心や状況を平和と調和で満たしましょう。

月が

蟹座

不満が溜まると胃や肺に影響が

胸、胃、乳房、子宮、肺など袋状の部位に注意。胸や子宮は母性など、女性としての役割を気にしている傾向があり、胃や肺は物事を吸収し、消化できていないことが関係しています。納得できない思いや不満が溜まりすぎると、健康を害する可能性が。

月が

獅子座

心臓、脊髄、大動脈に注意

心臓、脊髄、大動脈に注意してください。日射病、関節炎にも気をつけて。心臓は愛情を、血液は喜びを全身に運んでいます。もし、健康を害しているなら、自分に愛を行き渡らせてください。喜びに身をゆだねることで、解消できるでしょう。

月が

乙女座

ストレスやアレルギー性の病気

腸や下腹部、神経系統に注意。神経が過敏なため、潰瘍や心身性の胃腸障害、ストレス性の便秘や下痢になりやすいでしょう。アレルギー体質も多め。今の自分が「できていない自分」だと思い込むと症状が現れやすくなるので、焦らず本来の自分を認めて。

別冊P1に記入した自分のホロスコープを見て［月の星座］を確認。

例：Mさんの場合は蟹座。

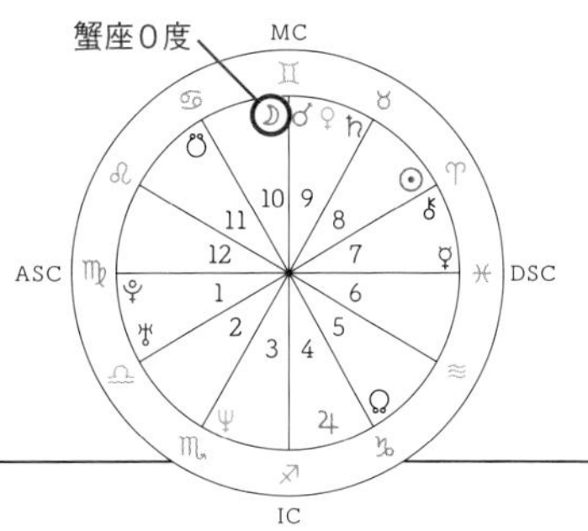

月が

天秤座

生き方が矛盾すると腰痛を引き起こす

比較的、健康に恵まれていますが、細菌の感染や、腎臓病など泌尿器系の病気に注意しましょう。周りが期待する生き方と、自分の望む生き方に矛盾があると、身体がねじれ、腰痛なども起こりやすいので、自分らしく生きることが健康維持につながります。

月が

射手座

暴飲暴食で怒りをごまかさないこと

通風、肝臓、大腿部、股関節、坐骨神経に注意。乳幼児の場合は股関節脱臼があるかも。丈夫な体質ですが、暴飲暴食による肝臓障害には気をつけて。肝機能は特に怒りに関係しているので、自分の怒りを暴飲暴食でごまかしていないか要チェック。

月が

水瓶座

低血圧や冷え性など血液の循環に関すること

静脈、循環器系、足首より上の下脚部に注意して。血液の循環に関したこと、特に低血圧、冷え性、不整脈に気をつけましょう。体質的に強くなく、毎日の生活で喜びを見出すことが、健康に大きく関係します。人生は喜びにあふれているという感覚をもちましょう。

月が

蠍座

膀胱から泌尿器婦人科系に注意

膀胱、生殖器、泌尿器、粘膜系、女性は子宮や卵巣など婦人科系疾患にも注意が必要です。本来の自分は何かを生み出す力があることを信じることで健康に生かされます。自分に自信をもつことが大切。頑張りすぎて身体を酷使しすぎないようにすること。

月が

山羊座

個性や柔軟性を失うと皮膚とひざに出る

皮膚、ひざ、歯に関する病気に注意。一般的に風邪を引きやすく、消化器や菌にも弱い傾向があります。皮膚は個性、ひざは柔軟性を表します。社会的役割や立場よりも、個性や柔軟性が必要とされているときに、皮膚とひざに不調が表れるでしょう。

月が

魚座

抵抗力や免疫力が低く感染症になりやすい

足、末端神経に注意。抵抗力や免疫力が弱いので感染症に気をつけましょう。皮膚病やアレルギー疾患は、リンパや血液が末端まで流れにくいためかも。気の流れを良くする運動や体操が効果的。思い通りに進んでいなくても、自分を許し愛することが大切。

Q44: 健康的に過ごせる生活スタイルは?

アセンダントの星座は、自分がもって生まれた肉体的な体質や遺伝的体質が示されています。身体的特徴として、日常生活で注意するべきことがわかるでしょう。

アセンダントが

牡羊座

自分自身を許すこと

自分自身を許すことで健康に過ごすことができるでしょう。適度に運動をして、正しい選択をすることを心がけてください。普段から怒りっぽい人は、深層心理で自分に劣等感を抱いている可能性があります。自分自身を正当化させるために怒っているのでしょう。

アセンダントが

双子座

心を静かに落ち着かせる

しゃべることが大好きで、無意識のうちに情報収集をしているタイプ。ときには状況を静かに落ち着かせ、平和と調和で心を満たすことで、健康的なライフスタイルを維持できるでしょう。そうして活力を蓄えることによって、さらに若々しくいられるのです。

アセンダントが

獅子座

喜びを全身で感じて

喜びに身をゆだねることで、健康に過ごせそうです。自分自身を労わることもポイントとなるでしょう。プライドが高く、頑張りすぎてしまう面があるため、なかなか自分の不調に気づけないことがあるかもしれません。ときにはリラックスタイムを設けてください。

アセンダントが

牡牛座

自由に生きること

こだわりを手放し、欲しい物を素直に求めることが鍵となるでしょう。好きなように話し、開放的に生きることが健康な生活へつながります。ナチュラルテイストの物を身に着けることでも、心地よく健康に過ごすことができそうです。

アセンダントが

蟹座

不安な気持ちになりすぎないこと

身体的には色白でぽっちゃりしていたり、目にうるおいがあったりする特徴のある人が多いでしょう。人見知りしがちなため、初対面の人と話すときは不安な気持ちが湧いてくるかもしれませんが、あなたらしく接すること。健康に過ごすポイントにもなっていそうです。

アセンダントが

乙女座

完璧を求めすぎない

健康食品にこだわったり、衛生面に関する興味をもっていたりします。身体は、どちらかというと細身や華奢な人が多いでしょう。完璧主義になりやすいので、自分に厳しくしすぎないことで健康に過ごせるようです。自分自身を認めることで、健康を維持できます。

別冊P1に記入した自分のホロスコープを見て［アセンダントの星座］を確認。

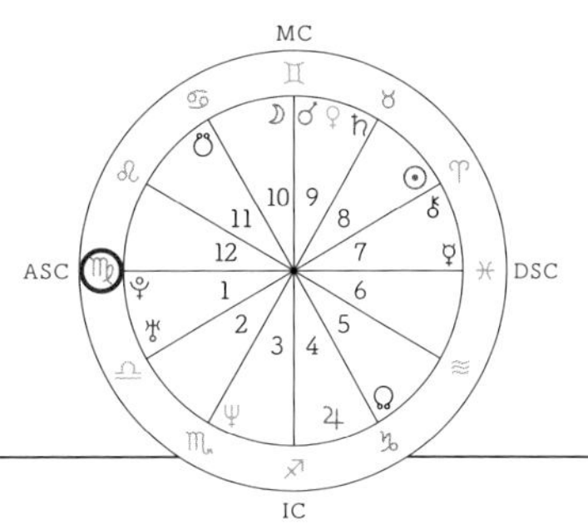

例：Mさんの場合は乙女座。

アセンダントが

天秤座

周囲の目を気にしすぎないこと

身体的には、バランスの取れた体型の人が多いでしょう。周囲からの評価を気にしすぎて、自分らしい行動ができないことがありそうです。他の人を気にしすぎないことが、健康に過ごす鍵となるでしょう。あなたの望み通りに行動してください。

アセンダントが

射手座

未知の世界へ飛び込んでみる

豪快で、細かいことは気にしない人が多いですが、ストレスを感じたときには、食べることで解消しようとしがちなタイプです。食べすぎ飲みすぎは、健康面に大きく影響するので、できればやめてください。未知の世界を探求するのがおすすめです。

アセンダントが

水瓶座

喜びを見出すこと

一般的な健康法を試しても効果を実感しにくいかも。肉体を持って存在することを、否定しているようなところがあり、体質的にはあまり強くない傾向があります。日常生活で喜びを見出すことが、健康に大きく関係してくるでしょう。

アセンダントが

蠍座

自分を信頼して本来の能力を発揮する

身体的には眼力が強く、疲れ知らずのスタミナがあります。ただし、身体を壊すくらい頑張ってしまうことがあるので気をつけてください。また、自分をもっと信頼して、あなたのもつ能力を存分に発揮しましょう。そうすることで、健康に過ごすことができます。

アセンダントが

山羊座

目上の人を頼ること

コツコツ真面目に努力を積み重ねるタイプですので、責任のある立場をまかされるのは苦手かもしれません。自分自身を表現したり、アイデアを出したりするときに強いストレスを感じそう。目上の人にアドバイスをもらい、精神を整えることがおすすめです。

アセンダントが

魚座

ありのままの自分を愛すること

ありのままの自分を愛することで、健康に過ごせるでしょう。自分も他人も、こうするべきという枠に当てはめるのは苦手なタイプ。優しすぎるゆえに、他人から甘えられたり、わがままを言われたりすることがありそうですので、気をつけてください。

Q45：働く上での優先順位は？

労働の意味をもつ6ハウスによって、自分が働くときに優先することや、理想の職場環境を見つけることができるでしょう。

6ハウスのカスプが

牡羊座

情熱が向かう方向を優先する

自分の情熱がどこへ向かっているかを大事にします。経験することで自分の役に立つと感じることができれば、環境や給料は関係ありません。むしろ、自分自身を高めていくチャレンジとなる内容かどうかをポイントとして考えるでしょう。

6ハウスのカスプが

双子座

同じ業務ではなく変化に富んだ仕事

じっと座って同じことをこなすのではなく、自分が移動したり、昨日とは違う仕事内容になったりと、変化に富んでいる職種だと、飽きずに仕事が続けられそうです。他の用事を入れやすいように、融通が聞く職場かどうかも大事にするでしょう。

6ハウスのカスプが

獅子座

働きぶりを認めてもらえること

働き振りを認めてもらえるかを大事にします。頑張りが給料として反映されるだけでなく、信頼や評価してくれてほめてもらえたり、気にかけて声をかけてもらえたりする状況であれば力を発揮できて続けられるでしょう。まかせてもらえると自信につながります。

6ハウスのカスプが

牡牛座

福利厚生や保証がしっかりしていること

福利厚生がしっかりしていて、保証が安定している会社かどうかをポイントとするでしょう。また、あまり労力を使わずに、長く勤めることができる環境を選ぶ傾向があります。毎日通って採算が合うかどうかを重視するのです。

6ハウスのカスプが

蟹座

家庭と仕事を両立できること

家庭と両立できるかどうかをもっとも大事な条件と考えます。生活自体が変化に富んでいて、家族の行事も多いので、それらに対応できるかどうかで金銭の保証や福利厚生にはあまりこだわりません。一時的にでも近場で生活費を稼げるかをポイントとします。

6ハウスのカスプが

乙女座

業務内容がはっきりし私生活を確保できること

業務内容がはっきりしていることや、私生活を犠牲にせず両立できて自分の時間を確保できるという条件がそろえば、抜群に奉仕的になり、長く続けることができます。ある程度PCのスキルを使える業務に携わることも良いでしょう。

別冊P1に記入した
自分のホロスコープを見て
［6ハウスのカスプの星座］を確認。

例：Mさんの場合は水瓶座。

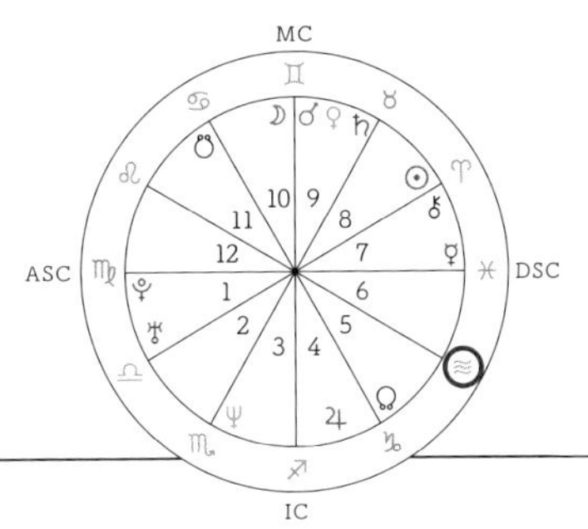

6ハウスのカスプが

自分自身が きれいになれる仕事

その仕事を通して、自分自身がきれいになれるかどうかを大事にするでしょう。精神的にも肉体的にも美意識が上がるものを求める傾向があるのです。たとえ仕事と割り切っていたとしても、汚くてきつい仕事はできないでしょう。

6ハウスのカスプが

人として 成長できること

その職場にいて人として成長できるかどうかが大事なポイントになるでしょう。お金のためや短期でその場限りの仕事というより、自分の大事な人生の一部の時間を有意義に使いたいと願っているので、仕事も内容重視か関わる人によって大きく変わるでしょう。

6ハウスのカスプが

能力をきちんと 評価される職場

意味のないしきたりに無理やり従わされるのは嫌で、働く時間や内容に納得しないと仕事ができません。尊敬できない上司のもとでは働けないという感覚があり、年功序列ではなく能力のある人が評価される環境を好みます。フレキシブルに働けることも大事です。

6ハウスのカスプが

お金をきちんと 貯められること

働きやすさはもちろん、人間関係も気になるとは思いますが、一番大事なのはしっかり貯蓄ができるかどうかです。目的をもってお金を貯める人ですので、そのためならば、嫌な仕事も一時的に頑張ってこなすことができるでしょう。

6ハウスのカスプが

経験として 積み上げられること

努力してこそやりがいがある！という感じで、適当に楽して仕事をしようという気はありません。しっかり役割をこなしてこそ、自分に許可を出せるでしょう。つらくても責任ある仕事をまかされるかどうか、経験として積み上げていけるかどうかを大事にします。

6ハウスのカスプが

休暇が多く ゆったりした環境

義務を果たすことや、役割を与えられることをあまり好みません。感覚を重視してゆったり過ごしたいと思っているので、休みが多いこと、厳しくないこと、責任あることを1人だけにまかされないといったことが、優先条件となるでしょう。

Q46：自分は仕事仲間に恵まれる？

**毎日の仕事を意味する６ハウス。
従業員も示しているので、仕事仲間を見るときは
６ハウスのカスプの星座で読みます。**

6ハウスのカスプが

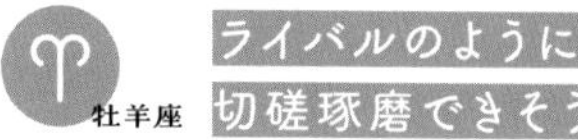

牡羊座

ライバルのように切磋琢磨できそう

仲間意識が希薄で、皆がライバルのような感覚ですが、その分、お互い切磋琢磨できるような環境に縁があります。忙しい職場なことが多いので、皆が他の人にかまっていられない様子です。それぞれが責任をもって義務を果たしていく仲間なのでしょう。

6ハウスのカスプが

双子座

一緒に作業しなくても仲良くつき合えそう

皆が忙しく行き来しているような活気のある職場に縁があるので、コミュニケーションは取りやすい環境でしょう。年齢や性別を問わず、さまざまな人と関わっていける運があります。ただし、移動が多いので一緒に作業することは少ないかもしれません。

6ハウスのカスプが

獅子座

頼られ仲良くできる同僚に恵まれそう

自ら率先して一生懸命働くタイプなので、周囲が働きぶりを認めてくれます。そのため、自然と頼られたり仲良くなったりしやすく、同僚には恵まれやすいでしょう。また、奇跡的に良い環境が見つかって働けることが多く、自分でも雇用運があると感じるでしょう。

6ハウスのカスプが

牡牛座

深いご縁のある人が現れる可能性も

比較的仕事仲間には恵まれます。しっかりした会社に縁があるので、そこで働く人たちもある程度しっかりした感覚をもった人たちなので、穏やかでなごやかな雰囲気の中で働けるでしょう。結婚相手や一生の友人など、職場で深い縁のある人と出会うこともありそう。

6ハウスのカスプが

蟹座

公私ともに仲良くつき合えそう

仕事が生活の一部になりやすいので、仕事仲間と感情をシェアしやすく、仕事もプライベートも仲良くできる仲間に恵まれます。ただ社員の入れ替わりが激しかったり、シフトが変わりやすかったりして、時間的にずっと一緒に仕事をするわけではなさそうです。

6ハウスのカスプが

乙女座

良い仕事仲間ができても仕事上のみのつき合いに

役割をきちんとこなせれば良い仲間に恵まれますが、プライベートで仲良くするほど関わりをもたないでしょう。仕事をいかに効率良く済ませるかに意識を集中させているので、自分と同じレベルで、しっかり仕事をこなせない同僚がいたらイライラしてしまうかも。

別冊P1に記入した
自分のホロスコープを見て
［6ハウスのカスプの星座］を確認。

例：Mさんの場合は水瓶座。

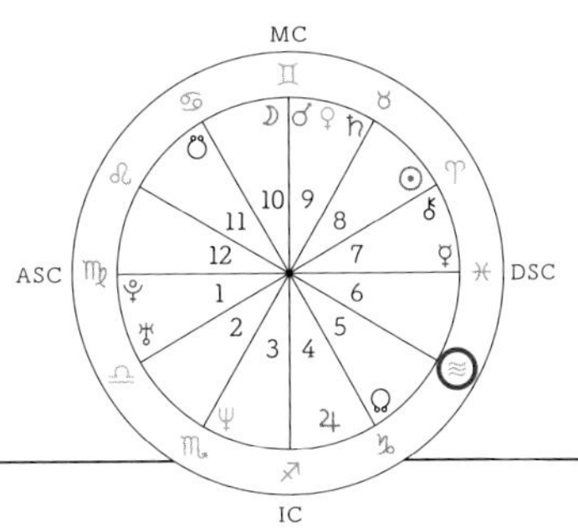

6ハウスのカスプが

天秤座

同僚にも先輩にも恵まれ心地よくつき合えそう

あなた自身が人に対してわけ隔てなく優しく振る舞うので、あなたが関わる場所は心地よい雰囲気になるでしょう。忙しい時期などに人間関係が乱れると、それだけで辛く感じやすいですが、基本的には同僚にも先輩にも恵まれ、うまくやっていける運があります。

6ハウスのカスプが

射手座

誇りをもてるような上司や先輩に恵まれる

仕事仲間に恵まれますし、上司や先輩、もしくは仕事内容自体に誇りをもてるような職場に縁があります。その場限りで自分の実にはならない働き方ではなく、仕事を通じて自分の自信を深めていけるような、内容の濃い仕事に携われるのかもしれません。

6ハウスのカスプが

水瓶座

仲良く仕事をしても仕事上だけのつき合いに

同僚と仲良くしたい意識が、もともとないかもしれません。社交性はそれなりにありうまくこなせますが、友達を作りにいっているのではないという気持ちで、割り切って仕事することを好みます。あっさりとした態度を、周囲も気にせず対応してくれそうです。

6ハウスのカスプが

蠍座

信頼できる仲間がいてもこっそりつき合うかも

プライベートを職場にもち込まないので、周りは本当のあなたがわかりにくいかもしれません。仕事とプライベートをわけていますが、職場にも本当に信頼できる人を見つけるでしょう。しかし、なぜかそれを他の人には公表せず、密会する仲になることもありそう。

6ハウスのカスプが

山羊座

真面目で厳しい上司や先輩が多くなりそう

厳しい仕事内容で、職場の人と和気あいあいと過ごせる雰囲気ではなさそうです。皆真剣にミスのないよう取り組んでいて、真面目な人が多いでしょう。もしくは、上司や先輩が厳しい職場に縁があるのかも。そういう環境で実力をつけたいと願っているのです。

6ハウスのカスプが

魚座

気を使いすぎなければ良い関係を築けそう

自分が周りの人よりも劣っていると感じやすく、気を使ってしまいそうですが、優しい人が多い職場に恵まれます。ガツガツした環境ではなくヒーリングミュージックがかかっているような環境に縁があるので、被害者意識に気をつければ、良い関係を築けます。

Q47: 自分の「上司運」は?

10ハウスのカスプは、自分の社会を表す重要なポイントです。理想の社会像となる上司が、どんな人なのか知ることができます。

10ハウスのカスプが

牡羊座

競い合いながら高め合える上司

独断で進めていくような血の気の多い上司と関わる機会が多いでしょう。競ってこそお互いのポテンシャルを高めていくような関係性になるかも。または、あなた自身が上司にくってかかりたくなり、上司を超えて物事を考え、実際に独立するかもしれません。

10ハウスのカスプが

双子座

さまざまな人と関わることになりそう

流動的に上司が変わっていきやすく、1人についていくことはほぼないでしょう。上司がどれだけ多くの情報をもっているか、与えてくれるかによって関係が変わりそう。コミュニケーションは物怖じせず取っていけるので、上司とわかり合えた気持ちになることも。

10ハウスのカスプが

獅子座

可能性を引き上げてくれる上司

あなたのポテンシャルを引き上げてくれるような上司に恵まれるでしょう。尊敬できる人のもとで働くことで、よりいっそう、あなたの仕事に対する活力が増し、いずれは独立したい!という気持ちさえ湧いてくるかもしれません。

10ハウスのカスプが

牡牛座

仕事内容を理解して助けてくれる上司

厳しい環境で働くあなたをしっかり守り、認めてくれるような上司に恵まれそうです。仕事自体はきつくても、それを理解してくれる上司がいたら頑張れるでしょう。少々マイペースでおっとりしているわりに、しっかりした考えをもっている人に縁があります。

10ハウスのカスプが

蟹座

家族のように大事にしてくれる上司

家族のように気にかけ、大事にしてくれる上司と縁がありそうです。ただし、少々気分屋なところがあるタイプですので、機嫌の良いときはおごってくれて、機嫌が悪いときや落ち込んでいるときは、引きこもりがちになる人かもしれません。

10ハウスのカスプが

乙女座

しっかり者で見本となる上司

しっかり者の上司と縁がありそうです。少々口うるさいところがあるかもしれませんが、業務を誰よりもしっかりこなす人でしょう。上司を見習うことで仕事を覚えていけるような、見本として完璧と言える上司のもとで働けそう。

別冊P1に記入した
自分のホロスコープを見て
［10ハウスのカスプの星座］を確認。

例：Mさんの場合は双子座。

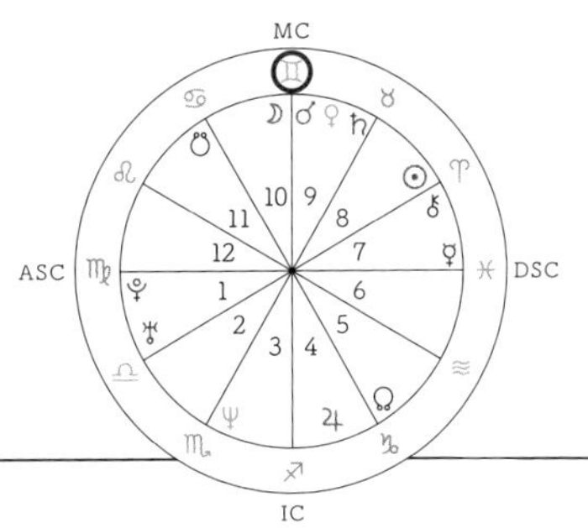

10ハウスのカスプが

天秤座

状況を理解して立ち回る上司

流動的に動きたいあなたに対して理解があり、調和が取れていてバランス感覚の良い上司に恵まれそうです。決して堅物ではなく、いろんな部下の状況を察して、うまく立ち回ってくれそうです。意外と気を使っているので、上司の気苦労をねぎらってあげると吉。

10ハウスのカスプが

射手座

明るい上司のおかげで自分の世界を作り出せる

楽観的で自由な上司と縁がありそう。もともと働くことを窮屈に考えておらず、自分の特技を躊躇なく世界に見せることでうまくいきやすいタイプ。明るい社会にマッチした上司と巡り会い、アドバイスをもらいつつ、自分の世界を構築していけそうです。

10ハウスのカスプが

水瓶座

個性的な上司と巡り会う

個性あふれる上司と縁ができそうです。上司と部下という関係性を感じさせないほど、自由でオリジナリティーにあふれた感性の人と関わることになるでしょう。そんな上司に感化され、独立を目指すことになるかもしれません。

10ハウスのカスプが

蠍座

専門的なことを極める上司

社交性に乏しく、狭く深く自分の専門性を追求している上司と縁がありそうです。普段は何を考えているのかわからないけれど、いざというときにすごく力になってくれて、サポートしてくれる上司に恵まれるでしょう。上司の意外な顔を見ることも。

10ハウスのカスプが

山羊座

あくまでも会社の上司と部下

会社の上司として担当になったから関わる程度で、個人的なつき合いはない関係になりそう。恐れ多い威厳のある人の可能性も。仕事は厳しいという思い込みから、上司は厳しくジャッジする存在という意識があり、関係を築くことが難しいのかもしれません。

10ハウスのカスプが

魚座

頼りがいのない上司に縁がありそう

はっきりせず、少々頼りない上司と縁があるかもしれません。自分のほうがしっかりしていると感じることもありそう。または、そもそも上司がいないような、芸術関係や個性で勝負する職場に務めていて、目上の人から意見されることが少ないかもしれません。

Q48：自分がペアを組むと良い相手は？

7ハウスは結婚相手だけでなく、ビジネスパートナーやライバルなど、仕事面における人との関わりを表しています。どんな相手がパートナーとしてふさわしいか見ていきましょう。

7ハウスのカスプが

牡羊座

勝ち気で強気な 活力のある相手

どちらかというと勝ち気で、グイグイ攻めて開拓していくような、強気な人を味方につけると良いでしょう。バイタリティーあふれる相手にうまく合わせながらバランスを取ることで、自分１人では到達できない高みへ上るようなことを体験できそうです。

7ハウスのカスプが

双子座

ITスキルをもち 意思疎通能力が高い相手

ITやSNSを使いこなせるようなスキルをもつ、器用な人とペアを組むと良いでしょう。接客や営業を担当してもらえる、コミュニケーション能力に長けた人がベストです。関心のある事柄が一緒だと、同じ目標に向かってスムーズに助け合うことができます。

7ハウスのカスプが

獅子座

統率力があり 頼りがいのある相手

責任感や正義感があり、リーダーシップをまかせられる人がベストです。あなたが相手を頼れば頼るほど、力を発揮してくれそう。もともとパートナーシップに恵まれる人ですので、縁のある相手と自然な形でペアを組むことになるでしょう。

7ハウスのカスプが

牡牛座

穏やかで経済観念が しっかりしている相手

焦ったり不安になったりしやすいあなたを安心させてくれるような、どっしりかまえている穏やかな人が良さそう。作戦会議をするときは、いつもおいしい料理が楽しめるレストランがおすすめです。さらに、経済観念がしっかりしている人だと安心できるでしょう。

7ハウスのカスプが

蟹座

事務的すぎず 意志を通わせられる相手

少人数で家族ぐるみのように、目的意識を合わせて頑張っていけるタイプの人がおすすめです。ビジネスライクすぎず、心を通わせて話せる人だと、一緒に長く頑張ることができるでしょう。あなたの感情を受け止めてくれるような優しい人も良さそう。

7ハウスのカスプが

乙女座

筋道を立てて思考する 分析能力が高い相手

分析能力に長けていて、物事を理論的に判断できる知的なタイプが良いでしょう。感覚や感情に流されることなく物事を把握することができる相手ですので、ベストなアドバイスをもらえそうです。特に、専門的な知識をもっている人がおすすめ。

別冊P1に記入した
自分のホロスコープを見て
［7ハウスのカスプの星座］を確認。

例：Mさんの場合は魚座。

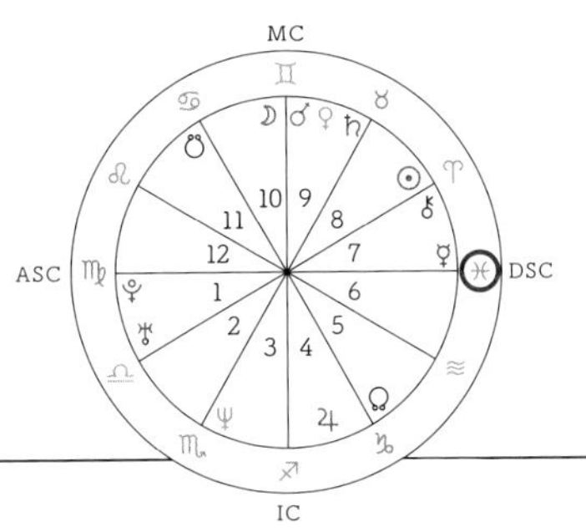

7ハウスのカスプが

サポート役や味方に なってくれる相手

1人で頑張ろうとするあなたの補佐役になってくれたり、味方になってくれたりする、優しい人がベストです。あなたの怒りや焦りを吸収してくれるような穏やかな相手も良いでしょう。天秤座ならではの洗練された感覚で、良いアドバイスをくれそうです。

7ハウスのカスプが

思い切りが良く 前向きな相手

リスクばかり考えてしまうあなたを、楽観的な視点からサポートしてくれるような、大胆でポジティブな気質の人とペアを組むのが良いでしょう。まったく異質に見えるかもしれませんが、実はお互いを補っているという感覚をもてる人がベストです。

7ハウスのカスプが

おもしろい発想に富み 驚かせてくれる相手

奇想天外な発想をもち、驚かせてくれるような人とペアを組むと、おもしろい化学反応を起こせるかもしれません。突然の出会いが起こり、解約が起こるのも突然といった感じなので、関係性にこだわらず、その瞬間、瞬間を大事にしていきましょう。

7ハウスのカスプが

意志が強く、諦めずに 最後までやり遂げる相手

あなたが諦めてしまいそうなときに、最後までやり抜こうと引っ張ってくれる意志の強い人が良いでしょう。何を考えているかわかりづらく、打ち解けるまでに時間がかかるかもしれませんが、芯が強く信頼できる人です。あなたを見捨てることは決してありません。

7ハウスのカスプが

真面目で 誠実な相手

感覚的な視点をもつあなたに、堅実で誠実な対応をしてくれる相手がベストと言えます。ルールを重んじる相手ですので、少々堅物に見えるかもしれませんが、あなたとならうまくバランスが取れるでしょう。同世代よりも少し年上の人がベターです。

7ハウスのカスプが

芸術的なセンスに長け 豊かな感受性をもつ相手

芸術的センスがあり、感性が豊かな人が良いでしょう。とても優しくて、少々頼りないかも？と感じたとしても、あなたのエネルギーをそっと包んで癒やしてくれます。精神的につながっていられるほうが、お互いに良いパフォーマンスが期待できそうです。

Q49：仕事で苦手なタイプは？

**社会的活動の場面で無意識に発するエネルギーは太陽星座が示しています。
この太陽の対向にある星座のエネルギーは、
自分とは真逆のものであり、良きにつけ悪しきにつけ意識してしまうでしょう。**

太陽が

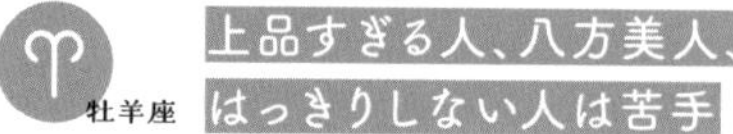

牡羊座

上品すぎる人、八方美人、はっきりしない人は苦手

社交的で礼儀正しく、上品すぎる人が苦手。感情や勢いにまかせて思い切って行動するタイプなので、相手に合わせすぎて自分の意見を言わなかったり、八方美人でどこにでも良い顔をしたり、状況や環境を気にしてはっきりしない人も苦手かもしれません。

太陽が

双子座

知識をひけらかしたり周囲を振り回す人は苦手

ライトでウィットに富んだ話が好きで、単なるゴシップ話や愚痴を言いたいだけなのに、真剣に説教してくる人は苦手です。自分の知識をひけらかす人も、うまくはぐらかして拒否するでしょう。誇大妄想や無責任な行動で悪気なく周囲を振り回す人も嫌いでしょう。

太陽が

獅子座

礼儀知らずな人や変わり者は苦手

お世話になった人への恩を仇で返しておきながら、「何が悪いのですか？　今の時代これが普通ですよね？」と言うような礼儀知らずの人をにくみます。義理を重んじるので、単独行動ばかりの人や、何を考えているかわからない変わり者も苦手でしょう。

太陽が

牡牛座

感情の起伏が激しい人ペースを乱す人はダメ

穏やかで平和主義なタイプなので、嫉妬深すぎたり激しい感情を隠しもつ人は苦手かもしれません。ケンカ腰につっかかってくる人も拒否します。自分のペースで過ごすことを大切にするので、いちいち承認を得てきたり、細かく確認されると鬱陶しくなることも。

太陽が

蟹座

仕事を言い訳にする人や孤独を好む人は苦手

「仕事が一番の免罪符」と思っているような、何でも仕事を言い訳にする人にカチンとくるでしょう。家族や仲間と一緒に過ごしたいあなたにとって、単独行動や孤独を好みすぎる人と一緒にいるのも、自分が避けられているように感じてつらくなるかもしれません。

太陽が

乙女座

根拠のない話をする人やかまってちゃんは苦手

現実主義のあなたに対して、根拠のない夢物語を語るロマンティストは苦手でしょう。ずれた返事をしてくる人にもイラっとくるかもしれません。かまって欲しい人や、オチがない話を延々と聞かされるのもストレスです。汚い人とも関わりたくないでしょう。

別冊P1に記入した
自分のホロスコープを見て
［太陽星座］を確認。

例：Mさんの場合は牡羊座。

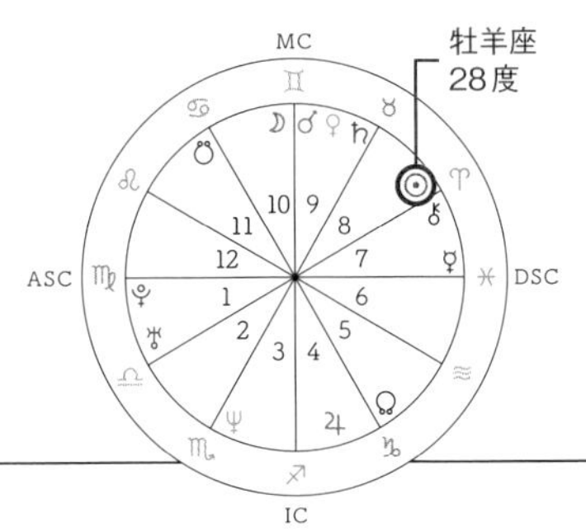

太陽が

天秤座

周囲に迷惑をかける人や自分勝手な人は苦手

調和を重んじるあなたに対し、自分勝手に1人で決める人は苦手でしょう。気遣いに気づきもせず、ガサツに対応されると傷つきます。リーダーシップには憧れますが、周りに迷惑をかけても我関せず、後のことをフォローしない人は信用できないと思いがちです。

太陽が

射手座

考えに一貫性がない人段取りにこだわる人はNG

自由に開放的に進んでいきたいときに、段取りや細かいことばかり気にする肝の小さい人が苦手です。またグチグチと同じことを繰り返し言ったり、考えや言うことがコロコロ変わる人、その場のノリで知ったようなことをしゃべる人も信用できないと思うでしょう。

太陽が

水瓶座

自己顕示欲の強い人や過干渉な人は苦手

自己顕示欲が強く、人の注目を集め賞賛されたがる人が苦手。自由でいたいので干渉されるのも嫌います。礼儀や作法にこだわるのも古いと感じやすいので、「右にならえ」で他の人と同じことをする人や、プライドが高い上司をひそかにバカにする傾向があります。

太陽が

蠍座

偉そうに振る舞う人や独占欲の強い人は苦手

感情を大事にしたいのに、形式や順序にこだわったり物質的なことで判断する人は苦手でしょう。何でも共有したいあなたにとって、自分のものは自分のもの、とわけられると傷つきます。愛情を物質の量で判断したり、役職を笠に着て偉そうにする人も拒否します。

太陽が

山羊座

伝統にこだわる人や繊細すぎる人が苦手

社会的ルールや社会的活動を重んじたいあなたに対し、家族や自分の伝統、ルーツにこだわる人は苦手かもしれません。また外側にチャレンジしていくより、安定を求めて家にこもるタイプや、繊細すぎてちょっとしたことで落ち込む人にも興味をもてないでしょう。

太陽が

魚座

現実主義の人や批判的・攻撃的な人はNG

感性豊かでロマンティスト。感覚で生きたいので、分析的で現実主義の人には嫌われるという思い込みがあるかもしれません。人のエネルギーを無意識に受け取りやすいので、批判的でネガティブな人も苦手です。攻撃的な人や対立や衝突も避けようとしそう。

Q50: 意欲を高める「やる気スイッチ」は?

**活力を支配する火星。
自分の意欲がどのように表現されるかは、
火星の星座によって表されます。**

火星が

牡羊座

身体を動かすことで気持ちを活性化させる

情熱的で勇気があり、冒険心に富んでいるので、行動力が存分に生かせるのは、ズバリ開拓していく喜びを感じたとき。興味のあることを見つけたらじっとしていられず、すぐに行動に移せるので、やる気が起きないときは運動して身体を動かすと活性してきます。

火星が

牡牛座

「自分の価値を高める」という意識で始める

何かを始めようと思っていても、なかなか腰を上げない面がありますが、勤勉に粘り強く続けるのは得意です。外に向かう攻撃性は劣りますが、抵抗力と守備も得意。お金を稼ぐ、自分の価値を認める、または構築していくことに、エネルギーを注げます。

火星が

双子座

興奮が冷めないうちにサクサクとことを進める

あまりにもテンポが遅いと、やる気が削がれるかもしれません。常に活動して、戦う姿勢があるのでリラックスより興奮を好みます。謎解きパズルを一歩進めると次の一歩が見えるように、その都度対策を考えながら進められると気が散らずに行動していけるでしょう。

火星が

蟹座

「家族に感謝される」と考えて始めてみる

家族のために頑張りやすく、その人たちから感謝されることでさらにバイタリティーがあふれてきます。家族に対して怒りをもちながらも愛する力をもつので、その葛藤を感じそうです。たまには自分の好きなことを自分のためにするのも良いかもしれません。

火星が

獅子座

「ほめられる」と思って人のために始めてみる

とにかくおだてに弱い！　ほめられたり頼られたりしたとたんに力を発揮します。また、それに対する賞賛やごほうびがないといじけます。やる気が出ないときは誰かのために何かをしましょう。見返りに受けた賞賛の心地よさから、バイタリティーが復活しそうです。

火星が

乙女座

小さな約束を自分に課しそれを守るために始める

自分に小さな約束をして、それを守れた喜びを毎日感じましょう。他人に対しては自分と同じ感覚ではないので期待しすぎず、相手にもペースがあることを知りましょう。自分の役割を果たすことや、奉仕することにエネルギーを注ぐと、喜びを感じられるでしょう。

別冊P1に記入した
自分のホロスコープを見て
［火星の星座］を確認。

例：Mさんの場合は双子座。

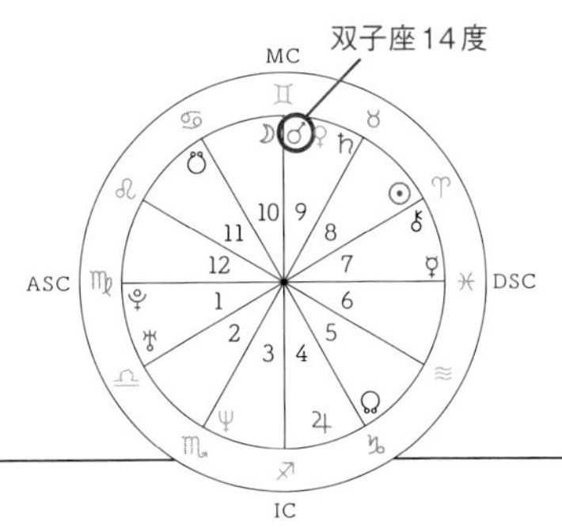

火星が

天秤座

人助けになると考えて動き出してみる

自分の行動が相手のためにこんなに役に立った！と感じた経験を思い出しましょう。あなたの手助けを必要としている人はいます。誰かのために惜しみなく手を差し伸べることで、もともと備わっている優しさやバイタリティーがすぐさま息を吹き返すでしょう。

火星が

射手座

始めた後の変化を想像してみる

可能性を掘っていくような感覚で未知の世界へ広がっていくエネルギーを好みます。行ってみなければわからないこととか、やってみて初めて結果が出るといったような、自分の行動力によって変わる未来を想像することでやる気にスイッチが入るでしょう。

火星が

水瓶座

早く結果を出す方法を発案してみる

一足飛びで結果が出たり、手間を省ける道具を見つけると使いたくてうずうずするでしょう。知的で発明の才能があるので、生活の中で便利グッズを思い浮かべたりすることがやる気スイッチにつながるかもしれません。ムラのある行動も自分に許可しましょう。

火星が

蠍座

セクシャルな気分を呼び覚ましてみる

性エネルギーは生きる源となり得ます。気持ちがついていかなくても、身体に刺激があればエネルギーは活性し、やる気につながるでしょう。要するに、自分の深い部分に強いバイタリティーがあることを思い出すことで、そのエネルギーを肯定的に使えるのです。

火星が

山羊座

始めたことで得られる成果を考えてみる

とても勤勉で真面目に努力する人ですが、努力の結果として得られるものが本当に欲しいものでなければ、エネルギーを費やせません。この行動でどれだけ報酬が入るのか、成果を出せるのかを見極められれば、難しく厳しいことでもやる気スイッチが入るでしょう。

火星が

魚座

行動力のある人に気分を引っ張ってもらう

自分から目標を掲げて邁進することは難しいので、行動力のある人や目標意識の強い人のサポートをしながら、そのエネルギーを共有しましょう。体操やダンスなどの芸術の才能があるので、歌ったり踊ったりすることで自身のバイタリティーをアップさせましょう。

Q51: 良いアイデアを生み出すためには?

水星は知性の象徴です。水星がどの星座なのかによって、考え方の癖がわかります。自分自身の思考回路を知り、良いアイデアを生み出すためにどうすれば良いかを見つけましょう。

水星が

牡羊座

ひらめきを大切にして どんどんアイデアを出す

直感的に感じるほうなので、長い時間をかけて考えるより、ひらめきを大事にしましょう。思ったままを書き留めたり、ブレインストーミングのようにどんどん意見を出していくことで、かなり良いアイデアが出てきそう。ジャッジなく自分の考えを出すのがコツです。

水星が

双子座

同時進行で複数を考え 書き出してまとめる

頭の回転が速く、雑学もあり、快活で機敏な人。シリアスな話より軽い話が好きで、言葉での表現や文章を書く言語能力にすぐれています。1つのことをじっくり考えるより、同時に 2つのことに対して興味をもち、進めて行くほうが、相対的にうまくいきます。

水星が

獅子座

実際に体験してみて 想像力を高める

自分の考えに自信をもっているので、他人の目線で考えにくいところがあります。そこで、他人を演じてみるとその人の気持ちがわかり、良いアイデアが浮かびやすいでしょう。実際に体験してみることで、想像力が高まり、企画やアイデアが生まれやすくなります。

水星が

牡牛座

じっくりと考えて アイデアを熟成させる

物事をじっくりと考え、寝かせて熟成させることで、納得いく答えを出せたり、新しい知識をまとめたり、把握することができます。勢いで決めず、その結果何を得られるのかを把握することで安心して計画を行動に移していけるタイプ。決めたら変更はしません。

水星が

蟹座

過去の例を参考にして アイデアをひらめかせる

理論より感情を優先し、好きか嫌いかで結論を出しやすいです。感情をなだめてから客観的に判断を。記憶力、創造力にすぐれているので過去の例を思い出すと、現実に生かす方法を見つけやすいでしょう。生活の中でのふとした瞬間にアイデアが浮かびそう。

水星が

乙女座

データを分析して アイデアを導き出す

よく考えるので間違いが少なく、実務向き。問題に対して空論ではなく、具体的な解決法を見つけようとするでしょう。物事を整理・分類するのが得意。学習能力と記憶力にもすぐれています。データをもとに分析すると納得いく方法が見つかりやすいです。

別冊P1に記入した自分のホロスコープを見て［水星の星座］を確認。

例：Mさんの場合は牡羊座。

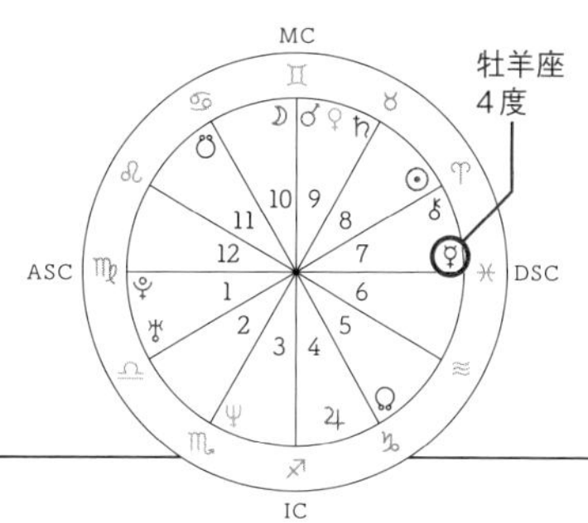

水星が

周囲の意見をもとに自分の考えをまとめる

感情的にならず、明晰でクールな人。相手の話を聞かないと、良い会話や人間関係を築けないと知っているので、まずは相手の言うことを聞きますが、相手に結論を出してもらう傾向が。いろいろな意見を聞いた上で、自分の考えをまとめると良い案が出そう。

水星が

真実を探求し、謎解きのようにアイデアを出す

疑い深く人の話をよく聞き、話の真意を見極めようとします。話の裏をかきすぎて信用できなくなってしまう場合も。謎解きをするのが得意なので探偵に向いています。精神科、心理学関係にも適性が。瞑想や、深く探求することで良い案が浮かびます。

水星が

活動中に浮かんだ案を再考してアイデアにする

具体的なことにあまり注意を払わず、飽きっぽく集中力に欠けやすいので、良い気分のときに出たアイデアや考えは、勢いで決めず、後から再度考え直したほうが良いでしょう。旅行中やスポーツ、運動を楽しんでいる最中に次の案が浮かぶことが多いかも。

水星が

時間をかけて熟考しアイデアを絞り出す

実質的で組織化された、注意深い知性の持ち主。地に足をつけた考え方で「なぜそれをするのか、それがどのように役立つのか」を考え、必ず最後までやり遂げる責任感をもった人。物事の飲み込みは遅くても、しっかり熟考してアイデアを絞り出せます。

水星が

情報交換することでアイデアに磨きをかける

人道主義的な考えをもちます。周りの意見に左右されず、自分なりの独創的な考えをもつ天才肌で、知的能力も高く、電子工学、科学などに興味がある人も多いです。自分のアイデアを周りに話し、情報交換することで、良いアイデアがさらに出てきそう。

水星が

芸術的感性を働かせてアイデアを生み出す

感受性が強く人の考えに影響され、気が散りやすい面があります。音楽や視覚芸術などを通じてコミュニケーションできます。繊細な感性があるので、1人の時間をもって自分をリセットしましょう。感性をたっぷり働かせている瞬間に良いアイデアが生まれそう。

Q52: 自分にぴったりな職業は?

「向いているのは○○」と断定してしまうと、
それしか考えられなくなってしまいますので範囲を広げて伝えます。
「やってみたい」と感じる仕事は、向いている場合が多いです。

10ハウスのカスプが

牡羊座

企画のリーダーや 個人で経営する仕事

自分の力で未来を切り拓きたいと思っている人です。仕事とは戦う場所という認識なのでしょう。自分のスペースをもてる職場や、個人事業主、企画のチームリーダーが良さそう。美容師、理容師、記者、プロスポーツ選手も向いています。

10ハウスのカスプが

双子座

話す仕事や 文章を書く仕事

コミュニケーションや知識を生かせる環境で働きたい人でしょう。知的好奇心をもち続けられる仕事が向いています。手先の器用さを生かせる仕事、出張の多い仕事、小学校や幼稚園の先生など教育関係、マスコミ、アナウンサー、作家などが良いでしょう。

10ハウスのカスプが

獅子座

華やかな業界や 自分が目立てる仕事

タレントやモデルのように自分が表に立って注目を浴びる仕事、もしくは職場内で花形的な立場になれる仕事が良いでしょう。自営業や、資格を生かせる仕事も◎。他にも、レジャー産業、貴金属業界、舞台関係、芸能プロダクション、代議士、教師が向いています。

10ハウスのカスプが

牡牛座

声を生かす職業や 美しさを作り出す仕事

平和で穏やかな美しい暮らしを求めます。安定した環境の中で生きたいのでしょう。歌手や声優など声に関すること、芸術や趣味を生かせるもの、銀行や金融関係など手堅く安定した仕事がおすすめ。造園業やパティシエ、宝石・香水・化粧品関連も◎。

10ハウスのカスプが

蟹座

家でできる仕事や 住宅関係の仕事

家族との関わりを大切に働きたい人。仕事で関わる人が変わりやすいでしょう。看護師、保育士、栄養士、調理師、飲食関係、住宅関係、家でできる仕事、スーパーなど日用品や台所用品を扱う仕事、インテリアコーディネーターが向いているでしょう。

10ハウスのカスプが

乙女座

制服のある職業で 細かいオフィスワーク

制服を着る環境で、役目をきちんと果たすイメージです。医者、銀行員、秘書、税理士、会計士、頭を使う事務職など、オフィスワークが向いています。他にも、保健や衛生関係、薬局、事務機器メーカー、洋裁や和裁の縫製など、知的で細かい作業が得意でしょう。

別冊P1に記入した
自分のホロスコープを見て
［10ハウスのカスプの星座］を確認。

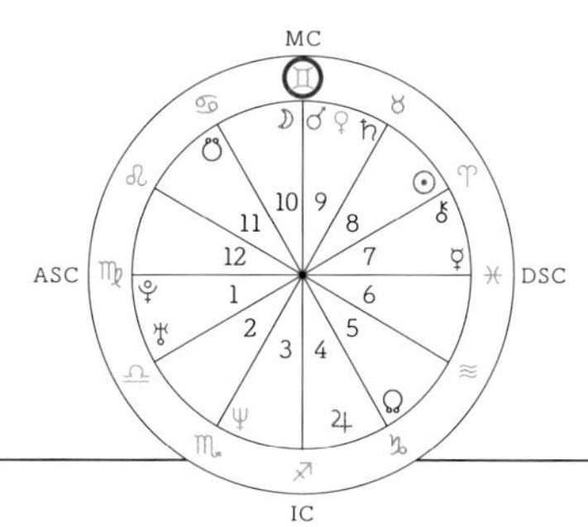

例：Mさんの場合は双子座。

10ハウスのカスプが

社交性を生かせる趣味の延長のような仕事

華やかで優雅な環境で働きたい人です。芸術関係や、美的センスと社交性を生かせる販売員、接客業、美容師、モデルがぴったりです。趣味を生かせるアパレル、美容業界もおすすめ。弁護士、判事、調査員も向いています。

10ハウスのカスプが

世の中の陰に隠れた外から見えない仕事

薬品関係の研究室、薬剤師、検査技師が向いています。石油業界、原子力関係、物理や化学に関する仕事、婦人科や泌尿器科の医者も良いでしょう。物事の裏側を探る刑事や探偵、水商売、占い師、危険物取扱者、下水処理場の仕事、家業を継ぐのも◎。

10ハウスのカスプが

外国語を使う仕事や国際的なビジネス

海外と交渉する貿易業界や、海外情報を発信する仕事、通訳者、翻訳者など、海外に関わる仕事で力を発揮できます。他にも、法律家、宗教家、学者、教育関係に適性があるでしょう。また、プロスポーツ選手、雑誌の編集者、占い師も向いています。

10ハウスのカスプが

組織化された環境で人に何かを教える仕事

学校の先生やインストラクターなど、教える仕事に適性があります。管理職や研究者、建築業界や不動産関係、さらに政治家、僧侶にも向いているでしょう。琴や三味線など和楽器、伝統的な物を扱う仕事に縁があります。陶芸家やマッサージ師もおすすめ。

10ハウスのカスプが

新しい技術や感覚で時代を作っていく業界

時代の最先端を行く仕事に適性があります。電気通信系、放送局や動画編集や、プログラマーなどコンピューター関係。またはパイロットや客室乗務員など航空関係。他にもデザイナー、フォトグラファー、作詞家、作曲家、ミュージシャン、占い師もいいでしょう。

10ハウスのカスプが

人の生活をサポートする社会奉仕的な職業

老人ホームや乳児院、保育士など福祉業界、看護士や薬局など病人に接する仕事、慈善事業、サービス業が向いているでしょう。また、映画監督、フォトグラファー、ダンサー、芸術関係の仕事にも適性があります。アルコール飲料業界、石油業界、水商売、占い師も◎。

Q53: 自分の理想の働き方は?

**現世において理想とする社会を表す10ハウスを見ていきます。
10ハウスのカスプの星座で、
自分にとってどんな社会生活が理想なのかを知ることができます。**

10ハウスのカスプが

牡羊座

フリーランスなら力を存分に発揮できる

自分の力で社会を切り開きたいと思っているので、フリーランスのほうが自分の力を存分に発揮できます。会社の言いなりや、我慢をすることがなく、自分の望む環境を作っていこうとします。上司がいないほうが目の上のたんこぶがなくて動きやすいでしょう。

10ハウスのカスプが

双子座

フリーランスでも会社でもどちらでもOK

コミュニケーション能力があり、知識が豊富。それらを上手に生かして社会で生きていけるので、組織でもフリーランスでもどちらでも対応できます。本業と副業をうまく使いこなせる器用さもあるので、むしろ2つの仕事をかけもちする傾向にあるでしょう。

10ハウスのカスプが

獅子座

上の立場が合うので起業するか大会社向き

自分が表に立って責任を果たしていけるので、フリーランスから起業して、部下やアルバイトを雇えるかもしれません。組織でも役職についたり、責任ある立場をまかせられ、結局自分が指揮を執る形になります。大きな組織ほど、より大きな責任を担えるでしょう。

10ハウスのカスプが

牡牛座

安定を求めやすいので組織で働くのがいいかも

安定した社会の中で生きたいと思うので、組織のほうが向いています。ベンチャー企業より、安定した金融関係、銀行員、教員など固い仕事で手堅く安定した収入があるほうが精神的に穏やかでいられそう。フリーランスになるなら飲食関係は向いているかも。

10ハウスのカスプが

蟹座

フリーランスなら家の中でできる仕事に

家族との関わりが強いので、フリーランスの場合は家の中でできる仕事が良いでしょう。組織勤めの場合は、仕事とプライベートをしっかりわけて、プライベートも充実できるような働き方にするか、生活そのものが仕事場という環境が向いているでしょう。

10ハウスのカスプが

乙女座

経験を積めばフリーランスも可能

ある程度組織でしっかり経験を積んだ後は、フリーランスになるのも可能です。オフィスワーク全般に向いているので、組織ではどのような状況でも、ほぼうまく対応できます。フリーの場合も、結局事業を組織化して、組織と関わっていくことになるかもしれません。

別冊P1に記入した
自分のホロスコープを見て
［10ハウスのカスプの星座］を確認。

例：Mさんの場合は双子座。

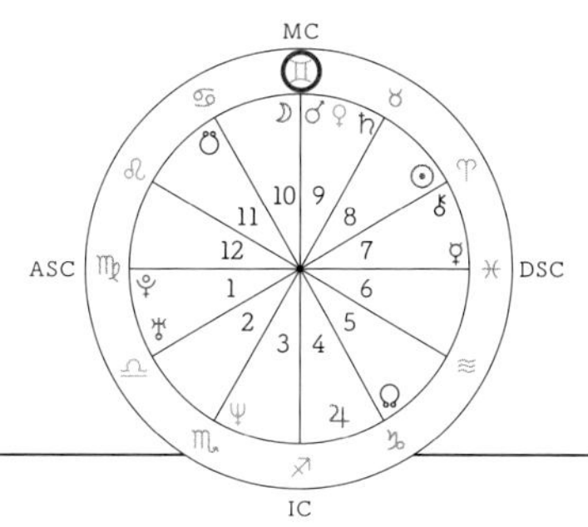

10ハウスのカスプが

天秤座

組織の中にいるほうが落ち着いて働けるかも

感性や審美眼を売りにすればフリーランスも可能。人の紹介を受けられるように、ある程度組織で経験し、人脈を作ってからのほうが良さそう。自分を売り出すのが苦手なので、組織の中で役割を担うほうが心理的には焦らず、落ち着いて仕事ができます。

10ハウスのカスプが

蠍座

組織向きだけれど副業はフリーの立場でも

会社や組織に骨を埋める覚悟で勤められるので、組織が向いています。しかし裏の顔を持ち、別の収入源を確保しやすいです。親や先祖の仕事を引き継ぐ、水商売や占い師、霊感的な仕事に携わる人も。別の収入源をフリーランスでしっかり稼いでいけそう。

10ハウスのカスプが

射手座

自由度のある職場なら組織に所属したほうが

楽観的で発展的な社会を望むので、自由な働き方を認めるなら、組織が向いています。しかしルールに縛られた堅苦しい会社だと独立したくなるかも。海外で奇跡の1枚を撮るカメラマンやジャーナリストのように自由に動き回れる特質を生かしての独立は可能。

10ハウスのカスプが

山羊座

堅実な組織に向くけれど経験後に独立もあり

堅実で公務的な社会を選択しやすく、そのほうが安定を得やすいです。組織の中でしかできないことをこなす能力があるので、個人だとパフォーマンスが下がるかも。経験を積んだ後は独立も可能ですが、チームで取り組む仕事のほうが才能を発揮できます。

10ハウスのカスプが

水瓶座

自由な働き方が合うが柔軟な職場なら組織でも

独立精神があり、自由で改革的な社会を望むので、学生時代から独立を望んでいるかも。または、経験を積んでからフリーに転身し、自由な働き方を体現するでしょう。この分野はまかせてもらえるなど、フレキシブルさがある会社ならお勤めも可能です。

10ハウスのカスプが

魚座

職場の雰囲気が合えば組織勤めでも大丈夫

芸術関係の仕事、奉仕的な仕事に向いているため、独自の才能を生かしてフリーランスとして独立できるでしょう。組織でガチガチの役割をまかされるとストレスを感じやすいですが、仕事内容よりも一緒に働く人たちの関係性や雰囲気によっては組織勤めも可能。

Q54: 自分は副業で稼げる?

2ハウスで、自分がどのようにお金を得られるのかを知ることができます。副業について知りたいときも、2ハウスのカスプを調べてみましょう。

2ハウスのカスプが

牡羊座

あらゆる手段で小銭稼ぎの副業ができる

小銭を稼ぐためにあらゆる手段を考え、忙しい時間を割いてでも副収入を得るために行動できる人。しかし、そこまでのことができるわりに簡単に無駄遣いをする面も。お金を貯めるには、月に一度など定期的に収支の見直しをするのが良いかもしれません。

2ハウスのカスプが

牡牛座

副業をするよりも臨時収入で副収入を得る

副業をしようと思えば可能なタイプ。でも、隙間時間に忙しなく作業をしたり、会社に黙ってこそこそ副業するのは好きではないので、最初から物質的な保証がしっかりした会社を選ぶでしょう。副収入というより、ラッキーな臨時収入に恵まれる運があるでしょう。

2ハウスのカスプが

双子座

本業とうまくわけて副業をかけもちできる

器用に時間や名前を使いわけて副業で稼いでいけます。しかも自分が得意なことやこれまでの知識を比較的簡単に生かして、本業も副業も難なくこなしていけるでしょう。副業をいくつもかけもちする人もいるかもしれません。

2ハウスのカスプが

蟹座

副収入を得るなら不定期なアルバイトで

副業をするというより、節約して欲しい物を手に入れるほうが得意かもしれません。副業するなら、あくまでも単発で、気分が乗ったときに参加できるアルバイトのようなものが良いかも。または友人に頼まれたときだけボランティアのように行う副業がおすすめ。

2ハウスのカスプが

獅子座

副業で自分の会社を立ち上げる人も

本業を生かしながら、賢く副業もできるタイプです。副業で自分の会社を立ち上げる人もいるでしょう。どんなことにも一生懸命になれる性格と、お金に恵まれる運があるので、副収入のはずが予想外にうまくいき、どちらが本業かわからなくなる可能性もあります。

2ハウスのカスプが

乙女座

中古品の売買などで賢く副収入を得る

本業に影響ない程度に賢く稼ぐことができそうです。副業でどこかに勤めに行くことも可能ですが、中古品を売買したり、珍しい物を仕入れて売るなどの商売も合っているかも。お得なクーポンを使うなどして、お金を少しずつ増やしていくのも得意でしょう。

別冊P1に記入した
自分のホロスコープを見て
［2ハウスのカスプの星座］を確認。

例：Mさんの場合は天秤座。

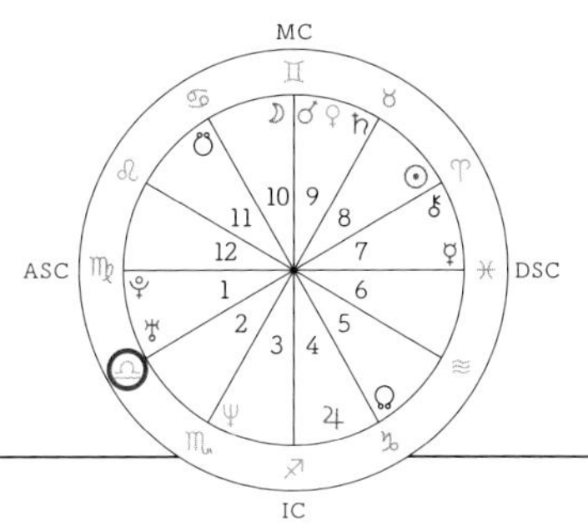

2ハウスのカスプが

天秤座

割が良く稼げる副業を必要に応じて

楽して稼げる副業に縁があるかもしれません。計画を立てて長期的に副業を行うというより、どうしても欲しい物があるときや、出費が重なったときにお金を作るでしょう。また、投資信託や株式投資、FXなどでお金を働かせて増やす才能もありそうです。

2ハウスのカスプが

射手座

あくせくしたくないので副業は考えないかも

必要なお金を副業でまかなうというよりは、困ったときには臨時収入があったり、おごってもらえるなどで金欠を乗り切ることができ、何だかんだとお金に困らないタイプ。副業は可能ですが、そこまであくせく働きたいという欲求自体が少ないかもしれません。

2ハウスのカスプが

水瓶座

本業と副業の隔てなく多方面で活躍する

コツコツと努力をして成功をつかむよりも、一発逆転を狙う傾向があります。「当たれば儲かる」的な感じで、株の投機買いをしそうな面も。また、さまざまな才能を生かして、フリーランスの立場でいろいろな仕事を行い、多方面から収入が入ってくる人もいそう。

2ハウスのカスプが

蠍座

本業とまったく違う業種で秘密裏にしっかり稼ぐ

借金をしてでも欲しい物は手に入れたくなるタイプですし、表向きではなく裏で稼ぐ副業はありです。本業では経験できないまったく違うことができる業種や、まったく違う人格でできるような副業だと、本業も副業も長続きするかもしれません。

2ハウスのカスプが

山羊座

必要があれば本業も副業も頑張る

努力を惜しまず、みんなが嫌がる仕事を引き受けてでも、収入を得ようとするパワーがあります。たとえ割に合わない仕事でも、文句を言わずにコツコツと行うことができるので、副業をしようと思ったら、多少無理をしてでも、本業も副業も頑張って行うでしょう。

2ハウスのカスプが

魚座

副業はできるけれど赤字になる心配が

そもそもお金の計算が苦手です。どれだけ働けばどれだけ収入が入るのか、行うことで自分の価値がどのように構築されるのか理解しないまま、頼られるままに仕事をしそうです。副業は可能ですが、収入より経費がかさんで、赤字にならないように注意しましょう。

Q55：自分が長続きしやすい働き方は？

6ハウスは、社会人として、一定の規則に従って時間を過ごしたり、同じ同僚や同じ立場の人たちと過ごすことを表すため、職場環境を見ることができます。

6ハウスのカスプが

牡羊座

にぎやかな職場で身体を動かしながら働く

あなたのやる気やバイタリティーが仕事の評価に反映されると、頑張れるでしょう。歩合制だったり、能力に応じた報酬が向いています。静かな職場でコツコツと働くより、にぎやかな場所で言葉を交わしながら身体を動かす職場のほうが働きやすいでしょう。

6ハウスのカスプが

牡牛座

報酬がしっかり保障される職場で働く

職場がある程度きれいで、雇用条件の良い環境であることが大事。「これだけ仕事をしたらこれだけ報酬をもらえる」というしっかりした保障があって初めて頑張れます。仕事をすることで物質的に手に入る物をしっかりイメージできないと続けられません。

6ハウスのカスプが

双子座

働きながらリフレッシュできる職場で仕事する

新しいことを学べるかどうかが大事です。1人で黙々と行うより誰かと話ができて、仕事しながらリフレッシュできるような働き方が向いています。生活自体に変化や移動が多いので転職が多くなりがちですが、大抵どこでも合わせられ、こなせる器用さがあります。

6ハウスのカスプが

蟹座

アットホームな職場で家庭と両立させて働く

家族経営のようにアットホームでこじんまりしていたり、家族の理解を得ながら働ける環境を求めます。子どもなど、家族の面倒を見ながら働ける職場かどうかや、家でできる仕事かどうかも大事です。騒がしく争い事の多い職場は、長続きしにくいでしょう。

6ハウスのカスプが

獅子座

自己裁量で働ける職場で周囲に振り回されず働く

自分の生活は自分でしっかり管理し、周囲に振り回されたくないタイプ。そのため、1人でできる仕事や、自己裁量で働ける職場、これだけ働いたら休めるといった目安のある職場だと働きやすそう。雇用運があり、休みが多く給料が良い職場に縁があります。

6ハウスのカスプが

乙女座

決まった仕事量をマニュアルに沿って行う

その都度いろんな仕事を振られるのではなく、すべきことがしっかり見えて、どれだけの仕事量をいつまでに終わらせるかがわかる職場だと働きやすいでしょう。または、アシスタントや秘書的な役割をまかされて、やりがいを感じたら責任をもって続けていくでしょう。

別冊P1に記入した
自分のホロスコープを見て
［6ハウスのカスプの星座］を確認。

例：Mさんの場合は水瓶座。

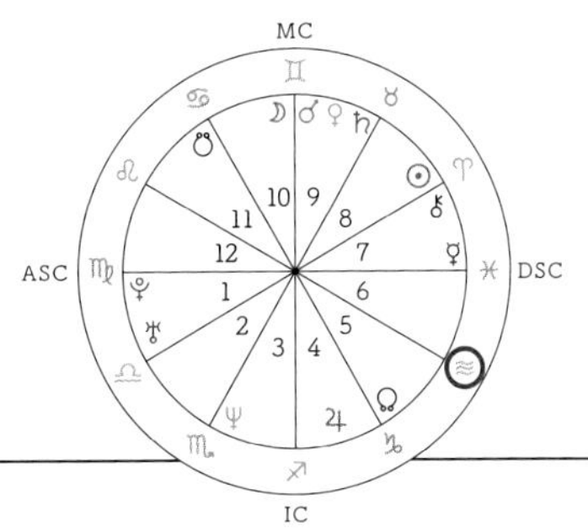

6ハウスのカスプが

天秤座

人間関係が良い おしゃれな空間で働く

人間関係が穏やかでギスギスしていないことが大事。美容やエステ、装飾品など、できるだけ美しい物と関わる仕事内容だと、気持ちもきれいになれるように感じられて長続きしそう。古い簡素なオフィスでなく、おしゃれな空間で働くことも長続きさせる秘訣です。

6ハウスのカスプが

射手座

社会に貢献できて 誇りがもてる仕事をする

職場に尊敬できる人がいたり、携わっている仕事内容に誇りをもっていたりすると、多少の不満があっても長く続けられそう。個人の利益だけでなく、社会貢献になる活動に関わっているほうが、心身が健康でいられます。出張が多い業種だと楽しめるかも。

6ハウスのカスプが

水瓶座

仕事内容や場所に 変化がある仕事をする

フレキシブルに対応してくれる職場を好むでしょう。ありきたりなルーティンだと飽きてしまい、やる気が損なわれていきがちです。その日その日でやることが違ったり、違う場所へ行ったり、働く時間にも変化があるほうが、楽しみを見つけながら長く勤められます。

6ハウスのカスプが

蠍座

尊敬する人がいる職場で 余暇も楽しみながら働く

尊敬できる人のもとで働いたり、自分の存在を認めてもらえるような職場には長く勤められます。そして社内預金制度など、着実に貯金できるような条件も魅力の1つでしょう。仕事は仕事と割り切って、プライベートを満喫できる時間で働けるかどうかも大事です。

6ハウスのカスプが

山羊座

しっかり稼げて経験を 積める職場で働く

イレギュラーなことが多い職種だと、働きにくさを感じることも。重労働でもやりがいのある仕事で、しっかり稼げる仕事、経験が積み重ねられて評価されるような職場だと長続きするでしょう。経験を積むほどに責任が増す仕事や職場のほうがやりがいを感じます。

6ハウスのカスプが

魚座

サポートをする喜びを 感じられる職場で働く

優しい人が多い職場で、体調の波に合わせてフォローしてくれる人がいると、長く続けやすいです。競ったり激しい意見をぶつけ合うような職場は苦手で、癒やしたり手伝ったり、誰かのサポートができ、その喜びを感じられる職場を選ぶと長続きできるでしょう。

Q56：自分の「雇用運」は？

6ハウスでの仕事は、雇われて毎日決まった作業をこなすことを表します。どんな職場に縁があるのかを知ることができるでしょう。

6ハウスのカスプが

牡羊座

精神力を生かせる職場に縁がありそう

自ら積極的に就職先を探していけるガッツがあります。忙しい職場に配属される可能性が高いでしょう。切磋琢磨したり精神力を生かしたりできる競い合うような職場、またはアスリートのように体力勝負の仕事もこなせそうです。

6ハウスのカスプが

双子座

変化の多い職場に縁がある

転職をする機会が多いかもしれません。むしろ、臨機応変に変化していく職場のほうが長く続けることができるでしょう。流動的に日常が変わりやすいので、休日の調整ができるシフト性の仕事や、移動できる環境が向いています。

6ハウスのカスプが

獅子座

希望の職に就くことができる

ズバリ雇用運はあります。基本のルートではない方法で良い会社に縁ができることがあるかもしれません。職場に恵まれて役割をこなすことで、自分自身の誇りや自信につながりそうです。競争率の高い職場に運良く入れる可能性もありそう。

6ハウスのカスプが

牡牛座

長く続けられる運がある

雇用には比較的恵まれています。福利厚生がしっかりしていたり、落ち着いてきれいな職場や環境で働いたりすることができそうです。長く務められる雇用運があるでしょう。一度就職したら辞めることはなく、定年まで勤め上げるタイプです。

6ハウスのカスプが

蟹座

日常と切り離されない仕事に縁がありそう

日用品や生活雑貨を扱うような大手起業に就職しやすいでしょう。飲食店も向いています。家庭の中でこなす役割が仕事になる可能性もありそう。または、住み込みなどで家と職場が同じ場所で過ごせるような仕事に縁があるかもしれません。

6ハウスのカスプが

乙女座

一般事務などでスキルを発揮できる

事務や契約社員、デスクワークなど、一般事務的なことを十分こなせる運があります。一度雇用されると、その中での不満に目が行ってしまうかもしれませんが、実は自分の技術を生かしやすい職場に縁ができる運をもっているのです。

別冊P1に記入した
自分のホロスコープを見て
［6ハウスのカスプの星座］を確認。

例：Mさんの場合は水瓶座。

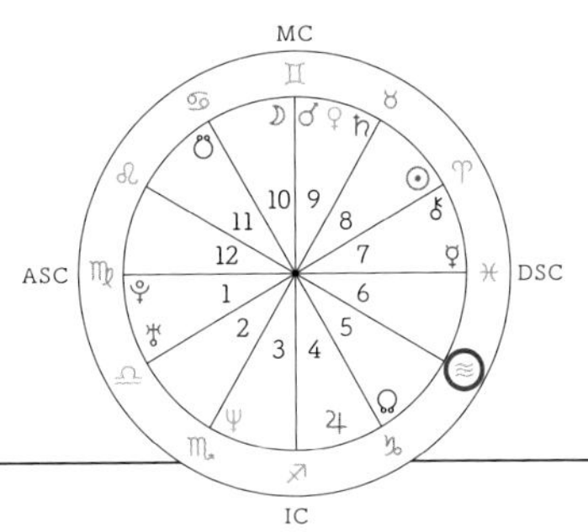

6ハウスのカスプが

天秤座

美に関する職場に縁がある

体力勝負の職場は向いていないかもしれません。デスクワークや掃除が行き届いたきれいな職場、ファッションや美容に関した職種に縁がありそうです。美しく洗練された場所で、自分自身のことも磨いていける職場を好むでしょう。

6ハウスのカスプが

射手座

才能を広げられる会社に縁がある

伸びやかに自分の才能を広げていけるような前途洋々な会社と縁がありそうです。または、会社に所属している、いないにかかわらず、自分自身で楽しめる仕事を見つけられる運もあります。アクティブに働けるような仕事が向いているでしょう。

6ハウスのカスプが

水瓶座

フレックスタイム制の職場と縁がありそう

時間に縛られない自由な働き方ができる職場に縁があります。そもそも雇用されたいという欲求が薄いかも。自らのアイデアで時間を調整して過ごせるので、ライフステージが変わるごとに状況に合った仕事を見つけられそう。そのため、転職は多いほうです。

6ハウスのカスプが

蠍座

陰で支える仕事が向いていそう

自分のプライベートは隠したいタイプのため、公の場所に出るよりも、隠れた仕事を好むでしょう。または、一般社会ではなくアンダーグラウンドの仕事にも縁があるかもしれません。華やかな表舞台ではなく、縁の下の力持ち的な裏方の仕事に向いています。

6ハウスのカスプが

山羊座

信頼を築くことで一生身を置ける

楽しいことを仕事にするというより、仕事は厳しく難しいものだという思い込みがあるかもしれません。それゆえに、就職したり職場に馴染んだりするのが一苦労と感じやすいでしょう。一度信頼を築けば末長くお世話になれるような固く安定した職場に縁があります。

6ハウスのカスプが

魚座

雰囲気が良いところに就職すると◎

就職したくないと思っていそう。やりたいことが自分でわかっていない可能性も。雇用されることで強制的に日常生活を整えるタイプ。休みはダラダラ過ごしがちなので、オンオフを切り替えて。仕事内容や条件よりも職場の雰囲気や人間関係を重視します。

本当の自分を知って運命を味方につけよう

この世の中で、どうしたら自分自身を
満たしていくことができるでしょうか。

自分らしく生きていこうと思っても
心の中で他人を比べて、自信をなくして
しまうこともあるでしょう。

Chapter2でわかるのはあなたの内面の特徴です。
あいまいになりがちな自分の内側の部分を
改めて確認していくことで、
自分を誰かと比較することには意味がないと
気づくかもしれません。

人は皆それぞれに違う個性をもっています。
自分で自分のことを知ることが必要不可欠です。
どのような自分も認めて、自分を信じて、
自分を愛せることができますように。

Q01: 自分の「男らしさ」と「女らしさ」のバランスは?

**12星座は、男性星座と女性星座にわけられます。
社会に見せている自分を太陽星座、内面の自分を月星座として
両方の星座を確認することで、性別の枠を超えた自分が見つかるでしょう。**

太陽or月が

牡羊座

リーダー気質の男性星座

エネルギッシュで開拓精神が強い男性星座。活動的なエネルギーなので、社会の中でも物怖じせず、リーダー気質で自己主張し、挑戦していく姿勢は男らしく感じる部分です。人に頼らず精神面においてタフなところが、男らしいと言えるでしょう。

太陽or月が

牡牛座

心地よさにこだわる女性星座

変化よりも安定を好み、忍耐強く現実を守っていく力が強い女性星座。社会的に決まっていることを継続する受け身のエネルギーです。美的センスがあり、心地よいサービスや美しい物にこだわるあたりは、女性らしさを感じる部分でしょう。

太陽or月が

双子座

気さくでユーモラスな男性星座

会話上手で器用に関係を築く男性星座ですが、性別を感じさせないフランクさがあり、ユーモアのあるエネルギーです。男女の性質どちらもありますが、束縛が苦手な部分は男性らしさかもしれません。いつも思考を巡らせていて、誰とでも話を合わせられます。

太陽or月が

蟹座

身内の世話が大好きな女性星座

家の中や自分のテリトリーを守ることが得意で、防衛本能の強い女性星座。周りの人に共感しやすく、ケアしたくなる性質は女性エネルギーです。涙もろくて傷つきやすく、想像力が豊か。大事な人には世話を焼いてあげたくなり、過剰に優しくします。

太陽or月が

獅子座

英雄的な活躍をする男性星座

責任感のある男性星座。自分の意見やアイデアを表現するのが得意という気質から、社会では自然とリーダーになりやすく、情熱もある格好いいエネルギーです。少々寂しがり屋なところがありますが、弱い者を守り、指導する姿は、男らしさを感じさせます。

太陽or月が

乙女座

人のサポートが得意な女性星座

繊細で傷つきやすい女性星座。自分が最前線に立つよりは、裏方や側近としてサポートする謙虚さは、女性らしいと言えるでしょう。細部にまで気を配り、相手をケアすることに長けています。相手のニーズにいち早く反応して支えられる才能があります。

別冊P1に記入した
自分のホロスコープを見て
［太陽の星座］と［月の星座］を確認。

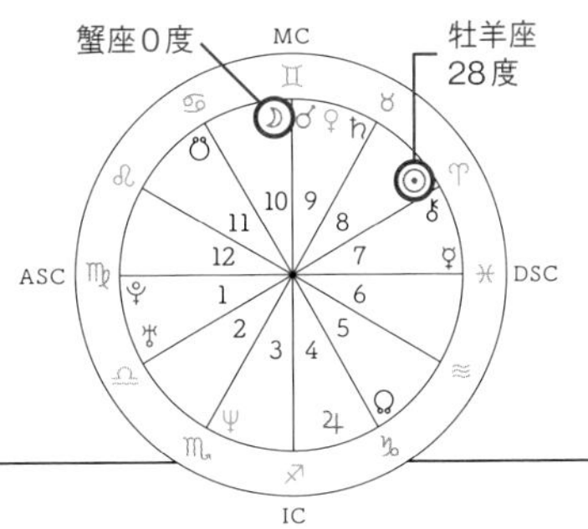

例：Mさんの場合は、太陽が牡羊座、月が蟹座。
男性性と女性性の両面をもち合わせていると解釈できます。

太陽 or 月が

天秤座

正義や平等を愛する 男性星座

エレガントな男性星座です。美的センスが強いため、女性らしいエネルギーかと思いきや、その優しさの奥には正義感や平等という平和を愛する男らしいエネルギーがあります。また、社交的で誰とでもうまく関わっていけるところは、男性らしいエネルギーです。

太陽 or 月が

射手座

相手を尊重する心をもつ 男性星座

冒険心がある男性星座。新しい体験や学びに貪欲で、変化に富む自由なエネルギーは外交的で男性らしいと言えるでしょう。「男だから」「女だから」といった判断を嫌います。相手の立場や外見には惑わされずに、誠実で開放的なつき合いを好むでしょう。

太陽 or 月が

水瓶座

自由な思想で振る舞う 男性星座

独創的で、理想や独立精神のある男性星座。しかし自由で革新的な思想で、女性らしさ・男性らしさという感覚がありません。人それぞれに個性があって当然、という考えです。TPOで男女両方のエネルギーを使いわけるでしょう。

太陽 or 月が

蠍座

愛情を強く求める 女性星座

物事の表面よりも、裏や本質を見抜くという洞察力にすぐれた女性星座。情熱的で深い感情は、女性らしい部分です。愛されることや受け入れられることを強く望むエネルギーをもちます。心を決めた人にはついていく姿も、女性性ならではの強さでしょう。

太陽 or 月が

山羊座

堅実で落ち着いた 女性星座

働き者の女性星座です。真面目で努力家なところから男性的な面を感じる人も多いと思いますが、冒険や飛躍することよりも、堅実で慎重な判断をするという落ち着いたエネルギーが女性らしいと言えます。何かをじっくり進めていくことができるのも特徴です。

太陽 or 月が

魚座

相手の痛みに寄り添える 女性星座

感受性が豊かな女性星座。深い同情心があり、思いやりをもって相手の痛みに寄り添えるところは、女性らしさの特徴です。他にも、社会的には芸術性や想像力を活用しやすく、内面では物質世界よりも精神世界に傾倒しやすいでしょう。

Q02:自分の心が求めてやまないものとは?

月は「表の自分を裏から支える自分」という意味をもちます。月のハウスによって、どんなことで精神的満足や心の保証を得るのかを知ることができるでしょう。

月が1ハウス 自分の感情をキャッチし自分を労わり、満たす

自分の感情を満たしてあげることです。自分の感情に敏感なので、物事に対し、個人的な解釈、とらえ方をしやすいでしょう。今何をしたいか、どうしたいかを常にキャッチして、ささやかなことで常に自分を労り、満たしてあげるようにすると、心が落ち着くでしょう。

月が3ハウス 学びや情報交換で新たな知識を得る

心の安らぎはコミュニケーションや知識を得ることでもたらされるでしょう。文章を読んだり書いたりするのもストレス発散になるかも。常に学び、新しい情報を欲しがる傾向にあります。知性を磨き、知恵を身につけることで、より精神的に豊かになれます。

月が5ハウス 自分が楽しくなる創作を行って能力を認識する

記念日にはお祝いしてもらいたいタイプ。俳優や女優など、どのような役も演じられるような、表現力にすぐれています。自分の能力を認識するには、まず自分が喜ぶことを行うのが大切です。料理でも工作でも何かをクリエイトすることで、心が安心できるでしょう。

月が2ハウス 五感が喜ぶことを行い美しい物で心を満たす

おいしい食事、心地よい衣類など五感が真に喜ぶことを求め、自分の認める人、物を大切にします。また、物質や金銭の豊かさが心の安らぎにつながります。人と争わず、美しい物を身の回りに置き、心を満たすことで、さらに自分を信じられるようになります。

月が4ハウス 自分の居場所を整えてリラックスして過ごす

家庭内の自分の居場所が大切な人です。家族に意識が向きすぎて、自分の精神的欲求に気づきにくいこともあります。家の中をきれいにしたり、落ち着いた環境を作ることでより心が安定します。お気に入りの場所でゆっくり過ごすことで神経がリラックスできます。

月が6ハウス 作業をきちんとこなし自らの有益さを確認する

分析したり、答えをきちんと出すことを求めています。誤りや不足な点に気がつきやすく自己批判に陥りやすいので、自分がいかに有益な人間であるかということを、実生活の中で認めていくことが大切です。それが心の安定につながるでしょう。

別冊P1に記入した
自分のホロスコープを見て
［月のハウス］を確認。

例：Mさんの場合は10ハウス。

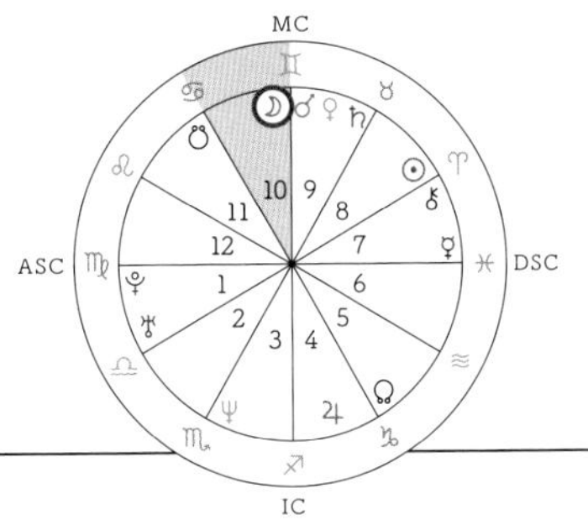

月が

ハウス

高い美意識を生かして周囲から好印象を得る

人生全体を美しく着飾り、人に受け入れられたいと願っています。無意識に相手の期待に応じ、穏やかで、優しいイメージをもたれるでしょう。基本的には幸せな人間関係を作れますが、自我が弱く相手の言いなりにならないよう自己主張するのも大切です。

月が

ハウス

相手から受け入れられ承認されること

相手に承認されることで心が満たされます。それにはまず自分が相手を信じることが大切。見えないものは、自分の感性で受け止めるしかありません。無意識に相手に受け入れられているかの証拠を探し、認められていると感じたら心が平穏になります。

月が

ハウス

遠い世界の知識を得て心のよりどころにする

外国など、未知の世界から知識を得ることが心の安定につながります。身近なことよりも大きなスケールで真理を探求するような哲学的な思考をもっています。スポーツや政治に興味をもつことも。遠い世界に心のよりどころを求め、貢献することもあるでしょう。

月が

ハウス

社会的な活動を通して尊敬され認められる

仕事を通して心の安定を得るので、外で活動したり、何かしら役割や仕事をもっているケースが多いでしょう。1つのことをずっと続けるというより、比較的その場その場で活動が変わりやすいでしょう。尊敬されること、社会に認められることで心の安定を得ます。

月が

ハウス

自らが進化し続け自由であり続ける

自由に自分の好きなことをすることで心の安定を得ます。法律や社会のルールに縛られるのを嫌い、何かの役割をさせられるのを苦痛に感じます。常に自分が過去より進化していることを実感し、自由であり続けることが心のよりどころになります。

月が

ハウス

感性を磨いたり、人や自然からの愛を感じる

想像力が豊かで、無意識に相手に同調し疲れやすいので、1人の時間が必要なタイプ。音楽やダンス、ヒーリングなどで自分の感性を磨いたり、良い波動と同調することが必須です。宇宙や自然、人々からの優しさや愛を感じ続けることを求めてやみません。

Q03：自分の感情は何に反応する？

**感情を意味する月。
精神的、感情的な反応パターンを
月の星座からとらえることができます。**

月が

牡羊座

孤独に弱く、裏切りを感じると感情が揺れる

思ったことを素直に行動に移せるタイプで、正直で情熱的な人です。感情をはっきりと伝えるので、きつい人と思われがちですが、繊細で孤独な感覚をもっています。仲間はずれにされたり、自分だけが頑張っていたりする状況で、悲しくなるでしょう。

月が

双子座

行動テンポを乱されると不機嫌になる

自分なりのテンポで物事を進めていきたいので、流れを妨害されると不機嫌に。基本的に愛想は良いので、無視されたり、言うことが伝わらなかったり、理解されないと感情が揺れます。周りの人は知っていて、自分だけ知らないという状況も耐えられません。

月が

獅子座

人から頼られないと劣等感のかたまりになる

気前が良く、贅沢で、自分を頼ってくる人には力を貸す親分肌です。支配的になったり、子どもっぽくなったりと優越感と劣等感の間を行ったり来たりすることがあるでしょう。皆に慕われている、頼られているという感覚が薄れると感情が過剰に反応します。

月が

牡牛座

こだわりを否定されたり軽く見られるのが嫌

こだわりが強いので、こだわりをバカにされ、軽く扱われるとムッとします。娯楽や贅沢を好み、美的センスがあり、音楽への興味も強く、歌うことが好きな人も多いです。意外と家庭的で世話好きな一面もあり、社交的で穏やかですが、内面は頑固です。

月が

蟹座

安心できる場所を乱されると動揺する

普段はケンカが多くても、家庭の状態や家族が元気で過ごしているかが気になります。とても優しく、人の感情に敏感なので、悲しい話やニュースを聞くだけでもらい涙を流すでしょう。自分の安心できる場所が大切なので、その場が揺さぶられると動揺します。

月が

乙女座

非合理的でない自分の行動に落ち込む

自分のミスで相手に迷惑をかけてしまうと、自分が許せなくて落ち込むでしょう。スケジュール管理、整理整頓が得意で、健康や日常生活もしっかり管理し、時間を有効に使います。無駄な時間を費やすことや、神経質になりすぎると感情が揺れます。

別冊P1に記入した自分のホロスコープを見て［月の星座］を確認。

例：Mさんの場合は蟹座。

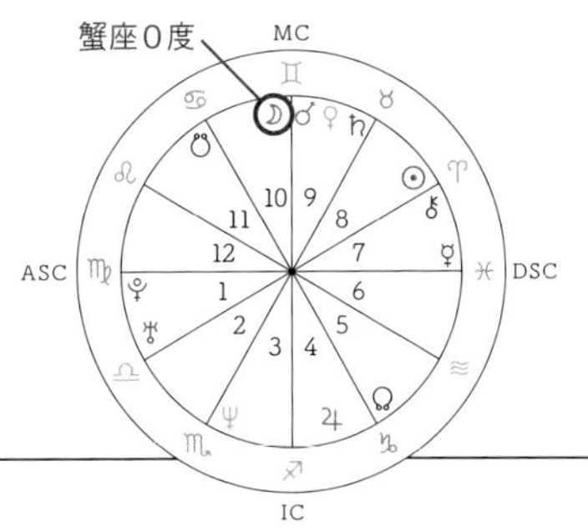

月が

天秤座

失礼な態度を取った自分に気づくと動揺する

平和主義で相手の求めていることに応えるエネルギーの持ち主なので、自分のことではなくても、ケンカや争い事を見聞きすると耐えられないでしょう。相手に対するマナーも徹底する人なので、失礼なことをしてしまった！と感じたら心が乱れまくります。

月が

射手座

行動や感情が不自由になるのが耐えられない

勉強熱心で興味が尽きないので、もっと知りたい、勉強したいと次から次へと興味の対象が変わります。その自由な感覚が閉ざされたように感じると、感情が揺れます。未知の可能性を追求したいので、人生の行く末が見えるとおもしろくなくなります。

月が

水瓶座

親密で濃厚な人間関係は敬遠

好きなことができ、自由でいられれば心が乱れることはありません。感情的にはクールで、緻密な人間関係は避けるでしょう。個性的で独創的な考えをもつので、小さい頃は変わり者と言われたかも。人のことにあまり関心がなく、人の気持ちにも鈍感です。

月が

蠍座

大事な人に隠し事をされるのが許せない

人と強く結ばれたい思いが大きく、相手のことを100％知りたい、自分のことを認めてもらいたいという欲求があります。「自分に何か隠し事をしている？」と相手を疑い出すと、感情は落ち着いていられません。心を開いている人以外には、秘密主義です。

月が

山羊座

相手から感情をぶつけられるのが嫌

冷静沈着で真面目な精神の持ち主なので、さほど感情が乱されません。気持ちを押さえ込む癖があり、表に出さないのが当然と感じているので、感情的な相手には嫌悪感を抱きます。社会的な立場を重視し、尊敬されることに心の安定を求めます。

月が

魚座

ネガティブな雰囲気や波動に敏感に反応

想像力に富み、傷つきやすく繊細なので、環境の雰囲気やエネルギーに敏感に反応します。感情だけでなく体調も影響を受けやすいです。「癒やし」や福祉に関わる仕事をする人も多いですが、自分を必要とする人に依存する傾向があるので注意が必要。

Q04：コミュニケーションにはどんな傾向がある？

水星がどの星座にあるかによって、コミュニケーションのスタイルや思考のプロセスがわかります。

水星が

牡羊座 直感的で率直な熱いやりとりが好き

主観的な物の見方をする傾向があり、早口です。論争が大好きで得意でしょう。直感的かつ率直に伝えるので、相手にも同じように言いたいことを言ってもらえると思い込んでいるかもしれません。感情を汲んであげることができればコミュニケーション上級者です。

水星が

双子座 スピーディーで展開が速い会話を好む

会話のスピードが早いので、ゆっくり話す人とは間がもたないかも。話が終わったかなと思ったら終わっていなかったり、話の結末がわかる話を延々聞かされたりすると苦痛に感じそう。言語能力にすぐれているので、比較的自分の感情を伝えやすいでしょう。

水星が

獅子座 常に自分の発する言葉に反応を期待する

プライドがあるので、自分の意見を言った後は、何かしら相手からの反応を期待しています。相手が上司であっても命令されたり、バカにされたりするのが嫌いです。また、責任感のない意見を嫌う傾向もあります。プレゼンテーションは得意でしょう。

水星が

牡牛座 衝突を避ける言い方で温和な会話をする

ケンカや言い争うことは、無駄なエネルギーを使っていると考えるほう。実用的な思考があり、お金や土地、投資や儲け話、おいしい物について話すのが大好きです。「もし、私があなたなら…」とワンクッションおいて話をするので大体の人とうまくやっていけます。

水星が

蟹座 仲間内と外向きとで会話の仕方を変える

考えの合う人、合わない人がはっきりしています。合わない人を理解して、協力し合おうとは思わないかもしれません。また、オンとオフの話し方に差があるのも特徴。自分を見せても大丈夫な人だけを線引きをして、初めて安心して自分を出します。

水星が

乙女座 あいまいな内容を嫌い理論的な話を好む

あいまいな情報をそのまま話してはいけないと思いがちで、理屈の通った話をする傾向にあります。言いたいことがよくわからない話を聞くのは苦痛です。細かいところに気がつくので、秘書、評論家、分析、調査関係、健康に関した仕事に向いています。

別冊P1に記入した
自分のホロスコープを見て
［水星の星座］を確認。

例：Mさんの場合は牡羊座。

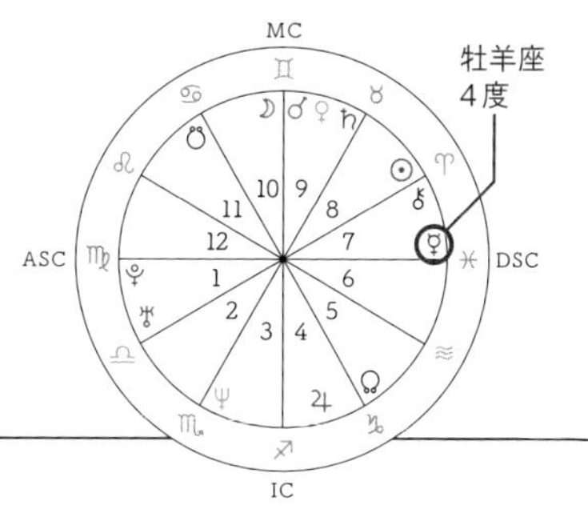

水星が

天秤座

自分の意見は後回しで聞き役に徹しがち

相手の考えや話は尊重すべき、聞かれなければ意見を述べてはいけないと思い込んでいるかも。経験を通して、自主的に話しかけたり、意見を伝えたりしても大丈夫だと理解するでしょう。あなたが相手を不快にさせることはあまりないので自信をもって。

水星が

射手座

ポジティブで楽しい会話を好む

いつも前向きで発展的な会話をしたいと思っています。若干都合良く解釈する癖があるので、現実に合わせて慎重に判断するほうがうまくいくでしょう。社交辞令を本気だと信じてしまいがちです。スポーツや哲学、海外旅行について話すのが好きです。

水星が

水瓶座

さまざまな情報を客観的に伝える

知的能力が高く、家電製品、新しいデバイス、科学などに興味がある人も多いです。クールで客観的でサバサバした考えがあり、情やコネでつながることを好みません。本当の友情は環境も血筋も関係ないという博愛的な形での交流を望んでいるでしょう。

水星が

蠍座

感情を表さずに淡々と話す

気軽に自分の感情を表に出すものではない、という意識があるかもしれません。秘密は絶対に守ります。相手にも、話したことを気軽に他人に言われたくありません。表面的な言葉はすべて社交辞令と受け止め、真意を見極めるまでは相手を信用しないでしょう。

水星が

山羊座

真面目な内容を責任をもって話す

仕事や役割をこなすときに一番コミュニケーションを発揮できるタイプ。ノリとツッコミは苦手で、冗談を本気にとってしまいがちです。注意深い知性があるので、自分の言葉に責任をもっています。いわゆる感覚的な話より、データをもとにした理数系の話が得意です。

水星が

魚座

非言語的での意思疎通を好む

言語という小さな枠での表現にさほど価値を置かず、芸術活動を通しての表現や、生き方そのものなど、別の方法で他人とのコミュニケーションを図る才能があります。いつでも意識を向けたところと共鳴して感動しながらそれをシェアしたいと願っているようです。

Q05：自分の知性を最大限に活用できる分野は？

**水星は知性を支配する星です。
水星がどのハウスに入っているかによって、知的能力や理解能力にどのように作用するのかを示してくれます。**

水星が

ハウス

自分を商品化したり意見を主張できる分野

知能が活発で、話し方は単刀直入、早口、言葉にトゲがある人もいます。口論好きで怖気づかずに自分を主張できますが、主観的なものの見方には注意。自分の意見を主張できる分野や、自分自身が商品になるような仕事で知性を生かせるでしょう。

水星が

ハウス

直感的な知性を生かせるビジネス

実用的な考え方で、外交的な知性をもっています。ワンクッション置くような優しい話し方です。儲け話は得意ですが、あまり挑戦しません。自分の考えが正しいと思いがちで、少々頑固な面も。直感的な知性を生かしてビジネスにつなげる才があります。

水星が

ハウス

コミュニケーションを生かせる分野

新しいアイデアや考えを素直に受け入れ、知的好奇心を満たすものを見つけて楽しむ、積極的なタイプ。義務教育期間は、読み書きやおしゃべりが得意だったはず。教えることも教わることも得意で、コミュニケーションを生かして働く人が多いでしょう。

水星が

ハウス

家に関する仕事やケア関連の分野

比較的記憶力が良く、家族や母親、子どものことを話したり、ケアすることに対して知性がもっとも働きます。知的な家庭環境で育ち、家が職場になるケースがあります。土地や不動産など、家に関する仕事の場合も。自分の考えは大事な人以外に公表しません。

水星が

ハウス

レジャー関連やクリエイティブ分野

主観的な思考でクリエイティブな知性です。恋愛や子どものことを話すのが好きで、レジャーを企画するのも得意です。企画職や広告業界、編集者などの仕事に向いていて、表現力、想像力の才能があります。または子どもにその傾向が出る場合もあります。

水星が

ハウス

分析能力や実務能力が生かせる分野

分析能力に長け、素晴らしい実務能力があります。仕事がうまくいかないと自分や周りの人を責め、真面目に義務を果たそうと必要以上に完璧主義に。神経が疲れすぎないよう注意を。健康や奉仕に知恵を生かせる仕事に向いています。

別冊P1に記入した
自分のホロスコープを見て
［水星のハウス］を確認。

例：Mさんの場合は7ハウス。

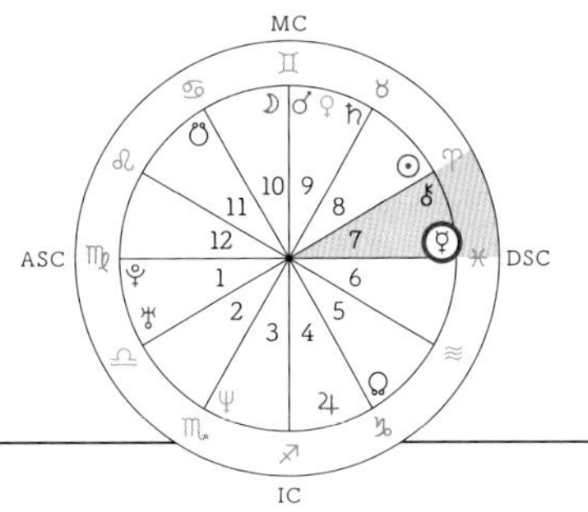

水星が

商談や人材紹介など架け橋的な分野

相手の感情がわからないと人間関係はうまくいかないと知っているので、相手の話をよく聞き、何ができるかを考えるのが得意。仕事でも商談がうまく、架け橋的な役割に知性を発揮します。知的でおしゃべりなタイプが人生のパートナーになる可能性大。

水星が

心理関係や調査お金の活用に関わる分野

勘が鋭く、相手の真の姿を知ることに頭が働き、無意識に追求する思考をもっているため、深層心理を探る仕事や、探偵など裏側を暴く仕事、ヒーラーなど相手の深いところを知る仕事に知性を発揮します。株など、お金の運用も向いています。

水星が

グローバルに活躍できる分野

世の中の人にとって何がベストかを考えるような、視野の広い思考をもっています。スポーツ、哲学、海外旅行に関して話すのが好きで、専門的な知識を得ることで人生が豊かになっていくでしょう。グローバルに活躍することであらゆる知性を発揮できます。

水星が

責任感が重要な社会や組織の中

実質的で注意深い知性は、社会や組織の中で最大限に発揮されます。結論を出すまでに時間がかかりますが、やり遂げる責任感があり、一度理解したら誰よりも把握する力があります。情報や知性の量によって、自分の生きる社会が変わるでしょう。

水星が

ユニークな発想を必要とする分野

誰とでも気軽に話せて、どんな考えも否定せずに聞くコミュニケーション力の持ち主です。抽象的な知性をもち、天才的な発想を生む思考をもっている一方で、いつも神経が高ぶっている可能性も。ユニークな考え方が人々の希望につながることもあるでしょう。

水星が

スピリチュアルな感性を必要とする分野

サイキックな知性と言われる、見えないことに知性が働き、見えないエネルギー体とコミュニケーションを取るのが得意です。相手の考え方を察知する能力があるため、すべてを語らなくても理解してもらえると勘違いせず、言葉足らずにならないよう注意が必要。

Q06：一生続く趣味や好きなものは？

**金星は価値観を象徴する星です。
現代社会における喜び、趣味など、
人生が豊かになることについて知れるでしょう。**

金星が

牡羊座

ジャンルに関わらず いろいろな趣味を体験

新しい恋愛、新しい仕事、思いついた趣味など、ジャンルに関係なく未経験のことを体験していきたい！という好奇心旺盛な魂の持ち主です。1つのものをずっと続けていくよりは、たくさんの経験をしていくほうが喜びにつながるでしょう。飽きっぽくてもOK！

金星が

牡牛座

時間をかけて 高められる趣味

熟成させてこそ完成するような、時間をかけて温めていけることが向いています。幼馴染との関係を大事にしたり、ワインなどもコスパにこだわらず、希少価値の高い物を丁寧に味わうなどが良いでしょう。心地よいマッサージやグルメは、一生楽しめます。

金星が

双子座

読書やおしゃべりなど 気軽に行える趣味

読書欲はとまりません。文献から得られる情報を他人とシェアしたり、気軽なおしゃべりタイムが何よりの趣味でしょう。大袈裟なことではなく、毎日少しだけ散歩するとか、お気に入りのカフェに行くなど、身近にあってリフレッシュできることを趣味にする人です。

金星が

蟹座

衣食住に関することや コツコツ行う趣味

お菓子作りやパン作り、DIYなど衣食住に関することで、毎日を豊かに過ごすためのアイデアを追求することを趣味にしそうです。休みの日は家飲みや、大切な人を手料理でもてなすでしょう。小銭をコツコツ貯めたり、雑貨を集めたりするのも好きなはず。

金星が

獅子座

創作活動で 自己表現を楽しむ

料理や絵画など自分のアイデアを形にしていく創作活動を一生楽しめる人です。きれいに着飾ることも好きですし、人生を楽しむために工夫したり努力することを惜しみません。いくつになってもその時々にふさわしい恋を楽しみ、いつまでも若くいられるでしょう。

金星が

乙女座

緻密な計画や工夫 整えることが必要な趣味

自分が過ごす空間をきちんと整理し、きれいな状態にすることを楽しめる人です。物が収まるところに収まってこそスッキリするでしょう。また緻密な計画を立てたり、健康に関して知恵を絞り、日々をさりげない優しさで埋めるために考えを巡らすことを楽しめます。

別冊P1に記入した
自分のホロスコープを見て
［金星の星座］を確認。

例：Mさんの場合は双子座。

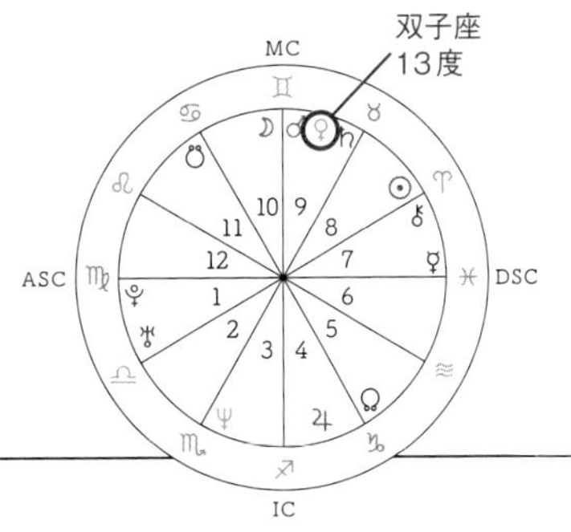

金星が

天秤座

感性を生かして美を生み出す趣味

美しくあるためのあらゆることが一生の趣味となり得ます。メイクや健康的なダイエット、姿勢、ファッションなど自分の感性を生かして、自分なりの美を目指すのが何よりの喜びです。人間関係も穏やかで調和に満ちた状態を続けていけるよう努力していける人です。

金星が

射手座

旅行や冒険など高揚感を追求できる趣味

旅行など楽しいことを人生に取り入れることが一生の趣味となり得ます。常に精神的な冒険を求めているので、年を重ねるたびに自分なりの哲学が深まっていくでしょう。楽天的で陽気に心のおもむくままに動き、見たことのない景色や体験を求め続けます。

金星が

水瓶座

独自に見出した内容など新ジャンルの趣味

周りがまったく興味のないことにはまり、1人で楽しむタイプです。機械系に強く、流行の物をいち早く取り入れるので、新しいデバイスが出るたびに使ってみたり、より便利な発明品を見つけたりすることが楽しいでしょう。独自の生き方や趣味を生み出せることも。

金星が

蠍座

詳細な調査や研究が必要となる趣味

深い感情と情熱的な愛の持ち主なので、相手との深い関係性をいつまでもフレッシュに保つことを一生の趣味とするかもしれません。また、物事の裏側を探ることにも長けているので、探偵風の調べ物は得意でしょう。ひそかにお金を貯めることも喜びになります。

金星が

山羊座

仕事になるようなことや仕事自体が趣味に

長く続けたことがいつのまにか趣味になり、仕事になるかもしれません。仕事になり得るほどの実務や、有益になることに情熱を注ぐことが趣味と言えるでしょう。経済観念はしっかりしていて、無駄を嫌い、商才にも長けています。仕事が趣味にもなりやすいです。

金星が

魚座

優しさが循環する癒やしに関する趣味

ずば抜けてすぐれている感性を生かせる音楽や自然探索、スピリチュアルなこと、癒やしに関することすべてが一生の趣味になります。金銭的なことには無関心でしょう。植物や動物、鉱石などと意思疎通を測ることで癒やされます。優しさの循環が趣味と言えます。

Q07: 何のためなら自分は頑張れる?

火星は自分の欲求を満たしたり、
目標を達成しようとする行動として現れたりすることを示します。
行動力や意欲が何に向くのかがわかるでしょう。

火星が

自己記録を更新しようとするとき

あふれ出る活力やバイタリティーを備えていて、自分の思ったことや感じたことをそのままダイレクトに行動に移せる人です。どんな分野でも新しく始めることや、開拓していくことに闘志を燃やせます。自己記録を越えようとするときに、すごいパワーが出ます。

火星が

お金や物を手に入れるとき

お金や物質的な物を手に入れることに一生懸命になれる人であり、平和と快適さを求めるためにエネルギーを使います。積極的な行動を取るより、与えられればもらうような、面倒くさがりな一面があります。お金を稼ぐことに一生懸命になりすぎることもあります。

火星が

知識を増やすためにSNSを駆使

知識を増やすことに一生懸命になれる人で、活発で鋭敏、積極的な行動力があります。いつも戦う準備ができていて、ちょっとした言い争いにも強いほうでしょう。車や電車が好きで、移動に困らなかったり、SNSもアカウントをいくつも使いこなせるタイプです。

火星が

家族や仲間との関係を守る

エコロジーに徹したり、家や不動産を手に入れるために頑張れます。何より身近な人、特に家族や家族のように近しい人との関係を守るために努力できる人です。家を心地よく整えるために動き、ガーデニングや家のリフォーム、DIYのセンスがかなり良いでしょう。

火星が

冒険など心躍ることをする

人生を楽しむために何事にもチャレンジしていく……それがバイタリティーの源でしょう。それゆえドラマティックな生き方になることも。自分を良く見せることにかけては天才的。冒険的な娯楽に熱中し、自分の行動力に誇りをもっているので、恋愛も積極的でしょう。

火星が

やりがいのある仕事をこなすとき

仕事や与えられた義務、役割を頑張れる人で、何事も完璧にこなそうとします。肉体労働や、ハードな仕事をこなすためのバイタリティーももっています。のんびりダラダラするより、ある程度の忙しさがあり、やりがいのある仕事をこなすことが喜びになるでしょう。

別冊P1に記入した自分のホロスコープを見て［火星のハウス］を確認。

例：Mさんの場合は9ハウス。

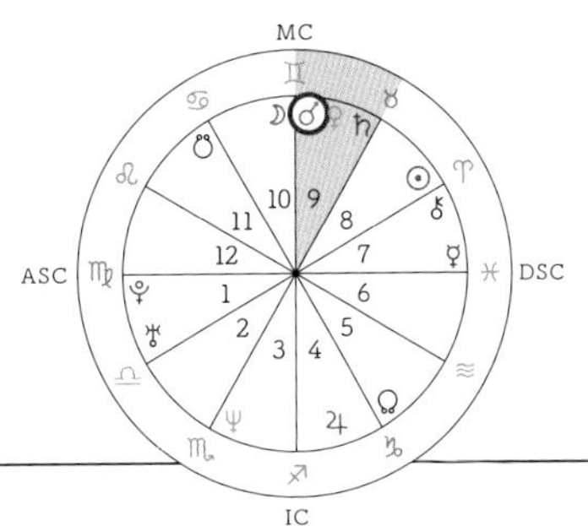

火星が

ハウス

人のために何かを行うとき

物事の両面を見て判断することができ、平等のために努力できる人です。人間関係を大切にするので、人のために常に何かをしているでしょう。平和と調和、1対1の関係を強く求め、長く関係を続けようとします。自分から絶縁するのは苦手です。

火星が

ハウス

物事を最後までやり通すとき

何かに取りつかれているような激しいエネルギーを秘めており、物事を最後までやり通す力があります。信頼を築くために努力できる人でしょう。調査することが得意で秘密を守るタイプです。普段はおとなしくても、とても激しい怒り方をするのが特徴です。

火星が

ハウス

チャンスに向かって挑戦していくとき

正直で正義心が強く、争うときも周りの人のために戦う改革運動者のようです。スポーツが好きで活動的、チャンスが来たら飛びつくような行動力もあります。また楽しみや精神的向上を追い求め、自分のしていることに自信をもち、恥ずかしがることもありません。

火星が

ハウス

仕事の成功のためなら努力できる

活動的で仕事に野心をもち、成功のために努力できる人。地位を得ることにも一生懸命です。慎重な面もあり、ブレーキをかけながらアクセルを吹かしているような状態のときも。物事を決定できる立場や、独自の能力を生かして進める仕事で頑張れます。

火星が

ハウス

未来に向けた計画を考えているとき

自由を必要とし、未来に向けた行動ができる人です。社会にとって、またはグループにとって、より良い未来のために一番良い方法を考えて頑張ることができます。突発的すぎる行動で少し風変わりと思われますが、とてもユニークな発想をもち、個性豊かです。

火星が

ハウス

恵まれない人や状況を救う活動をするとき

瞑想やスピリチュアルに関心が高いです。自分の欲のためではなく、恵まれない人や状況のためにエネルギーを発揮します。また芸術や感性を表現することにも一生懸命になれるでしょう。戦うのは苦手で、優しい波動の中で努力し行動していきたいと願っています。

Q08：自分が怒るときの傾向は？

怒りの表れ方も行動力の１つ。行動力を司る火星の星座で見ていきます。怒りのエネルギーは現状を打破するために必要になるときがあり、普段はできないことに挑戦できるかもしれません。

火星が

牡羊座

すぐに顔に出て炎上をとめられない

怒るとすぐに顔に出ます。怒りを表現しないと気がすみません。こそこそ逃げたり、避けられたりすると余計にイライラします。さらにごまかされたら、炎上はとめられないでしょう。牡羊座の人とケンカしたら、瞬時にリングの上でゴングが鳴っている状態です。

火星が

双子座

相手の急所を突く言葉のラリーが始まる

言葉巧みに相手の急所を突いて、言葉のラリーで戦います。理論的な攻めが得意なので、少しでも矛盾点があったら、さらに攻撃するでしょう。不満が溜まったときに、誰かに話を聞いてもらえれば、ガス抜きができてケンカになることは少なくなるでしょう。

火星が

獅子座

自分が悪くても絶対謝らない

怒ったら意見を譲りません！　本当は自分が悪いとわかっていても謝らないでしょう。言葉で謝る代わりに、態度や物で示そうとします。プレゼントを買って「ごめんなさい」を表現します。周りの人が許してくれることに感謝してください。

火星が

牡牛座

頑固になって固く心を閉ざす

怒ると、ムッとはすることはあっても、相手を責め立てたり、言い争ったりはしません。ただ、表面的には穏やかに見えても、自分のペースを乱されたり、やろうと思っていたことを先取りされたりすると、石のように頑固になり、固く心を閉ざしてしまうでしょう。

火星が

蟹座

自分のテリトリーから相手を完全消去する

感情が乱れやすいので、些細なことで口論になることが多いです。本気で怒ると、自分のテリトリーから相手を完全に追い出します。一瞬で身をひるがえして、思い出の物も全部捨てます。子どもやペットを仲介役にすると良いでしょう。

火星が

乙女座

正論を吐いて相手をやり込める

理論的に攻めます。ケンカすると頭の中で相手への批判がとまらず、怒りや不満でいっぱいに。怒りをエネルギーにして、正論という武器をもって相手をやり込めます。思考をとめるには、身体を動かし、別のことに熱中すると良いでしょう。

別冊P1に記入した
自分のホロスコープを見て
［火星の星座］を確認。

例：Mさんの場合は双子座。

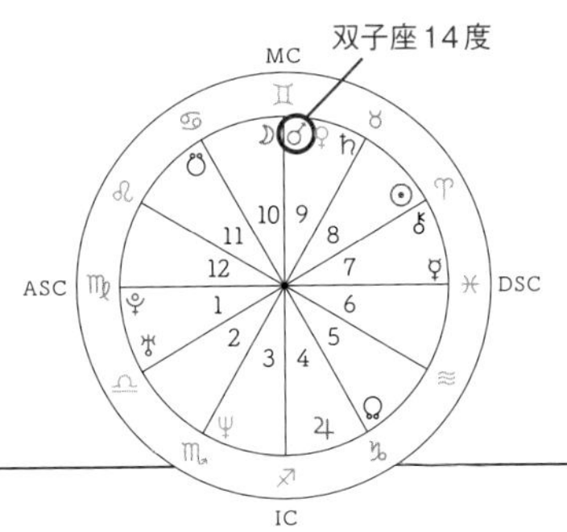

火星が

天秤座
相手の出方を見て対処法を考える

相手の出方を見てから対処するスペシャリスト。平和主義なので、ケンカをしても激しく怒りません。相手が怒ったときは、まずは相手の様子を見るでしょう。普段から相手の意見に合わせるのがうまく、相手の言い分を聞いて、対策を決めるタイプです。

火星が

射手座
納得できるまで相手を許さない

ごまかしや嘘は絶対許しません！　射手座の人は、正直で嘘をつかないので、嫌なものは嫌と言い、相手にも正直さを求めるので納得しないと許してくれません。自分の中に常に正当な理由があるので、曲げてまで相手に合わせることに意味がないと思っています。

火星が

水瓶座
ケンカをしても根にもたない

人は全員価値観が違うと考えているので、意見がぶつかっても受け流します。むしろ怒る人の気持ちが理解できません。怒った場合も「じゃあもういいです」と自分のやりたいことするだけでしょう。謝って欲しいという感覚もなく、根にもちません。

火星が

蠍座
激しく罵倒するか静かに恨み呪う

本気で怒ると怖い人です！　普段何も言わなかったとしても、実は怒りを溜め込んでいて、ピークに達すると爆発。とことん原因を追求して激しく罵倒するか、心の中で呪います。人とのつながりを大事にしているからこそ、怒りの感情が強いのです。

火星が

山羊座
冷静な態度で相手を追及する

冷静すぎて、怒っていても怖い人です！敬語で問い詰めるタイプでしょう。激怒することがあっても、自分の感情が落ち着いてから話そうとします。追求する前に下調べは欠かさず、必要であれば弁護士にも相談して、しかるべき行動を取るでしょう。

火星が

魚座
怒っていても相手に伝わりにくい

怒りが相手に伝わりにくいです。言わなくてもわかってくれるだろうと思って、怒りを伝えないことがあるでしょう。怒りを伝えようとしても言い方が優しく、相手に言いくるめられやすいので、口が立つ友達に代弁してもらうのが良いかもしれません。

Q09：変化を起こしたいとひそかに思っていることは？

どの分野に対して、ユニークな方法で改革していくか、進化していくかが、天王星が入っているハウスでわかります。各ハウスに、個性的な、予期せぬ、普通ではない、自由を求めるということを当てはめて読んでください。

天王星が1ハウス 自分自身をユニークな存在にしたい

社会制度や常識に逆らった生活を好み、ユニークな存在であることを望んで、自分自身に革命を起こし変化したいと願っています。子どもの頃は少し変わった子というイメージをもたれることもあるでしょう。自分のやり方で、自由に自分自身を改革していく人です。

天王星が2ハウス 収入源やお金の遣い方に変化をもたらしたい

金銭に関して想定外の変化を起こしたいと願っています。実際に予想不可能な金運です。アイデア商品が当たり大金持ちになることもあれば、一夜で借金を抱えるかもしれません。お金に関して人とは違う遣い方や収入源をもつ可能性があります。

天王星が3ハウス コミュニケーション法や知性に変化を起こしたい

直観力にすぐれた大変頭の良い人であり、自分の知性やコミュニケーションに変化を起こしたいと願っています。同じ表現でも常に未来を見ているような考え方で、個性的な文章の書き方をします。現実離れした発想や行動で、無計画な旅行を繰り返す場合も。

天王星が4ハウス 家族の在り方に変化をもたらしたい

家族関係に変化を起こし、新しい家族の在り方を作りたいと思っています。平和で浮き沈みのない環境は落ち着かないようです。変わった家族のもとで育った可能性が高く、本来は心が休まる場所の家庭が、逆に疲れる場所だったのかもしれません。

天王星が5ハウス 人生の喜びに変化をもたらしたい

「人生の喜び」を奇想天外に変えていきたいと願い、かなり変わった恋愛をする可能性が高いでしょう。誰と恋愛しても自由という考え方から、モラルに欠ける経験もあるかもしれません。人の目を気にせず、自分の思いのままに喜びを表現してきます。

天王星が6ハウス 毎日の仕事をユニークにしたい

安定した労働形態に落ち着くことが難しく、特殊技能を生かした仕事など、毎日の仕事に対してユニークな変化を求めます。最新の技術の仕事、コンピューターなど専門的な技術を生かして、チームではなく、1人で自由に行える変化に富んだ仕事に向くでしょう。

別冊P1に記入した
自分のホロスコープを見て
[天王星のハウス]を確認。

例：Mさんの場合は1ハウス。

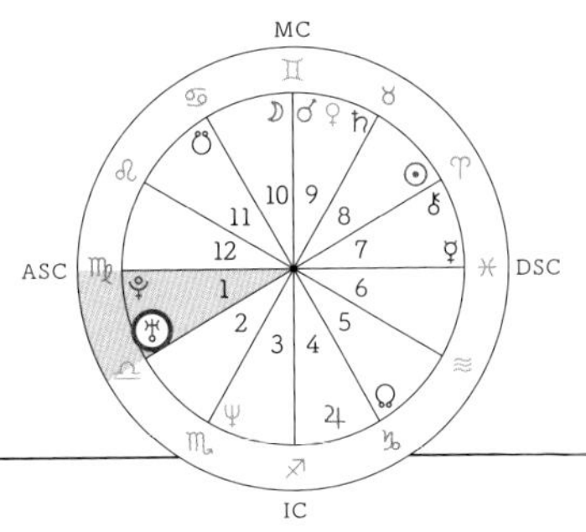

天王星が

ハウス
人生で出会う人を
非凡にしたい

人間関係を常に変化させたい人です。そのため、周囲には風変わりな人や頭の良い人が多くなります。常識に当てはまらない関係性を期待するので、電撃結婚も抵抗もないでしょう。しかし自由が重要で平等思考があるため結婚にはあまり向きません。

天王星が

ハウス
人生すべてに
変化をもたらしたい

無意識に、目には見えないことの変化を望んでいるかもしれません。スピリチュアルな視点による人生の変化や、誰かと深く関わって一体になりたいとひそかに考えているでしょう。現実的には、遺産問題などで突発的な変化が起こる可能性があります。

天王星が

ハウス
精神の可能性に
変化をもたらしたい

精神的な可能性を常に追い求め、意識の変化を起こしていきたいとひそかに思っています。高度な学問や教育制度に対して、自由に取り組み、一度辞めた学校に再入学したり、子育てが落ち着いたときに改めて大学に入学したりする人もいるでしょう。

天王星が

ハウス
人生の到達点に
変化を起こしたい

人生は平凡ではなく、変わった影響を受け、変化を起こしたいと願っています。職を変えることに恐れがなく、夢をもって次の仕事へ移れる人です。いろいろな経験をして思いがけず成功者になったり、逆に突然事業に失敗したりする可能性があります。

天王星が

ハウス
出会う人たちとの関係に
変化を起こしたい

人生で出会う人たちとの関係に変化を起こしたいと思っている人です。ユニークな人たちとの関わりが強く、特殊な団体に入り、仲間の影響で人生が一変することがあります。博愛主義で血縁関係よりも友人を優先しやすく、変わった友人を選ぶ傾向もあります。

天王星が

ハウス
自らの無意識に
変化を起こしたい

「自由を通しての進化」を望み、改革できる人です。スピリチュアルなこと、神秘的で変わったことが好きで、瞑想、ヨガなどに積極的に関わるでしょう。自分の内側（無意識）にある自由で大胆でありたいと思う願望を、自ら抑えている可能性があります。

Q10：つい許してしまうことは？

海王星は犠牲的な面をつかさどります。気づかないうちに犠牲的になっていたり、慈愛に満ちた理想を掲げていることを示すのです。海王星の入っているハウスに関連して起こると解釈しましょう。

海王星が

ハウス

現実逃避しやすい自分を許してしまう

自分に甘くなりがち。とても繊細で敏感な身体なので、不摂生な環境にあると健康が不安定になりがち。空想的で夢見がちなので、現実問題に直面できず現実逃避しやすい傾向もありますが、その素晴らしい感性を人生で存分に経験したいと願っている人です。

海王星が

ハウス

金銭感覚の甘さを許してしまう

お金のいざこざに無頓着になりがちです。収入源があいまいで、金銭感覚が甘い傾向があります。インスピレーションを生かした仕事や、芸術、音楽、ヒーリングなどでお金を稼いだり、管理することも可能。自分の価値を自分で認めにくい傾向もあるでしょう。

海王星が

ハウス

あいまいな理解力を許してしまう

理解できなくてもわかった振りをしがちです。幼少期はぼんやりして学力や才能の方向性が不明瞭かもしれませんが、人の意思を霊感で感じ取れるため、アイデアを生かした素晴らしいライターとなる可能が。また、兄弟、隣人に対して犠牲的精神をもつ場合も。

海王星が

ハウス

家庭問題を解決しない心を許してしまう

家族間の問題を見て見ぬ振りしてしまうかもしれません。小さい頃の家庭環境において、自分が犠牲になるような厳しい状況や、秘密を抱えた環境の可能性も。父親か母親が強い霊感をもっていたり、芸術関係や海や水に関した仕事をしている場合もあります。

海王星が

ハウス

子ども、恋愛のことは何でも許してしまう

子どもや恋愛においてつい許してしまうかもしれません。子どものためなら何でもする犠牲的精神をもち、恋愛に没頭して他のことを放り出してしまう傾向があるかもしれません。良い影響になると、イマジネーションを働かせて創造していく素晴らしい力に。

海王星が

ハウス

ダラダラ生活を許してしまう

日常生活においてダラダラを許してしまいがちです。健康運が繊細で、調子の悪い人のエネルギーを無意識にもらってしまい、原因不明の病気になることがあります。良い影響としては奉仕活動で、相手のことを大切にする愛ある行動ができる人となります。

別冊P1に記入した
自分のホロスコープを見て
[海王星のハウス] を確認。

例：Mさんの場合は3ハウス。

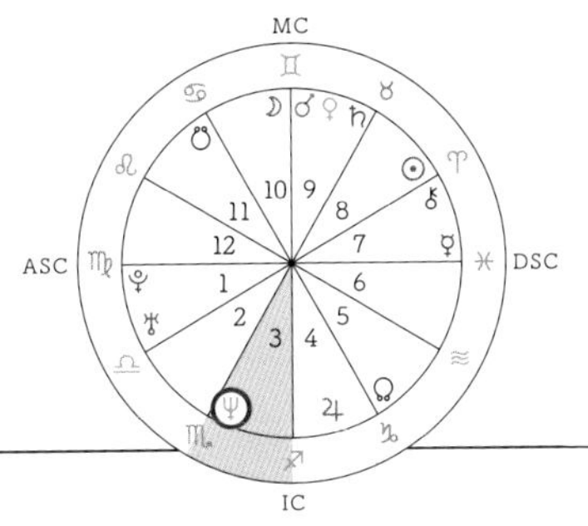

海王星が

ハウス
相手を理想化する
心を許してしまう

結婚や配偶者に対して理想を抱きすぎる傾向にあります。結婚がすべてのように考え、相手を理想化してしまい、現実にぶつかったときに、相手のせいにしたくなりそう。あるいは、とても優しい人、芸術家、ミュージシャン、ヒーラーなどがパートナーになる場合も。

海王星が

ハウス
自己都合な解釈をする
心を許してしまう

自分自身が周りにどのように判断されているかを認識しにくく、間違った解釈をしがちです。配偶者やビジネスパートナーなど、信頼関係においては注意が必要です。または、霊感やイマジネーションを駆使して成功することも。おまじないやマジックにはまる場合も。

海王星が

ハウス
依存しやすい気持ちを
許してしまう

神秘的なものや霊的な要素の強い宗教に引かれる傾向があるので、依存し、だまされないよう注意が必要です。海外旅行、クルーズや海に囲まれた島の旅行を好み、神聖な場所へ好んでいくなどして、スピリチュアルな成長に夢を託すこともあるでしょう。

海王星が

ハウス
偉い人の意見に同調する
心を許してしまう

上司の意見をうのみにしやすいかもしれません。キャリアに対する理想化や混乱があり、自分の適職を認識しにくくなります。積極的に芸術やヒーリングなどを取り入れ、形や立場にとらわれずに、精神的な満足を追求すると、結果的に仕事として続けやすいでしょう。

海王星が

ハウス
相手に期待しすぎる
心を許してしまう

違和感をもっていても周囲の常識を許しがちです。友人に対して献身的で強い同情心がありますが、相手に期待や理想化しすぎて利用されたり、裏切られたように感じたりすることがあるかもしれません。自らを犠牲にしても、周りのために行動を起こせる人です。

海王星が

ハウス
敏感な自分の状況を
許してしまう

とても繊細で他人のエネルギーに敏感です。無意識に周囲のエネルギーの影響を受けるので疲れやすく、霊的にも憑依されやすい傾向。繊細すぎてお酒や薬物に逃避しやすいので、現実的になり、しっかりした意志で地に足をつけることが重要です。

Q11: 先祖から引き継いだものは?

**冥王星がどのハウスに入っているのかによって、
どんな力を祖先から受け継いでいるのかがわかります。
その力によって、大改革を起こすことができるのです。**

冥王星が1ハウス　困難を乗り越える強いエネルギー

小さい頃に困難なことを乗り越えてきたタフな人です。孤独感をもつ人も。強いエネルギーを先祖から受け継いでいます。人生のどこかで行動パターンが大きく変わります。病気や家庭、結婚、仕事に関連して、生き方が 180 度変わる体験をするでしょう。

冥王星が3ハウス　深く徹底的に調べられる知性

表面的なことだけでなく、その裏に隠された奥深いことを徹底的に調べられる知性を引き継いでいる頭の良い人です。自分のことはオープンにしないで秘密主義的なところもあります。自分の考えや、コミュニケーション、兄弟において、大改革を起こせる人です。

冥王星が5ハウス　人生を豊かに創造するための徹底した力

人生をクリエイトするときに徹底した力を先祖から引き継いでいます。子ども、恋愛に対して自分がパワーをもち、相手をコントロールするような激しいエネルギーをもっています。オカルトやセックス、死に関したことを自分の趣味として楽しむという意味もあります。

冥王星が2ハウス　お金に対するカルマや財産を増やす能力

物への執着力が強く、お金や物資を得るために、何が何でもがむしゃらになる傾向があります。財産を増やす能力があり、巨万の富を持つ場合も。先祖から金銭に対するカルマを引き継いでいるでしょう。本物を見る目を養うことで自分に大改革を起こせます。

冥王星が4ハウス　自由や権利を抑えられる家庭環境

母親、父親のどちらかが圧倒的に権力をもっている可能性があります。争いが絶えなかったり、家族1人ひとりの自由や権利が抑えられた家庭環境で育っているかもしれません。そういった家庭に生まれたこと自体、先祖から引き継いだ命で、お役目なのでしょう。

冥王星が6ハウス　日課を調整してうまくこなせる力

日常をコントロールする力を引き継いでいます。我を忘れて仕事に没頭するワーカホリックになりやすいタイプですが、自分の生活を管理することに長けています。精神分析、非常事態に関わる仕事、リサイクルに関連する仕事に向いており、才能を発揮するでしょう。

別冊P1に記入した
自分のホロスコープを見て
［冥王星のハウス］を確認。

例：Mさんの場合は1ハウス。

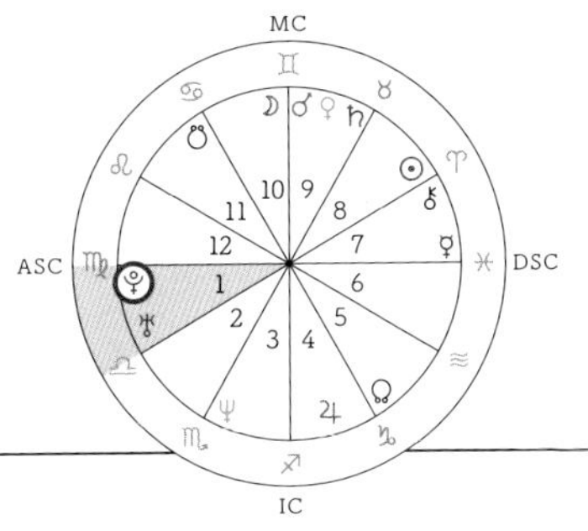

冥王星が

ハウス

強力な人間関係をコントロールする力

惹きつけられる縁のカルマを先祖から引き継いでいます。結婚や１対１の人間関係において、人生が大きく変わる人です。パートナーが権力者や政治家など、力をもっている場合もあるでしょう。人間関係のコントロールの仕方を学ぶチャンスが与えられています。

冥王星が

ハウス

思想や哲学などを掌握する高い精神性

先祖から高い精神性を引き継いでいます。思想や精神性をコントロールしたい無意識の欲求があります。そのため魔術や心霊術に強く興味をもって研究し、スピリチュアルリーダー、グルとなる可能性も。海外へ行くことで人生が変わり、そのまま生涯を終えることも。

冥王星が

ハウス

リーダーとして集団を改革していく力

先祖から改革の力を引き継いでいます。グループや友人関係の中で自分が優位な立場にいたいと思い、無意識にコントロールしがちです。良く影響すると、皆の意見をまとめて、リーダーシップを発揮し、自分の目標に突き進む素晴らしいエネルギーをもっています。

冥王星が

ハウス

周囲を味方につけるためのパワー

先祖からの受け継いだ力や霊的な能力をもつ人も多く、チャネラーの素質をもつなど、見えない世界に対して新たな扉を開く可能性のある人です。評価されることに関して人一倍興味があり、自分の味方につけるように無意識で自分のパワーを発揮する傾向もあります。

冥王星が

ハウス

組織の上に立ち社会を築いていく力

社会を築いていく力を先祖から受け継いでいます。社会において自分がコントロールする側の立場に立ちたいと無意識に思い、取りつかれたように仕事に没頭する人です。望む地位が手に入るまで一生懸命エネルギーを注ぐため、敵ができるかもしれません。

冥王星が

ハウス

権力をもっていた過去世での経験

過去世での経験を今回の人生にかなり生かせる人です。過去世において権力をもっていたため、無意識に自分は権力をもたないといけないと思っている可能性もあります。スピリチュアルなこと、瞑想や夢判断、精神的なことに焦点を当てて没頭できるタイプです。

Q12: 自分が求めている人生のゴールは?

私たちは生まれたときから、人生のゴールへ向かって成長しています。どのような世界で生きたいと願っているのか、ここではMC(10ハウスのカスプ星座)でその傾向を見てみましょう。

10ハウスのカスプが

牡羊座

自分の手で一番の座を獲得したい

自らの手で社会を切り開きたいと思っています。与えられた環境ではなく、望む環境を勝ち取りたいというガッツがあります。自分のバイタリティーを社会を通して感じたいのです。成功達成の願望も強いので、一番の座を獲得することを常に念頭に置きます。

10ハウスのカスプが

双子座

知識や可能性を生かしたい

コミュニケーションを生かして人と関わりたいと思っています。他人と関わりながら自分の知識と可能性を生かしたいのです。1つの世界だけでなく、誰かの架け橋になったり知的好奇心を満たしたりしながら、知る喜び、変化していく喜びを感じたいのです。

10ハウスのカスプが

獅子座

可能性を華やかに表現して生きたい

表に立って注目を浴びるような華やかな世界を求めています。目立つ仕事、タレント的な仕事、人の上に立って責任を果たす仕事を、自らの才能を生かして行いたいのです。世界に向け、自分の可能性を花火のように派手に打ち上げる生き方を望みます。

10ハウスのカスプが

牡牛座

五感を満足させる世界を感じたい

平和で穏やかな美しい世界を求めています。安定した社会の中で、豊かに生きたいと思っているのです。人の優しさや愛情、豊かな食べ物、心地よい寝具や家具など、環境すべてにおいて自分の五感を満足させる状況にして、この世界を感じたいのです。

10ハウスのカスプが

蟹座

家族、仲間との関係を豊かにしたい

家族との関わり、母性を大切に生きていきたいと思っています。人生において関わる人は一期一会であり、変化に富んでいるからこそいとおしいことを知っています。今回縁があって関わっている人たち、特に家族との関係を豊かにしていくことを望んでいます。

10ハウスのカスプが

乙女座

頭脳を生かし自分を認めて生きたい

きちんとした義務を果たす社会を望んでいます。知的で精密なことに携わり、自らの頭脳を生かして、与えられた役割をこなすことで自分を認めて生きたい人です。皆がそれぞれに役割を果たすことで、物事が循環していく環境で、自分を十分に生かしたいのです。

別冊P1に記入した自分のホロスコープを見て［10ハウスのカスプの星座］を確認。

例：Mさんの場合は双子座。

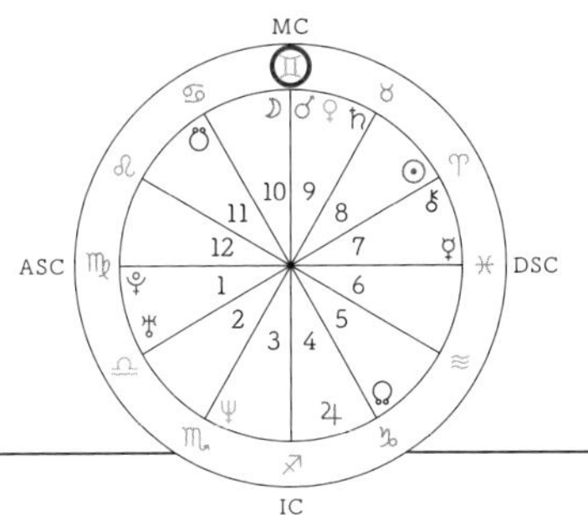

10ハウスのカスプが

天秤座

愛や優しさであふれる美しい世界で生きたい

華やかで優雅な社会で生きていきたいと願っています。芸術、美的センス、社交性を生かしながら、この世は美しいということを感じたいのです。自分も世界も愛にあふれ、優しさや美しい物で調和が取れている……そんな世界で生きていきたいと願っています。

10ハウスのカスプが

射手座

自由で解放的な社会を作りたい

自由で解放的な世界を自らで作っていきたいと思っています。楽観的で発展的な社会を望み、国の隔たりや性別、年齢も関係ない、自由で解放された理想的な世界を体感したいのです。そのために必要な知識を遠い世界にまで足を運んで経験します。

10ハウスのカスプが

水瓶座

自由で改革的な社会で自らを進化させたい

独立精神があり、自由で改革的な社会を望んでいます。すべての人が平等で個人個人が幸せでいられる社会で生きていきたいのです。これまでの時代を覆すような最先端の仕事や技術を取り入れ、自分自身を進化させて生きていきたいと願っている魂です。

10ハウスのカスプが

蠍座

物事の裏側までを知り尽くしたい

物事の裏側を探るような、目に見えない力を生かした世界で生きることを求めています。見せかけやごまかしの形ではなく、リアルで真っ当な世界観をもっています。この世界が陰陽でできていることを理解し、そのどちらもが正しい姿であることを知っています。

10ハウスのカスプが

山羊座

能力を生かして社会に貢献したい

堅実で公務的な組織社会で役割を果たすこと、指導者として活動することを願っています。組織化することが得意で、教えること、研究的なこと、伝統的なことなど自らが得意とする分野、得意な能力を生かして、世界に秩序をもたらし、貢献したいのです。

10ハウスのカスプが

魚座

魂の喜ぶ体験で世界に貢献したい

現実世界でのエゴの欲求をあまりもっていません。波動を高めていくこと、精神的な目覚め、魂の喜ぶことを体験していくことで、この世界に貢献したいと願っています。現実的な損得の話になると、自分が何を求めているのかわかりにくくなるでしょう。

「本当の自分」を知る鍵は過去世にある

占星術にもさまざまな系統はありますが、
輪廻を前提とした考え方はめずらしくありません。
魂は輪廻を繰り返していると仮定してみると、
今、この瞬間を生きている私たちの人生の答えが
見つかるような気がします。

「どうして私は○○なんだろう」と諦めたくなることや、
なぜか自分の人生で似ている問題が繰り返し起こり、
「私の人生はもう変えられないの？」と
感じることもあるでしょう。

自分の「過去世の癖」を知ることで、人生の解決方法や
生きやすくなるヒントが見つかることがあります。
「過去世」に引っ張られる必要はありません。
ただ「認識」することで、安心して
今の自分を生きることができるのです。
心地よく過ごせるヒントになれば幸いです。

Q01: 現世に影響を与えている過去世の雰囲気は？

12ハウスは生まれてくる前の世界である過去世を表します。現世において、過去世で背負ってきたカルマを解消するためにあえて厳しい状況を選んでいる場合があるかもしれません。

12ハウスのカスプが

牡羊座

チャレンジ精神旺盛な強いリーダー

常に生きることに必死な人生でした。受け身でいるより能動的で積極的でいることが多く、競争意識の強い世界に身を置いていた経験があるでしょう。戦うことで命を守っている記憶があるかもしれません。チャレンジ精神旺盛な、リーダーだったのかもしれません。

12ハウスのカスプが

双子座

あちこちを渡り歩く話上手な商人

移動の多い生活でした。商いや教育など人と関わり情報のやりとりをするのが常で、人間関係も多く、出会いや別れが多かったかもしれません。巧みな話術と気遣い、何でも上手にこなす器用さや、柔軟で無邪気な感性から、どこでも人気者だったでしょう。

12ハウスのカスプが

獅子座

カリスマとして君臨する光り輝く指導者

責任ある立場で、リーダーシップを発揮してきた雰囲気です。弱い者を助けたり育てたりしながら表に出て活動している雰囲気です。自信につながる経験値がありそうです。気がつくと集団の中心にいる、目立つ存在になるのなら、それは過去世の影響でしょう。

12ハウスのカスプが

牡牛座

恵まれた環境で過ごす裕福な地域の長

心地よい空間での記憶があり、比較的恵まれた生活環境で暮らしていたのでしょう。奪い合うのではなく、豊富な食べ物を維持していく安定した暮らしをしていた雰囲気があります。落ち着いた態度や行動で、周囲から信頼を寄せられていました。

12ハウスのカスプが

蟹座

いにしえの王国に従事する堅実な執事

家族や部族など一定の組織の中で過ごしていたようです。常に誰かと一緒で感情を周りが満たしてくれるような環境です。愛情豊かに育った分、優しく包容力のある人柄だったことでしょう。記憶力や観察力もすぐれているので、優秀な執事だったかもしれません。

12ハウスのカスプが

乙女座

厳格な集団内の秩序を保つ司令官

ある集団に属し、厳しい規則をこなしてこそ与えられる安全を得ていたかもしれません。枠を超えることはタブーであり、日常を整え、健康管理を行う役目を担っていたかもしれません。秩序を乱すものが許せないのは、過去世から受け継いでいるでしょう。

別冊P1に記入した
自分のホロスコープを見て
［12ハウスのカスプの星座］を確認。

例：Mさんの場合は獅子座。

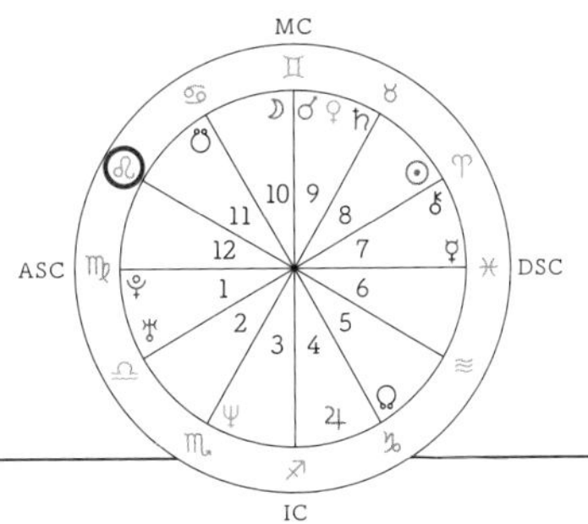

12ハウスのカスプが

天秤座

美に取り囲まれて優雅に過ごす貴婦人

他人との関係が平和で、愛情を感じられ、調和に満ちた世界観の中で過ごしていたでしょう。いざというときに助けてくれる人との縁を、過去でつないできているようです。感情論にもち込まれて言い争いから逃げたくなるときは、過去世の力が働いているでしょう。

12ハウスのカスプが

射手座

夢を追って世界を旅する冒険家

放浪しながら真実を探求する旅人のイメージです。同じ場所にはとどまらず、常に新天地を探して移動しながら生きる術を身につけていたでしょう。縛られたくない、細かいことを言われたくないと感じるなら、冒険家だった過去世の影響かもしれません。

12ハウスのカスプが

水瓶座

新たな社会を築くため集団を率いる改革者

時代を変える改革者の団体に所属していたかもしれません。または研究することで新しい世界を見出す、時代の先端を行く人物の可能性も。マイペースな自由人の雰囲気があるのなら、客観的な視点をもち、固定概念を嫌った過去世の影響かもしれません。

12ハウスのカスプが

蠍座

社会から身を隠し孤高に生きる老師

自分の身を隠しながら過ごさなければならなかった理由があるかもしれません。表立った活動ではなく、裏の立場の方が力を安心して発揮しやすいような世界観です。いい加減な態度が許せない、弱音を吐きにくいのは、過去世の世界観が影響しているでしょう。

12ハウスのカスプが

山羊座

努力の末に成功を手にした起業家

厳しい役割や義務をこなすことで、大きな組織や国の保護を受けていたようです。絶対的権威者の世界観の中で、努力を重ね高い地位を得たのかもしれません。真面目で落ち着きがあるように見られるなら、過去世の世界観がにじみ出ているからでしょう。

12ハウスのカスプが

魚座

多くの人を癒やしてきたカリスマヒーラー

自然とともに生きている世界観です。または自分が何者かわからず、馴染みすぎて環境の一部と化し、いわゆるエゴが消滅している状態で過ごした期間が長いかもしれません。ロマンティストで甘えん坊を自覚するなら、過去世の影響を受け継いでいるでしょう。

Q02：過去世から影響を受けている恋愛の癖は？

カルマを示すドラゴンテイルのハウスから過去世の恋愛を探ります。それが現世での恋愛にどのように影響を与えているのでしょうか？

ドラゴンテイルが

ハウス

単独行動が多く シェアする感覚が薄い

過去世の愛情面で、1人で決断し、行動せざるを得ない状況だったのかもしれません。感情を人に共有する機会があまりなかったためか、現世でも自分のことを話さず1人を好むため、相手から「自分のことを本当に好きなのかな」と疑われやすいでしょう。

ドラゴンテイルが

ハウス

所有欲が強く 人をお金で判断しがち

過去世において財産や食べ物という所有物、価値観などを強く保持している恋愛でした。そのため現世も、相手がどれだけ必要な物を与えてくれるか、価値観を認めてくれるかということが気になります。相手の収入にこだわるのは過去世の癖かもしれません。

ドラゴンテイルが

ハウス

交流スキルを磨ける 知的な相手を好む

過去世の恋愛でコミュニケーション能力が鍛えられ、流動的に変化していました。そのため現世の恋愛でも、相手と一緒に変わっていくことを楽しみます。柔軟に対応できる自分の能力を生かせるような会話が弾む人や、知性の高い人に惹かれるでしょう。

ドラゴンテイルが

ハウス

家庭環境の影響が強く 精神的な安定が重要

家同士のつながり以外とは縁がなかった様子。現世でも、出身地が同じ人や、家族が認めてくれる人を探そうとするでしょう。精神的な安定や情緒的なつながりをもっとも大事にします。恋愛に発展する前から、一緒に家庭を築けるかが気になるようです。

ドラゴンテイルが

ハウス

楽しい恋愛の経験から 特別に扱われないと不安

過去世では、恋愛を大いに楽しみ、人の注目を集めた経験があるでしょう。現世においても記念日やプレゼントは必須です。ちやほやされ、大切に扱われているという感覚がないと不安になってしまうかも。サプライズ好きなところも過去世による癖かもしれませんね。

ドラゴンテイルが

ハウス

尽くすことは当たり前 職場で恋に落ちやすい

日常の義務を果たしてこそ生きていける状況だった過去世により、「愛しているなら尽くすのが当然」という感覚かもしれません。健康意識も強く、心身をケアし合える関係を好みます。職場や学校など毎日会える環境で恋愛に発展していくことが多いでしょう。

別冊P1に記入した自分のホロスコープを見て［ドラゴンテイルのハウス］を確認。

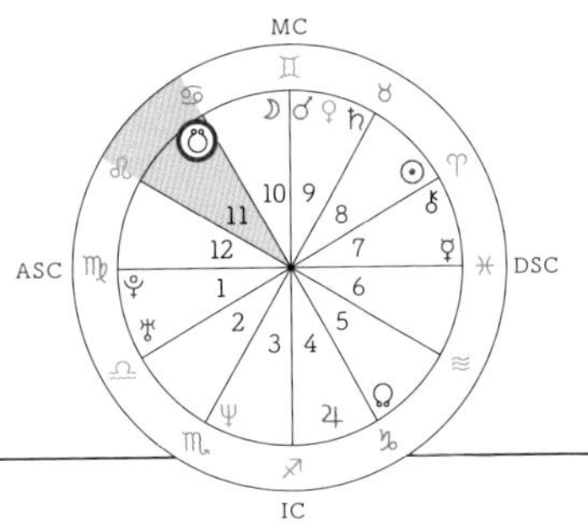

例：Mさんの場合は11ハウス。

ドラゴンテイルが

自分よりも相手を優先し要望を満たそうとする

相手に尽くし、協力することを惜しまなかった過去世によって、現世でも相手のニーズに無自覚に応える癖があります。相手を優先することに喜びを感じるでしょう。相手が不機嫌だと「自分のせいだ」と不安に陥りがちに。その半面、平等にこだわります。

ドラゴンテイルが

性的な結びつきによって愛し愛されることを学ぶ

娼婦のように生きた過去世があるかも。お互いを認め合い、理解するために、性行為が必要不可欠です。性に苦手意識を抱くかもしれませんが、人を信頼することを学んでいます。「愛され愛すること」がもっとも重要で常にパートナーを求めるでしょう。

ドラゴンテイルが

尊敬できる相手と精神的な繋がりを求める

宗教など哲学意識を高くもち、旅をしながら生き、その中で尊敬する人を愛した過去世があるでしょう。現世においても遠距離恋愛をする可能性が高く、肉体よりも精神的な繋がりを重視します。年上の尊敬する人に惹かれて、嘘偽りのない関係を求めるでしょう。

ドラゴンテイルが

相手の社会的地位に現世はとらわれない

過去世において師弟関係のような状況があったかもしれません。社会的地位の高い人を支えることで芽生えた愛があったでしょう。個人的な感情よりも社会的な役割を通しての恋愛だったため、現世は自分の感情を優先できる人を求めるかもしれません。

ドラゴンテイルが

周囲の人が気になり甘い雰囲気になりにくい

過去世では、同じ志をもつ仲間や、友達関係の中で愛が芽生えました。周囲に知り合いがたくさんいる状態で、なかなか2人きりの甘いムードを楽しむ機会が少なかったのでしょう。現世では、友達以上恋人未満のような関係になりやすい傾向があります。

ドラゴンテイルが

特殊な感受性で理屈ではなく直感で選ぶ

過去世において、恋愛に限らず重要な関係性を築いています。特殊な環境で霊的な感受性を磨いているため、現世でも直感で縁がある人がわかるでしょう。いわゆるソウルメイトのように、過去世で何度も会っている人とまた会いたいと願っているのです。

Q03: 生まれる前の記憶による人生の課題は?

私たちの魂には、生まれる前の記憶が刻み込まれています。土星の入っているハウスによって、どの分野に対して無意識の不安をもっていて、克服すべきなのかがわかるでしょう。

土星が

自分に自信をもって劣等感から抜け出す

容姿にコンプレックスをもっていたり、周りから愛され注目してもらうには人の何倍も頑張らなくてはいけないと思い込んでいたりするかも。酷いことをされてもそれを受け入れるべきと思ってしまう傾向もあります。それに気づき自分で抜け出すのが成長の証です。

土星が

物質を失う恐れを捨て自己感覚を肯定する

物質的なことに対する恐れ、不安があり、自分の感覚、価値を信じにくく、それが今世では金銭に関するカルマとして現れがちです。まず自分の感じていることが正しいのかどうか、誰かの承認を得ることなしに、自分で認めることから始めてください。

土星が

言葉や教育に対する恐れを取り除く

幼少の頃は教育環境に恵まれないことや、兄弟との関係において問題がある場合があります。自分の言葉に責任を感じてしまうので、スピーチなどに恐れをもつ傾向も見られます。時間をかけ誠実に向き合うことでそれらを強みに変えていくことができます。

土星が

幼少期の家庭環境のトラウマから脱出

幼少期にしつけの厳しい環境にあったり、居心地の良くない家であった可能性があります。無意識のうちにある、心の安定は簡単に得られないという恐れの克服がカルマの解消につながります。健康面では胸や胃や乳がん、暴飲暴食に注意が必要。

土星が

自己表現を否定せず人生の楽しみを味わう

ギャンブル、子どもの成長、自己表現に恐れがあり、自ら進んで告白するなどは苦手。旅行や娯楽は心の底から楽しめないかもしれません。しかし、生きること自体が自己表現です。自分を否定していると心臓や背中、脊髄などに問題が出る場合も。

土星が

完璧主義から脱出し肩の力を抜いて仕事する

毎日の仕事に心配や不安、葛藤がつきまといやすいです。不安ゆえに、完璧にやり遂げようとしますが、ストレスから病気が長引いたり、ワーカホリックになることも。今していることはすべて自分のためと思い、取り組むと毎日が過ごしやすくなります。

別冊P1に記入した自分のホロスコープを見て［土星のハウスの星座］を確認。

例：Mさんの場合は9ハウス。

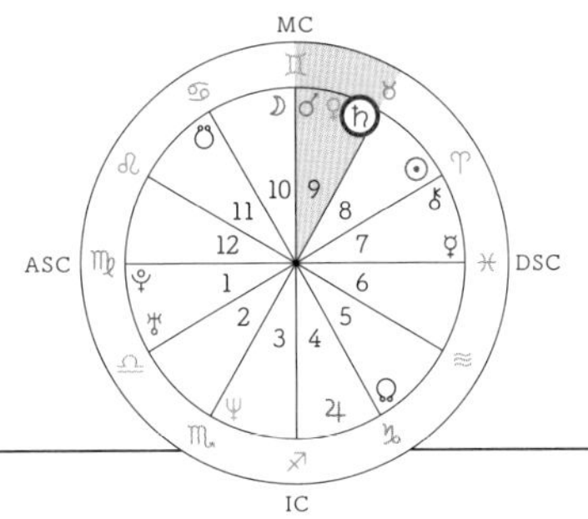

土星が7ハウス パートナーに心を開き甘えることを学ぶ

1対1の人間関係において漠然とした不安があるため、誰かと契約したり、結婚生活に漠然とした不安感があります。晩婚になりやすく、真面目で誠実、年上で地位のある人と縁があります。自分が心を開くこと、甘えることを許すための学びかもしれません。

土星が8ハウス パートナーを信じてともに活動していく

他の人と一体になることに何かしらの不安をもっているので、結婚相手やビジネスパートナーのお金に問題があるような状況を、深層心理で作っているかもしれません。このハウスに土星をもっている人は、他の人を信じることを学び、魂を成長させたいのでしょう。

土星が9ハウス 好奇心をもって自分の可能性を伸ばす

自分の可能性を信じ、遠くへ旅立つことに恐れや後ろめたさを感じやすいかもしれません。精神性や志が高く、高度な学問を取り入れて人生を進めることに何らかの障害を感じるケースもあるでしょう。すべてが学びであると自覚することで自信が生まれるでしょう。

土星が10ハウス 高い目標を掲げ自分の力を試す

仕事やその環境に対して不満やストレスを感じやすく、成功しても不安があり、権威者に不信感や恐れをもっています。ストレスを感じると皮膚や髪、骨、歯、アトピーなどに出やすいので注意。権力者を頼らず自分の力を試したいというたくましい課題をもっています。

土星が11ハウス 集団の中で夢を達成していく

いざとなれば人を助ける頼りになる人です。本当の自由を学ぶため、団体行動が苦手だったり、学校生活でいじめなどの厳しい経験をしたりする人も。人生に夢を抱き、目標を達成することを難しくとらえがちですが、その達成が、カルマの解消につながります。

土星が12ハウス 責任のある地位を経験し罪の意識を解消する

スピリチュアルなことや目に見えないことに対しての不信感、恐れがあります。無意識に自分に対して罪の意識をもち、占いや癒やしに頼ることや人のために自分を犠牲にすることも。あえて苦手な重大な決定を下す地位を経験すると、背負ったカルマを解消できます。

Q04：輪廻を繰り返して培ってきた現世の恩恵とは？

**木星は発展と繁栄を表す星です。
魂の成長に役立つ経験を過去世から引き継ぎ、
現世にどう生かせるかを見ることができます。**

木星が

1 ハウス

恵まれた環境で過ごし 早い時期に成功しやすい

過去世において何度も徳を積んできた成果が、今世に現れているようです。比較的人生は恵まれている環境にあり、自信のある、積極的で、ユーモアセンスのある楽しい人。人生の早い時期に成功する可能性があります。周囲から人気を得やすいでしょう。

木星が

2 ハウス

物質的に恵まれて育ち 感覚に自信をもてる

物質的に恵まれていて困ることが少ないでしょう。お金持ちとは限りませんが、過去世から引き継いだ自分の感覚に自信があり、生まれた環境も楽観的で、明るい見通しをもった人です。浪費が激しい可能性もありますが、金銭的な発展運があります。

木星が

3 ハウス

人とうまく関われ 知性に運を生かせる

人との関わりに自信をもっています。会話やショートストーリーを書くのがうまく、聞き役も得意です。隣人や兄弟、旅行運にも恵まれています。情報に敏感で、好奇心が強く、知識を得ることで発展があります。要するに知性において過去世の運を生かせるのです。

木星が

4 ハウス

ルーツに誇りをもち プラス思考でいられる

生まれた家に恵まれており、精神的にも不自由しない環境であったため、無意識でプラス思考の人が多いです。大家族であったり、自分のルーツや伝統に誇りをもつでしょう。不動産、インテリア、家に関すること、家の中で行われることなどに発展運があります。

木星が

5 ハウス

プライドをもち 自己表現に運を生かせる

自分のイメージを作り上げることのできる人です。表現が得意で、自分に誇りをもっており、正々堂々としています。自己表現や恋愛、他人の子でも教え育てることに関して発展運があります。素直な良い子に恵まれたり、子どもを持つことでも運が開けます。

木星が

6 ハウス

仲間から信頼を得やすく 仕事を楽しめる

職場の環境に恵まれ、仲間の信頼を得やすいので、会社や同僚とうまくいきます。仕事を楽しみ、自分の役割を果たすことに発展運があります。また整理整頓が得意で、制服を着るような仕事が向いていたり、役割をきちんと果たすことで心が満たされます。

別冊P1に記入した
自分のホロスコープを見て
［木星のハウス］を確認。

例：Mさんの場合は4ハウス。

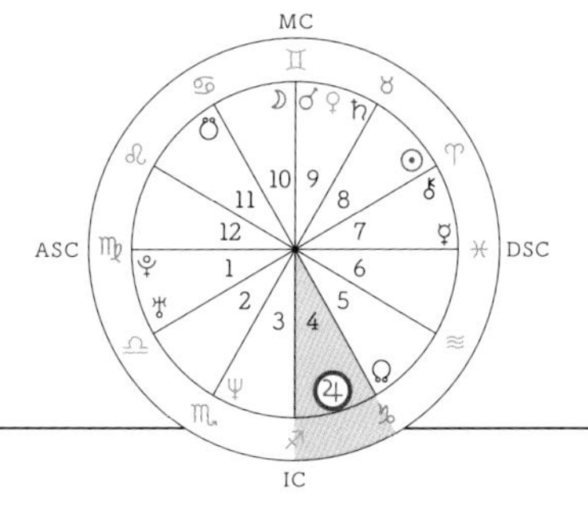

木星が

ハウス

人間関係に恵まれ結婚で幸せになれる

人間関係を通して人生が発展。良い人間関係を築くことに運があり、契約や結婚、友人関係など、1対1の人間関係すべてにおいて恵まれています。結婚後のほうがより幸せを感じ、結婚や重要な契約によって富や名声、幸せを手に入れやすいです。

木星が

ハウス

他人から与えられる物に運がある

他人から与えられる運があります。遺産や保険など、他の人の持っているお金に対して運があります。会社の株や保険金、金融関係との取引もうまくいきやすいです。見えないところでの恩恵を受けることから、他の人から良い人と評価されやすい面もあります。

木星が

ハウス

教育や学問、旅行に関して恵まれる

正直で率直、宗教や法律、教育や学問などに関する能力に長けています。海外旅行や長期に渡る旅行にも恵まれています。スポーツなどエネルギーが広がっていく事柄や、出版など自分の知識が自分から離れて遠くへ飛び出すことに対してほうびがあります。

木星が

ハウス

自分の手で人生を切り拓き発展できる

野心をもって人生を自らの手で切り拓くことで、名声を得やすいです。大勢の人から認められ、仕事で成功することに大きな価値を見出します。また名声のある人を尊敬し、慕うことで人生が発展するでしょう。自分の思い描く社会を作るために頑張れる人です。

木星が

ハウス

人生に対し前向きで友人にも恵まれる

友人や仲間に恵まれることを自分の財産ととらえます。実際に友人を魅了し、惹きつけるので信頼を得やすく、本人も友人を大切にします。人生の目標に対してとても前向きで、必ず達成すると確信。グループや団体に属することで幸運を得やすいはず。

木星が

ハウス

いざというときに先祖からの加護がある

自分を犠牲にして献身的に尽くせる人であり、スピリチュアルなことに大きな価値を置いています。困っている人を助けることをもっとも大切だと感じ、大きなごほうびをもらえる人です。いざというときに先祖や神、見えない世界からのご加護があるのも特徴です。

Q05：現世の自分に起こりやすい出来事は？

**魂の課題として、過去世で挑戦したことを
現世に生かすことを表しています。
新たなチャレンジをして進化するよう設定されているでしょう。**

ドラゴンテイルが

牡羊座

他人に頼らず1人で解決しようとする

自分の考えや判断で命を守ることに集中していたため、自分の思い通りに行動するのが当然と考えている節があります。つらくても他人を頼ろうとせず、1人で解決する癖があるでしょう。今世では重要な人と出会える設定があり、人間関係がとても重要になります。

ドラゴンテイルが

牡牛座

こだわりが強く守り姿勢に入りやすい

現在は十分な食べ物や貯金があっても、もっと貯めようとします。自分のこだわりを維持してから行動に移すので、少々腰が重くなり、自分のテリトリーを守ろうとする意識が強く出るかもしれません。贅沢や飲食など過度な快楽にひたりすぎないよう注意が必要です。

ドラゴンテイルが

双子座

行動は素早いけれどなかなか決断できない

何事もスマートに早く処理できますが、常に急いでいるように感じるかもしれません。また、いつまでも決断できない、決断してからも迷うという癖があるかもしれません。判断を間違えたとしても、その機敏さでいつでも軌道修正できることを忘れないでください。

ドラゴンテイルが

蟹座

家族と自分の問題を一緒に考えがち

家族関係で何かしら不自由さを感じやすいでしょう。家族や切っても切れない関係での問題をどう対処していくかが、魂の大きな成長につながるようです。他人の問題と自分の問題をわけて考えることであなたは自由になれます。自分で決断し行動して良いのです。

ドラゴンテイルが

獅子座

人の目を気にして自分を認めにくい

人の目を気にして、自分のことを認めにくいでしょう。無邪気にはしゃぐのも苦手です。周りからの承認を求めすぎる傾向もあります。自分のエゴのためではなく、今いる環境に貢献するよう意識して行動すると、宇宙はとてつもなく大きな力を授けてくれるでしょう。

ドラゴンテイルが

乙女座

正義感が強い分ルールに縛られがち

正しい行為に縛られたり、相手を自分のルールの支配下に置きがちかもしれません。相手には相手の正義があります。批判ではなく新しい感覚を投げかけられているのです。頭ですべてを解決しようとせずに、自分の感性や感情を伸ばす機会としましょう。

別冊P1に記入した自分のホロスコープを見て［ドラゴンテイルの星座］を確認。

例：Mさんの場合は獅子座。

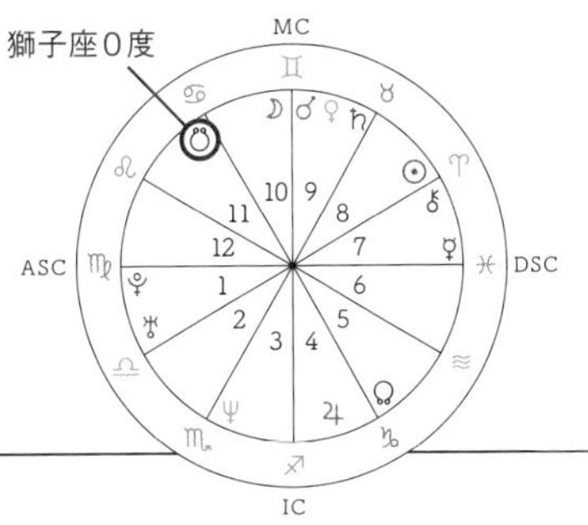

ドラゴンテイルが

天秤座

世話焼きがすぎたり
良い人でいすぎる

人に何かをしてあげることが過剰になりすぎて、相手が求める以上に相手へ貢献してしまうのは注意です。また、自覚している以上に良い人でいようとしているのかも。実はその奥に不満が溜まっている可能性があるので、意識的にガス抜きしてくださいね。

ドラゴンテイルが

射手座

人と深く関わることを
無意識に避ける

長く深く人と関わることに無意識に躊躇する癖があるかもしれません。自分が自由でいられなくなるのではないか……本当は心の中に不安や葛藤があるのでしょう。大事な人となら、あなたが過去学んできたことを教えて、一緒に成長できることを経験してください。

ドラゴンテイルが

水瓶座

状況判断を優先し
自分の意見を抑える

個人的欲求よりも状況的判断をしやすいです。また平等でありたいと願いながら平等でないことへの失望や責任も感じやすいでしょう。あなたは今世で集団の中で自分の意見を言うという使命があります。怖くても頑張って向き合うと大きな喜びを感じるでしょう。

ドラゴンテイルが

蠍座

人間関係でつらくても
我慢をしてしまう

過去世で権力や立場を重要視した上下関係を経験したため、中には暴力や虐待を経験し、人生を再構築する術を学ぶ人もいるかもしれません。もしトラブルの渦中にいるなら、今世の自分は自由であり、自分次第でどうにでもなることを思い出してください。

ドラゴンテイルが

山羊座

仕事に没頭し
プライベートを犠牲に

プライベートを犠牲にして仕事に没頭してしまう癖があります。今世ではあなた個人の喜びのために、自分のエネルギーと時間を使ってください。尊敬される人間になるべきという概念や理想は捨ててください。今世に必要なことは、個人的欲求を満たすことです。

ドラゴンテイルが

魚座

自信をもちにくく
それを言い訳にする

なぜか自信をもちにくく、自信がつけば何かを達成できると思いがちです。あなたはすでに完璧であり、そのままで十分存在するに値します。そのことを確認しながら、精神世界の美しいものを、この現実世界に落とし込んでいく機会が与えられるでしょう。

Q06: 現世の自分が得意なことは?

ドラゴンテイルは、過去世でのカルマを表しています。それを現世で生かし、得意なこととして行動していけるでしょう。

ドラゴンテイルが

牡羊座

情熱を燃やして相手と競い合う

戦いを多く経験してきたので、目標を達成するために努力することや、誰かと競うことでより情熱を燃やせるでしょう。逆に誰かの言いなりになる状況では魂は力を失っていくように感じるかもしれません。前例がなくてもやってみる!という行動を起こせる人です。

ドラゴンテイルが

双子座

好奇心とともに即座に行動を起こす

人との交流の中で情報のやりとりや、コミュニケーションを生かしてきた記憶があるでしょう。他の人が何を考え、次にどう行動するのかが手に取るようにわかります。何か1つ好奇心が湧いてくると、すぐにそれを行動に移せる行動力をもっています。

ドラゴンテイルが

獅子座

全体を把握し客観的に状況判断する

客観的に状況判断する能力はずば抜けて高いでしょう。常に全体を把握して、今何をするべきか個人的立場と状況的立場をうまく融合して判断できます。その能力を他人とわけ合い、誰かのために力を使うよう意識すると、驚くほど人生はスムーズに流れ始めます。

ドラゴンテイルが

牡牛座

五感を使って良いものを見わける

良いものを嗅ぎわける嗅覚や審美眼があり、それが今世では五感に生かされています。これが良い!と感じたものをずっと維持する傾向があります。また、お金を貯めることは比較的得意です。表面的な出来事の奥にある現実を知る能力にも長けています。

ドラゴンテイルが

蟹座

心地よい空間や良い関係性を作る

身近な人たちの感情を敏感に察知し、状況把握するのが得意です。そして自分が住む場所を快適に整える能力に長けています。心地よい空間やより良い関係性を築くために彼らの活動を支援することで、アットホームなコミュニティーを作っていくことができます。

ドラゴンテイルが

乙女座

うまく流れに乗って物事をスムーズにこなす

自然の声を聞くこと、感覚に従うこと、流れに身をまかせるなど、理屈ではない何かを感じることが得意です。そして、献身的に仕事をこなしながら、精神世界の空間に身を置き、自分のマインドを浄化するのが得意です。芸術的センスをもっている人も多いでしょう。

別冊P1に記入した
自分のホロスコープを見て
［ドラゴンテイルの星座］を確認。

例：Mさんの場合は獅子座。

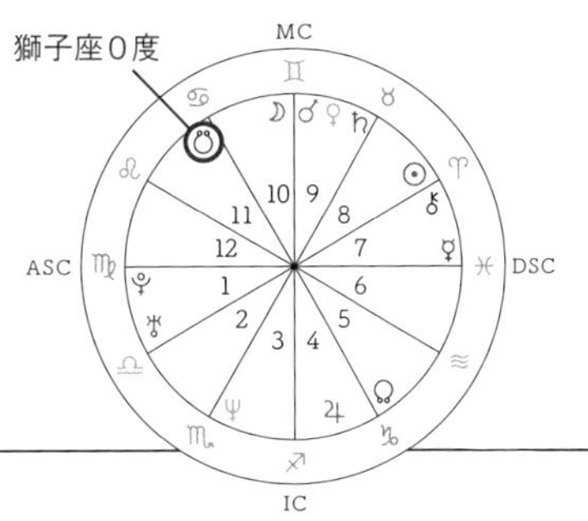

ドラゴンテイルが

天秤座

相手のニーズに合ったサポートをする

あらゆることに対しバランスを取るのが得意。相手のニーズを察知して力を貸してあげることがあなたの喜びかもしれません。そして平和主義で美しいもの、いとおしいものにふれる機会が多かったので、今世でもその感覚は審美眼としてもち越してきています。

ドラゴンテイルが

射手座

価値観の相違に関わらず一瞬で仲良くできる

興味あるものを次から次へと見つけ楽しむ才能があります。そして1人で答えを見つけようとします。フットワークが軽く誰とでも話せたり、文化も価値観もまったく違う人と一瞬で仲良くなれる才能があり、社交力はあなたの特技です。学びの吸収も早いでしょう。

ドラゴンテイルが

水瓶座

広い視野を生かし直感的に状況判断をする

全体像を見る視野をもち合わせています。たくさんの情報や意見を取り入れ、今この状況では何がベストかを直感的に判断することが得意です。とにかく良く考え、観察し、失敗を避けようとするので、実生活でも負ける勝負はせず、リスクヘッジがうまいでしょう。

ドラゴンテイルが

蠍座

相手の望みを察知し深い関係性を築く

無意識に相手の望むことを察知して、その価値基準の中に滑り込むことができます。相手を認め、相手をサポートし、献身的に尽くせるでしょう。五感を生かしてあらゆることをビジネスにしていくことができます。また性に関してすぐれた感性があるかもしれません。

ドラゴンテイルが

山羊座

私利私欲を抑え高い目標を達成する

高い目標意識を掲げると、それを達成するまで私欲は後回しにして努力できる人です。個人よりも社会の在り方や政治、宗教的思想を理解しやすいでしょう。責任感がとてもあります。人を育てたり、その場をまかせられ管理したりする能力に長けています。

ドラゴンテイルが

魚座

自然の声や他人の心を理解する

音楽や芸術性に長けています。自然の声を聞くことができ、他人の心が読めるでしょう。どんな立場であろうと、偏見のない目で相手を見ることができます。感覚だけでなく、実用的な知識を用いて人々へ奉仕するとき、さまざまな扉が開いて人生が展開するでしょう。

Q07：何を武器に生きていくと決めて生まれたか？

統治星（アセンダントの守護星）の星座で個性や人生のテーマを読むことができます。
現世における自分の強み＝武器も見えてくるでしょう。

統治星が

牡羊座
行動力やバイタリティー 前向きな姿勢

バイタリティーを武器にできます。勢いと行動力があり、戦っていく勇気をもっています。その力は可能性を切り開くときや誰かを守るとき、挑戦するときに最大限に発揮されるでしょう。前向きで興味に対し、常に力を注げるのも生きていく上での大きな利点です。

統治星が

双子座
知性や情報を駆使し 人と関わっていく力

知性や情報を司り、メッセンジャー的な役割を武器にできます。コミュニケーションを通して情報と関わること、分析すること、移動、運ぶこと、機敏、中性的な要素で現実社会を統合する役割があるのでしょう。変化を人生にうまく取り入れることもできます。

統治星が

獅子座
力強い意志や カリスマ的な存在感

生命力や意志が強く、それらを武器にできる人です。目的意識をもつと、さらにパワーを強めるでしょう。存在そのものが肯定的で力強く、カリスマ的な光を放っていますが、自己を磨くことによってさらに存在感が増し、人生の豊かさも比例することでしょう。

統治星が

牡牛座
愛と優しさ、金銭を 世界に分散させる力

社交性や、美しさ、愛、感性、金銭を武器にできます。愛されキャラで人をなごませ、調和を取って人々に安心を与え、優しさを世界に分散できる力をもっています。人が生きていく上で何が大事なのかを、あなたの人生を通して体現していくことができるのです。

統治星が

蟹座
豊かな感受性と 包容力で周囲を癒やす力

感覚や感情を良い意味で武器にできる人です。毎日の生活を豊かにしていく器量をもち、生活が守られている人。女性的または受動的なエネルギーですが、変化を受け取り、状況にうまく対応して、持ち前の豊かな感受性と包容力で周囲を癒やせる人です。

統治星が

乙女座
情報処理能力や 分析、問題解決する力

理路整然と正確な内容をわかりやすく伝えることができるため、アドバイザー的な役割を武器にできます。情報を処理し、分析し、問題を解決するためのアイデアを伝える役割があるのでしょう。計画を立てて、予定通りに進めることが、安心感につながるでしょう。

別冊P1に記入した
自分のホロスコープを見て
［統治星の星座］を確認（P198）。

例：Mさんのアセンダントは乙女座。乙女座の守護星は水星になるため、星座は牡羊座。

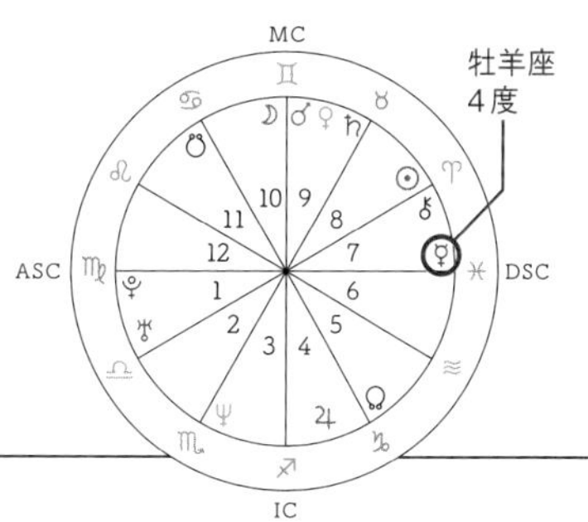

統治星が

天秤座

良い人間関係を築ける社交力や美的センス

輝く存在感、カリスマ性、社交力が武器になります。あらゆるものに優しさや美しさ、価値を見出し、生み出して分散させていく力をもっています。人から認められることや、良い人間関係を築く大切さを、人生を通じて体現していく役目を担っているのです。

統治星が

射手座

寛大で自由な思考力と柔軟な実行力

楽観性や発展運、実行力を武器にできる人。好奇心が旺盛なために意識が拡張しやすく、寛大で自由、物事をプラスにとらえることで人生を何とでもこなしていけます。探求心や理性的な面を生かして自分の哲学を見つけられれば、精神はさらに強くなるでしょう。

統治星が

水瓶座

オリジナリティーのある自由な発想力

自由な発想力を武器にできる人。固定概念や環境に縛られず、持ち前のチャレンジ精神でオリジナリティーを発掘していくことで、霊的な目覚めのプロセスを体験できるかもしれません。現状を壊して新しく進化させる過程において、力をもっとも発揮するでしょう。

統治星が

蠍座

底知れぬパワーのあるカリスマ性と再生力

芯の強さ、カリスマ性、再生する力を武器にできる人です。先祖から引き継いだ見えない恩恵があり、物事をコントロールする力を備えています。いざというときに、深いところに変化を促す力で本領発揮できます。底知れぬエネルギーを秘めているのです。

統治星が

山羊座

強い責任感や物事を具体化する力

強い責任感や真面目に努力する力を武器にできる人です。合理的な思考をもち、誠実で信頼性があり、これは物事を具体化する力となります。人生の始まりは少し困難だったかもしれませんが、それを超えていくことで徐々に力を蓄え、大器と成るでしょう。

統治星が

魚座

ゼロから形を生み出せる繊細で豊かな感性

優しさ、慈愛、感性を武器にできる人です。イマジネーションからすべてが始まるように、形ないものから現実を作り上げるヒントや繊細で豊かな感性をもち合わせています。自我は弱くても、宇宙と一体となって必要な状況へとエネルギーをゆだねていけるでしょう。

Q08: あなたの武器はどういう場面で発揮される？

人生そのものに影響を与える要素は何かを理解するときは、統治星（アセンダントの守護星）のハウスを見ていきます。どのハウスかによって武器の生かし方が変わるでしょう。

統治星が

ハウス

自己実現し 自分を高める場面

自分らしさを発揮し、自己実現するとき、または自分を認めて高めていくときに統治星の力を生かせます。自分の置かれた環境や立場、役割を意識し、それを育てていく場面でも、感じることができます。あるがままの自分を肯定してくれるしょう。

統治星が

ハウス

才能を生かして行動し 成果につなげる場面

自分の感覚を肥やすとき、特に物質的な価値を手にし、人生の補償を得るときに統治星の力を生かせます。また、自らの才能を生かして行動するとき、自らの好奇心や欲求に従って行動し成果につなげるときにも、星の力を生かすことができ、武器になります。

統治星が

ハウス

情報を交換し、 学び、頭脳を使う場面

知的好奇心を満たす活動をするとき、たとえば情報を交換したり、人とコミュニケーションを取ったり、頭脳を使ったりするときに統治星のエネルギーを生かせます。興味をもって収集した情報を文章にするときも、同様のエネルギーが発揮されるでしょう。

統治星が

ハウス

素の自分に戻るときや 自分の資質を生かす場面

自分が安心できる状態に戻るとき、マインドフルネスを感じる手立てとして、または家を買ったり引越しするときに、統治星のエネルギーから応援されるでしょう。また、先祖から与えられた資質、自らの支えとなる性質を生かす場面でも惑星の力が発揮されます。

統治星が

ハウス

周囲に向けて 感情表現をする場面

人生をクリエイトしていくとき、子どもや恋愛、レジャーなど喜びを人生にプラスしていくときに統治星のエネルギーを活用できます。自らの感情を外に向かって表現するときにも同様です。愛情表現の仕方にも、統治星の力が多分に影響します。

統治星が

ハウス

人のケアをしたり 日常の義務を果たす場面

誰かをケアしてあげたり、日常の義務を果たしたり、お勤めしたり健康管理したりするときにその統治星のエネルギーを生かせます。社会の中で、どのような役割をし、どのように自らの能力を生かすかを考える際にも、統治星のエネルギーが生きるでしょう。

別冊P1に記入した
自分のホロスコープを見て
［統治星のハウス］を確認。

例：Mさんの場合、統治星は水星なので7ハウス。

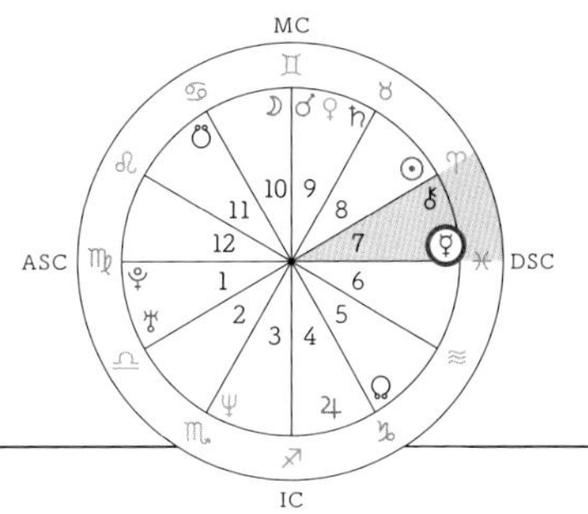

統治星が

さまざまな人と関わり学びを得る場面

人生にとって、常に人との関係は切り離すことができませんが、契約や交渉するときなど、さまざまな人とさまざまな関わりをするとき、大きな学びが得られるよう統治星のエネルギーが応援してくれています。パートナーを選び、縁を結ぶ際にも力を発揮します。

統治星が

価値観や感情を他人と分かち合う場面

オカルトや見えない力を活用したいときに。自分が承認され、誰かの役に立つ場面で力が発揮されます。価値観や感情を他人と分かち合い、深くつながろうとするとき、新たに生まれ変わろうするとき、他人から受け取るときにも、統治星のエネルギーが役に立ちます。

統治星が

未知の場所に向かい探求していく場面

精神的に飛躍し、魂を解放するときに。高度な学問を進めていくときに発揮されます。海外など遠く離れた場所、未知の場所、広い世界に向かって羽ばたいていくことや、見えないものを求めて探求するときにも、統治星のエネルギーが役に立つでしょう。

統治星が

最終目的を目指して切磋琢磨する場面

自分の環境を自分で選ぶとき、仕事を確立したり、名誉を得るときに力を活用できます。社会的な使命や役割、最終目標を認識し、それに向かって切磋琢磨するときにも、統治星の力が発揮されます。努力、忍耐の度合いも統治星に影響されます。

統治星が

社会に対して奉仕活動をする場面

友達や仲間と協力して何かを成し遂げるとき、相手に受け入れられるとき、集団内でのコミュニケーションを楽しむときに統治星の力を生かせます。未来について考えるとき、自らの個性を生かすとき、社会に対する奉仕的な活動を行うときにも、影響します。

統治星が

自然と一体化し癒やしに携わる場面

現実世界での利益ではなく、命そのもの、魂の輝きが増すとき、統治星のエネルギーを生かせます。誰かのためになることを行うとき、自然と一体化するとき、癒やしに携わるとき、自らの潜在意識やスピリチュアルな世界を探る場面でもパワーを得るでしょう。

Q09：現世のあなたが強く求めていること、本当の魂の目的は？

**魂が求めていることは、認識している自我と違うかもしれません。
今はもしかしたら苦手意識があるかもしれませんが、
実は、必要な環境を選んで生まれてきたのです。**

ドラゴンヘッドが

牡羊座

**自分の才能を生かし
自立して生きる**

自立して生きたいと願っています。そして才能を自分のために使う機会が与えられています。あなたが誰の目も気にせず自分を認めて喜びにあふれているとき、あなたと関わる人たちは皆幸せです。自分を大事にできたとき、自然と調和に満ちた世界に気づけます。

ドラゴンヘッドが

双子座

**刺激的な情報を受け
発信して楽しく過ごす**

自分の考えをじっくり聞いてもらい、周囲からの刺激的な情報に感化され、好奇心の火を燃やし、楽しく過ごしていける魂です。今世は1人じゃないという体験をします。パートナーとも、考えをいつでも話せる関係性を築ければ、あなたの魂は昇華します。

ドラゴンヘッドが

獅子座

**傷つくことなく
真に愛されること**

温かな人との交流を心から求め、本当に愛されることを渇望しています。それには自分の心に正直になる必要があります。傷つくことを恐れずに、いかなる欲求も自分に許可してください。防衛を超えたところに、承認や喜び、愛があることに気づくでしょう。

ドラゴンヘッドが

牡牛座

**自分の五感を通して
存在価値を確かめる**

自分の存在価値を確かめたくてこの世に生まれてきました。過去世では霊的な才能を使っていたかもしれませんが、今世は現実世界の中で、自分の身体を通して幸せを感じられるセンサーの五感をもっと深めて、器を大きくしていきたいと願っている魂なのです。

ドラゴンヘッドが

蟹座

**感情をシェアし
関係性を深める**

近しい人間関係の中で、相手を思いやり、大事にされ、互いに感情をシェアし関係性を深めていくことです。現世は社会や会社組織の一部として役割をこなすだけの人生は卒業。温かな家族や仲間がいて、多少のわがままも許される関係性を築きたいのです。

ドラゴンヘッドが

乙女座

**自分を誇りに思い
自信をもつ**

今回の人生ではたぐいまれな感性を生かして、スピリチュアルな感覚を現実世界に根づかせる活動していくようです。身体や心をより良くする活動や、誰かに奉仕することであなたの心に優しさや愛が広がり、愛にあふれた自分を誇りに思い、自信を取り戻します。

別冊P1に記入した自分のホロスコープを見て［ドラゴンヘッドの星座］を確認。

例：Mさんの場合は水瓶座。

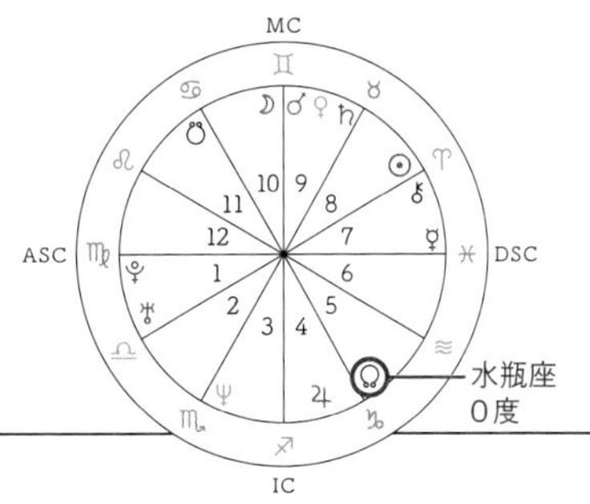

ドラゴンヘッドが

天秤座

人と関わり 知識をシェアする

過去世では1人で過ごす時間が長かったため、今世では人と関わりたい！と強く願っている魂です。現世において地位や名誉や知識、経験があるかは関係なく、あなたの魂に刻まれた生き抜く叡智を人々にシェアすることで驚くほど相手から喜ばれるでしょう。

ドラゴンヘッドが

射手座

信頼できる 誠実な関係性

周囲を気にせず、自由に自分の可能性を伸ばしたいと思っています。誰にも縛られず、思想をふくらませて新しい目で世界を探求したいのです。そして本当に信頼できる誠実な関係性を求めています。真実の言葉を述べるとき、本当の関係を築いていけるでしょう。

ドラゴンヘッドが

水瓶座

多くの人とともに 新たな時代を作る

皆に愛されて認められ、讃えられることを願い、たくさんの人と関わり、協力して新しい時代を作っていきたいと願っている魂です。あなたがもち合わせている情熱と、物事を推し進める力を、誰かのために使うとき、自分の役割や使命を強く感じるでしょう。

ドラゴンヘッドが

蠍座

絶対に離れない 強いつながり

あなたが求めるのは、十分なお金や資源を気にせず使いながら、パートナーと良い関係を維持することです。絶対に離れないほどの強いつながりをもって安心したいのです。もし金銭に関するカルマがあるなら、他人の金銭を扱うことで癒やされていくでしょう。

ドラゴンヘッドが

山羊座

社会とつながり 確固とした自信をつける

家族の役割に縛られることなく、自分の世界へと自由に動き出すことです。自分と社会のつながりを見つけ、確固たる自信をつけたいと願っています。社会に出ることに怖さを感じるなら、大いなる目標を立ててください。目標が不安な感情をやわらげてくれます。

ドラゴンヘッドが

魚座

規則から解放され 魂の喜びを感じる

堅苦しいルールから解放され、森羅万象とつながり、すべてに許されている感覚を味わいたいと願っています。魂について知り、魂の喜びを感じることが最大の目的です。あなたが自分を許して精神的自由を感じられたとき、関係する人たちも恩恵を受けられます。

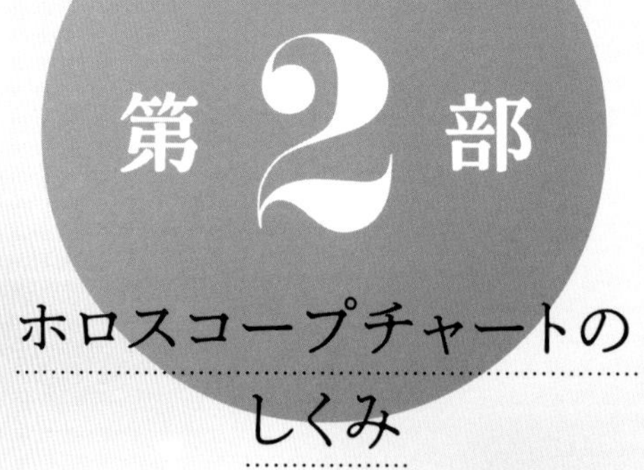

第2部 ホロスコープチャートのしくみ

あなたの魂の計画表を読み解いて豊かな未来へつなげる

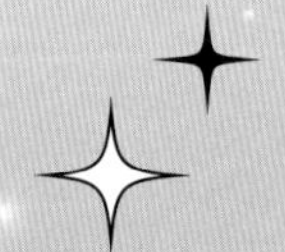

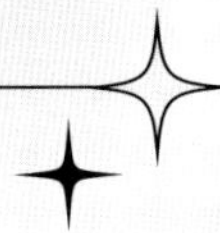

ホロスコープチャートに示されているのは、

現世における人生の航海図。あなたの魂が、

「現世では、こんな生き方をしよう」と

思い描いた計画表です。

でも、自分で思い描いたにも関わらず、

生まれてくるとき、私たちは「魂の計画表」の存在を

忘れてしまい、つい計画からはずれた行動を取ってしまいがち。

そのため、しなくて良い苦労をしてしまうのです。

このホロスコープチャート=魂の計画表のしくみを知れば、

見すごしていた自分の中にある可能性に気づき、

より心豊かで、満ち足りた未来を選ぶことができるでしょう。

第2部では、そんなホロスコープチャートの解釈法を

ご説明していきます

「占星術を人生に生かしたい」

そう考えていらっしゃる皆さんのお役に立てますように。

ホロスコープチャートを楽しもう

ここまで見てきたホロスコープチャートは、
あなたが生まれたときの星の配置を２次元に落とし込んだ
「ネイタルチャート」、別名「出生図」と呼ばれるものです。
図の中心にいるのは、生まれたばかりのあなた自身。
あなたが生まれた瞬間、その目に映った星や天体が記され、
今世を生き抜くためのアドバイスが隠れた宝の地図です。
見たことのない記号があちらこちらに散らばって、
どんなしくみになっているのかわからない！　読めない！と
思ってしまうかも？　でも、音楽を学んだとき、または
外国語を学んだときのことを思い出して。
音符や文字の意味を理解すれば、ステキな曲を歌えたでしょう。
また、海外ドラマを楽しむこともできたはず。
ホロスコープチャートの読み方も同じです。
その記号のもつ意味を知って、楽しんでいきましょう。

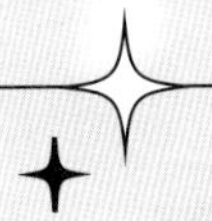

12ハウス

P200～

天体、星座の示すものが、あなたの人生の、どのようなシーンで現れるのか？　それを教えてくれます。

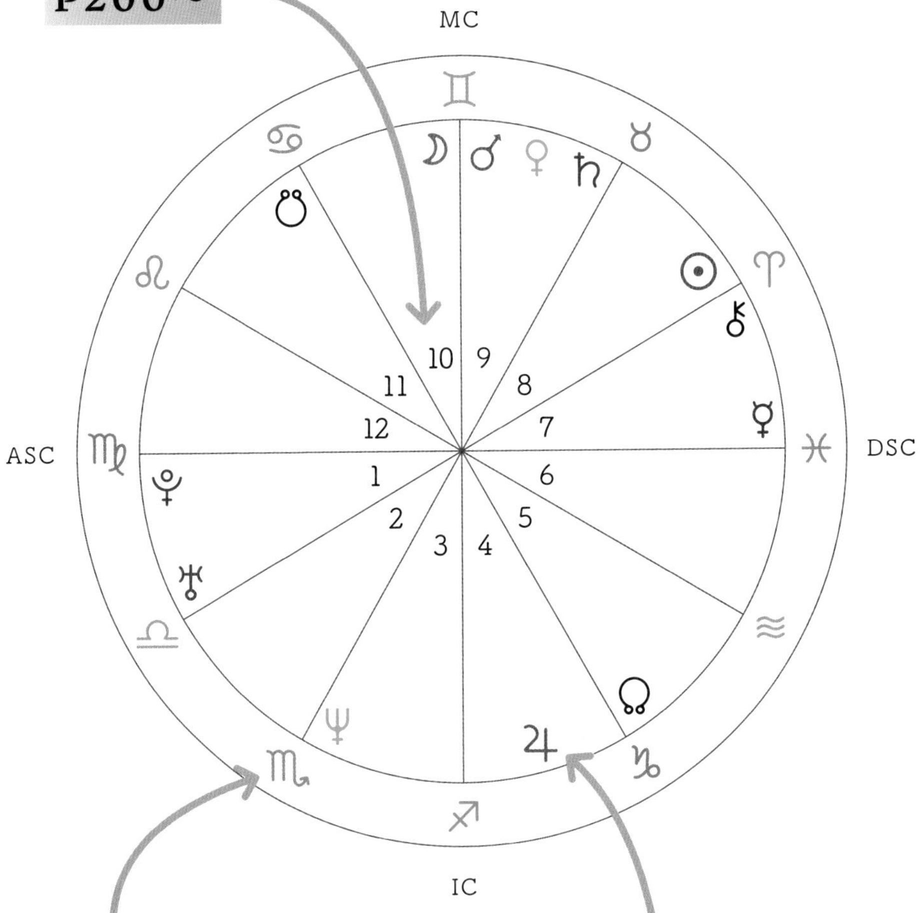

MC

ASC　　DSC

IC

12星座

P192～

天体のエネルギーがどのような形で出るかを12タイプに分類したのが12星座。その人のキャラクターがわかります。

10天体

P186～

10の性質を示す太陽系10天体。どの星座やハウスにあり、他の天体とどう関係しているかで、人生を特徴づけます。

性質を示す10天体

占星術では、地球を除く太陽系の10天体、すなわち、太陽、月、水星、金星、火星、木星、土星、天王星、海王星、冥王星を用います。天体は、それぞれに異なった性質をもち、その天体が、どの星座にあるか、他の天体とどう関係しているかで、その人の人生を特徴づけていきます。

10天体の内、太陽、月、水星、金星、火星は、個人の特徴や個性を顕著に示す「パーソナルプラネット」と呼ばれます。一方、太陽から遠い天王星、海王星、冥王星は、公転周期が長く、なかなか星座を移動しません。そのため、同じ年代生まれだと同じ星座になりがちで、「ジェネレーションプラネット」と呼ばれます。その中間にある木星と土星は、社会的な流れを反映するため、「社会天体」と呼ぶ場合もあります。近年では、この太陽系10天体だけでなく、「小惑星」と呼ばれる衛星、「ドラゴンヘッド」「ドラゴンテイル」といった特殊な計算上のポイントも含めて、解釈するようになっています。

☉ 太陽

先天的な資質と社会の顔

太陽系の中心にあり、途方もないエネルギーで地球上に存在する生命体を生かしているのが太陽です。その太陽がホロスコープチャートで示しているのは「自我」、すなわち私たち自身。この現実社会の中で、どのように生きれば魂が納得するかを表します。言葉を換えると、社会から見た自分自身を示しているといえるでしょう。この太陽が、どの星座、どのハウスにあるかで、どんな生き方をして、どんな分野で活躍できるかがわかります。

☽ 月

無意識下にあるもう1人の自分

太陽とともに地球上に光を届ける月。地球の衛星である月は、地球には同じ側面しか見せません。これを占星術的に解釈すると、月は他人には決して見せない面、すなわち心理面を示していると言えるでしょう。太陽は、公私ともに認める自分。月は、自分でも気づかない無意識の自分を示します。プライベートな感情、日常生活のスタイルを示し、どのハウスにあるかで、その人がどんな環境に身を置くと落ち着けるかも見えてきます。

☿ 水星

知的活動のスタイル

太陽系の天体で、最も太陽に近い水星。ホロスコープチャートでは、その人の知的活動のスタイルを示します。水星がどの星座にあるかで、情報の処理能力、物事のとらえ方、コミュニケーションスタイルなどが見えてきます。また、これらは現実社会を生きる際に必要な能力であることから、天職を見る際に必ずチェックする天体です。

金星

誰もが願う豊かさと喜び

夕方や明け方、地平線のそばで輝く金星。その美しさから古代の人は美しい女性、高価な金品を連想したのでしょう。占星術において、金星は金銭や喜びを示します。そこから派生して、恋愛傾向、個人の趣味や美的感覚なども表しています。男性のホロスコープでは、どんな女性が好きか、どんな恋愛傾向があるのかを見るのに使われます。

♂ 火星

生きるためのエネルギー

地表が酸化鉄でおおわれているため、太陽光に赤く照らし出される火星。血の色を連想させることから、古今東西「戦争をもたらす星」と恐れられてきました。闘争の星という観点から、占星術ではエネルギーの出し方、行動力、さらにセックスの傾向を示します。また、女性のホロスコープでは、理想の男性像を見る際によく用いられます。

♃ 木星

現世における恵まれている分野

木星は太陽に次いで大きい天体。その存在感から、古くから占星術では発展や拡大、繁栄の象徴とされてきました。ただ、約1年かけて1星座を移動するため、同学年の人の木星星座は同じとなりがち。そのため、星座ではなく、どのハウス（P200）に入っているか、「パーソナルプラネット」と呼ばれる太陽・月・水星・金星・火星と、どのようなアスペクト（P206）を取るかで、人生のどの分野が恵まれているかを見ていきます。

♄ 土星

学ぶべきテーマと養われる力

木星に次いで3番目に大きい土星。太陽から遠く、夜空に薄暗く浮かび上がる天体として、木星とは正反対のイメージでとらえられてきました。占星術では、土星がその人のホロスコープチャートのどのハウスに入っているかで、コンプレックスは何かを見ていきます。ただ、そのコンプレックス克服に向け、時間をかけて努力すれば、その過程で得られたものは確かな実力となり、人生を実り豊かなものとすることも示唆しています。

♅ 天王星

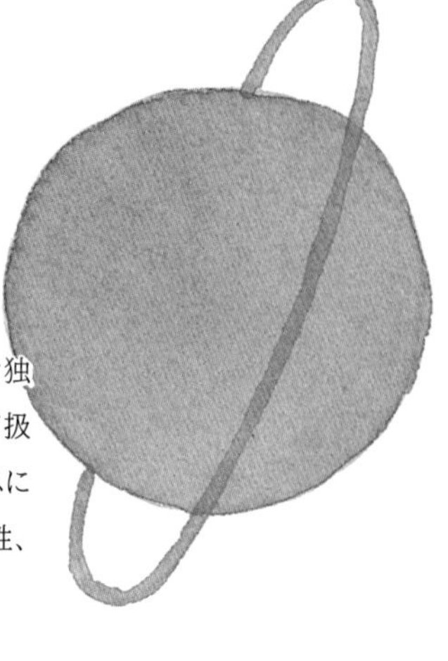

内に秘めた独創性

18世紀後半に発見された天王星。当時はフランス革命やアメリカ独立戦争などが起こり、占星術でも「新時代を作る革命の星」として扱われるようになりました。その人のホロスコープチャートのどのハウスにあるか、どんなアスペクトを取っているかで、その人の内にある独創性、どんなハプニングと遭遇しやすいかを見ていきます。

♆ 海王星

スピリチュアルなものへの姿勢

19世紀半ばに発見された海王星は、占星術では幻想や理想、癒やし、慈愛など形にできないエネルギーを示唆。芸術活動に必要な感性の象徴でもあります。個人のホロスコープチャートでは、どのハウスにあるか、どんなアスペクトを取っているかで、その人の感受性、スピリチュアルなものへの向き合い方なども見ることができます。

♇ 冥王星

無意識の領域を支配

20世紀前半に発見された冥王星。占星術では極限、破壊と再生の象徴です。火星と似た傾向のエネルギーですが、こちらはいざというときに現れる底力、根底から物事を覆す途方もない力。冥王星の位置する星座が時代の状況を象徴します。個人のホロスコープではパーソナルプラネットとのアスペクトで、どんな底力を持つかを表します。

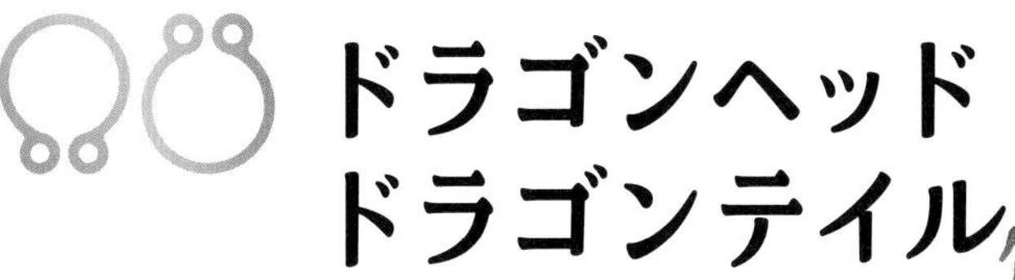

ドラゴンヘッド ドラゴンテイル

過去世のカルマ、現世の使命

太陽の通り道（黄道）と月の通り道（白道）の交差箇所。インド神話に登場する悪魔の龍にちなんだ名称です。占星術では、ドラゴンヘッドは過去世のカルマ（業）や現世での使命、ドラゴンテイルは今世に生かすべき過去世での経験を暗示。なお、ドラゴンヘッドを「ノースノード」、ドラゴンテイルを「サウスノード」と呼ぶ場合もあります。

キロン

生まれもつ痛みを癒やす

占星術の10天体に次いで重要な小惑星のひとつ。ギリシャ神話に出てくるケンタウロスの賢者にちなみ、「傷ついた癒やし手」という意味をもちます。生まれたときに位置していたサインやハウスで心理的弱点を見るだけでなく、痛みを癒やす経験を通じて、その分野に関してすぐれた見識をもてる、可能性に満ちた天体と解釈されています。

「吉星」「凶星」について

10天体は、その性質により「ベネフィック」と呼ばれる吉星、「マレフィック」と呼ばれる凶星に分類されています。ベネフィックは、太陽・月・金星・木星、マレフィックは、火星・土星・天王星・海王星・冥王星です。しかし、基本的にどの天体も良い面、悪い面の両面があり、他の天体とのアスペクトなどによって良い面が強く出たり、悪い面が強く出たりします。なお、水星は吉凶どちらでもありません。

キャラクターを示す12星座

星座は、その人の性質を示す10天体のエネルギーが、どのような形で現れるかを示すもの。いわば、12のキャラクターと言えるでしょう。

たとえば、金星が蠍座にあったときに生まれた人は、「愛する人と一心同体になる恋愛を望む」「金銭では遺産を得たり、強力なスポンサーを得たりする」キャラクターであることを示します。しかし、この金星が隣の射手座にあった場合、その人は「安定した関係を築くのが苦手なため、相手に縛られない恋愛を望む」「おおらかで財布のひもはゆるい」キャラクターであると、大きく変わります。

各星座の特徴を把握できれば、その人のキャラクターがどんなものかを理解するのに、大いに役立ちます。

なお、星座はそのキャラクターから、いくつかに分類されています。また星座には、「守護星」と呼ばれる天体が割り当てられています。各星座のもつ性質は、その天体のエネルギーによく似ていますので、星座を理解する手がかりとしてください。

♈ 牡羊座

先頭を切ることに喜び

12星座のトップバッター。人よりも先んじることに喜びを見出します。自然と、何事にも積極的に取り組み、進歩的な考え方をするように。冒険心も強く、危ない橋だからこそ渡ってしまうアドベンチャーです。ただ、次々と新しいものばかり追いかけて、中途半端で終わらせてしまう面も。【男性星座・活動・火／守護星：火星】

♉ 牡牛座

平和と安定を好む

おっとりとマイペース、平和と安定を好みます。波風を立てまいとして何事にも慎重に臨む傾向も強め。責任感があり、義理堅いタイプでいったん決心したらやり通します。美しい音楽やおいしい食事など、五感を楽しませることも好き。その分、物質的な物に対する執着心の強さを見せることも。【女性星座・不動・地／守護星：金星】

♊ 双子座

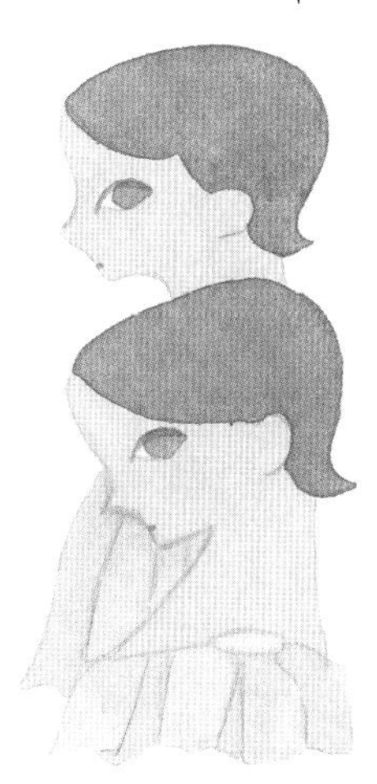

知的好奇心が強い

知的好奇心が強く、多くの人の興味が向かうところに自然と興味が向かいます。自然と話題も豊富となり、多芸多才。順応性も高く、おしゃべりや読んだり書いたりといったジャンルで、一目置かれるタイプです。ただ、広く浅くとなるため、「落ち着かない」「言動が矛盾している」と評価する人も。【男性星座・柔軟・風／守護星：水星】

♋ 蟹座

情愛豊かで繊細

繊細で、豊かな情愛の持ち主です。傷つきやすい心を守ろうと、蟹のように自分自身を殻でおおい、「お堅い人」と思われることも。好き嫌いも激しいのですが、家族や昔からの親友など気心知れた相手は徹底して守ろうとします。防衛本能がマイナスに働くと心配症になり、感情の起伏が激しくなる面も。【女性星座・活動・水／守護星：月】

♌ 獅子座

人々にエネルギーを与える

守護星の太陽のように、多くの人にエネルギーを与え、引っ張っていくリーダー気質。誇り高く、正々堂々と生きようとします。一方、寂しがり屋で、注目されたいという欲求も強く、それがうまく出ると豊かな自己表現能力、創造力となりますが、うぬぼれや気まぐれといった形で出てしまう場合も。【男性星座・不動・火／守護星：太陽】

♍ 乙女座

分析し、細やかに配慮

守護星である水星の「知性」を、分析的で実利的なエネルギーとして活用します。周囲の人が理解しやすいよう、何事も筋道立てて整理・整頓し、細かいところまで配慮するタイプ。純粋無垢なものを求める気持ちが強く出てしまうと、完璧主義、潔癖症として周囲と距離が生まれてしまうケースも。【女性星座・柔軟・地／守護星：水星】

♎ 天秤座

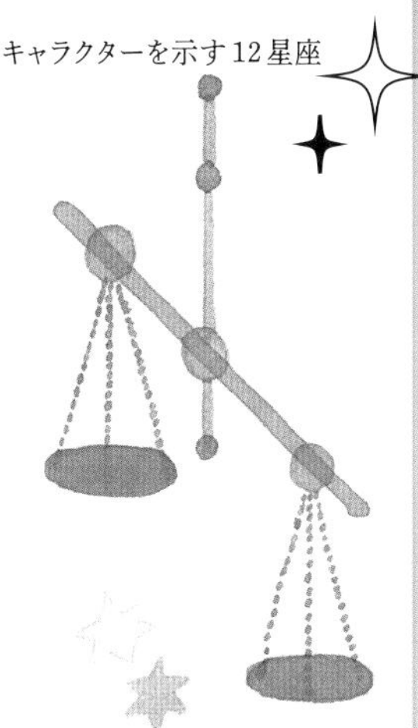

調和に美を見出す

人間関係を第一に考えます。ですから、礼儀正しくエレガント。調和しているものに美を見出すため、上品なエネルギーを帯びています。自分以外の存在＝相手に認められることに重きを置きますが、そうした思いが強く出てしまって「八方美人」「優柔不断」といった評価につながってしまいます。【男性星座・活動・風／守護星：金星】

♏ 蠍座

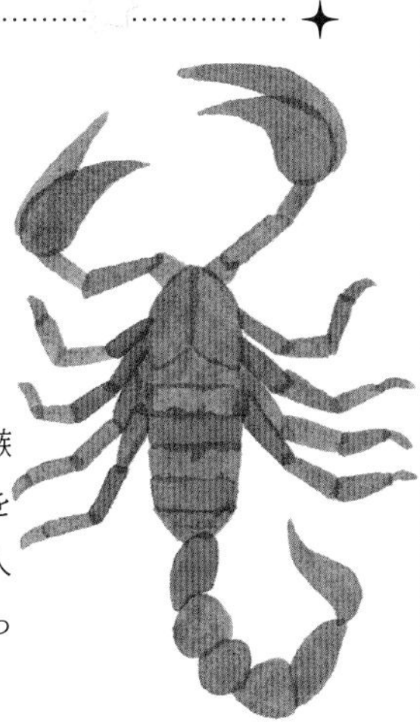

底知れないエネルギーをもつ

内に秘めたエネルギーは12星座一。いったん暴発すれば相当な嫉妬や執着心となって現れ、多くの人々の人生を一変させます。それを避けようと、自然と口数少なく、他人と距離を置きがち。その分、人の裏側、本心を見透かす洞察力があります。個性的で強い魅力となって出る場合も。【女性星座・不動・水／守護星：冥王星（火星）】

♐ 射手座

パワフルに理想を追い求める

パワフルで明るく開放的。理想を追い求める傾向が強く、金銭や物質的な物に対する欲求は薄いのが特徴です。楽天家なのは現実を見ようとしないがゆえかもしれません。理性的かと思えば本能に突き動かされて行動する二面性をもち、結果がすぐに出ないと、飽きて違うものを追いかけてしまいがち。【男性星座・柔軟・火／守護星：木星】

♑ 山羊座

目標達成に向け実績を積む

野心はあるものの、それを簡単に表に出さない慎重派。一発勝負にかけることはせず、設定した目標到達に向けてコツコツと進める努力を惜しみません。また、多くの人とともに物事を動かす「組織」のメリットを十分に承知しています。冷静で責任感がありますが、形式にこだわる苦労性な一面も。【女性星座・活動・地／守護星：土星】

♒ 水瓶座

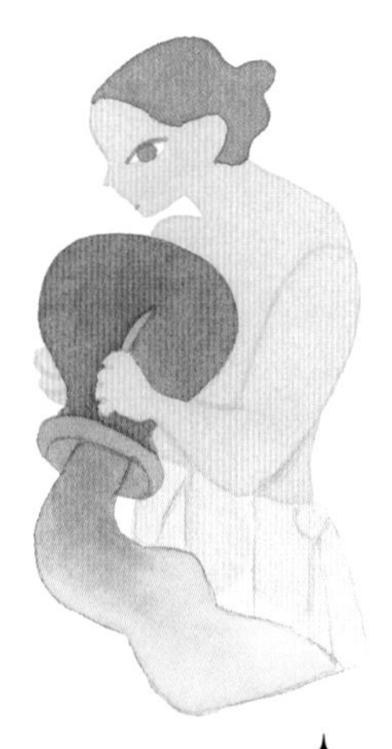

既存の価値観に縛られない

規則や習慣など既存の価値観に縛られず、独創的で自由を愛するエネルギーがあります。すべての人は自由で平等と考える博愛主義で、人とは違う視点から物事を見るため、何かと「個性的」と評価されがち。情に溺れず、血縁より同じ価値観の友人を大切にする傾向が強いのも特徴です。【男性星座・不動・風／守護星：天王星（土星）】

♓ 魚座

見えない世界を感じ、重んじる

12星座中、最も敏感で情感豊か。物質的成功よりも精神的成長を望み、目に見えないものを感じ取るエネルギーを持っています。そのため音楽や絵画など芸術的センスに恵まれる一方、相手との間に一線を引くのが苦手。影響されやすく、同情心を利用されてだまされるという一面も。【女性星座・柔軟・水／守護星：海王星（木星）】

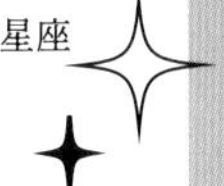

星座の分類

星座はそのキャラクターから、いくつかのタイプに分類され、各星座を理解するのに非常に役立ちます。例えば、12星座の最後の星座・魚座の説明には、【女性星座・柔軟・水】とあります。これは、「受け身なタイプであり、適応能力が高く、感受性の強いタイプ」であることがうかがえるといった具合です。

2区分

積極性による分類です。能動的な「**男性星座**」は、牡羊座・双子座・獅子座・天秤座・射手座・水瓶座。消極的な「**女性星座**」は、牡牛座・蟹座・乙女座・蠍座・山羊座・魚座。天体の入っている星座は男性星座、女性星座のどちらが多いでしょうか。そこから、積極的か消極的かが見えてきます。

3区分

行動パターンによる分類です。行動的、外交的な「**活動星座**」は、**牡羊座・蟹座・天秤座・山羊座**。忍耐力があり頑固な「**不動星座**」は、**牡牛座・獅子座・蠍座・水瓶座**。融通がきき適応能力の高い「**柔軟星座**」は、**双子座・乙女座・射手座・魚座**。2区分と同様、活動星座に天体が多い人は外交的な人といった具合に天体がどの星座に多く入っているかで見ます。

4区分

各星座の気質、情緒のパターンによる分類です。火のように情熱的な「**火のエレメント**」は**牡羊座・獅子座・射手座**。大地のように安定して堅実な「**地のエレメント**」**牡牛座・乙女座・山羊座**。風のように軽やかですぐれたコミュニケーション能力と知識をもつ「**風のエレメント**」は**双子座・天秤座・水瓶座**、水のように心身をうるおし、情緒豊かな「**水のエレメント**」には**蟹座・蠍座・魚座**が割り当てられています。

12星座と天体基本位置図

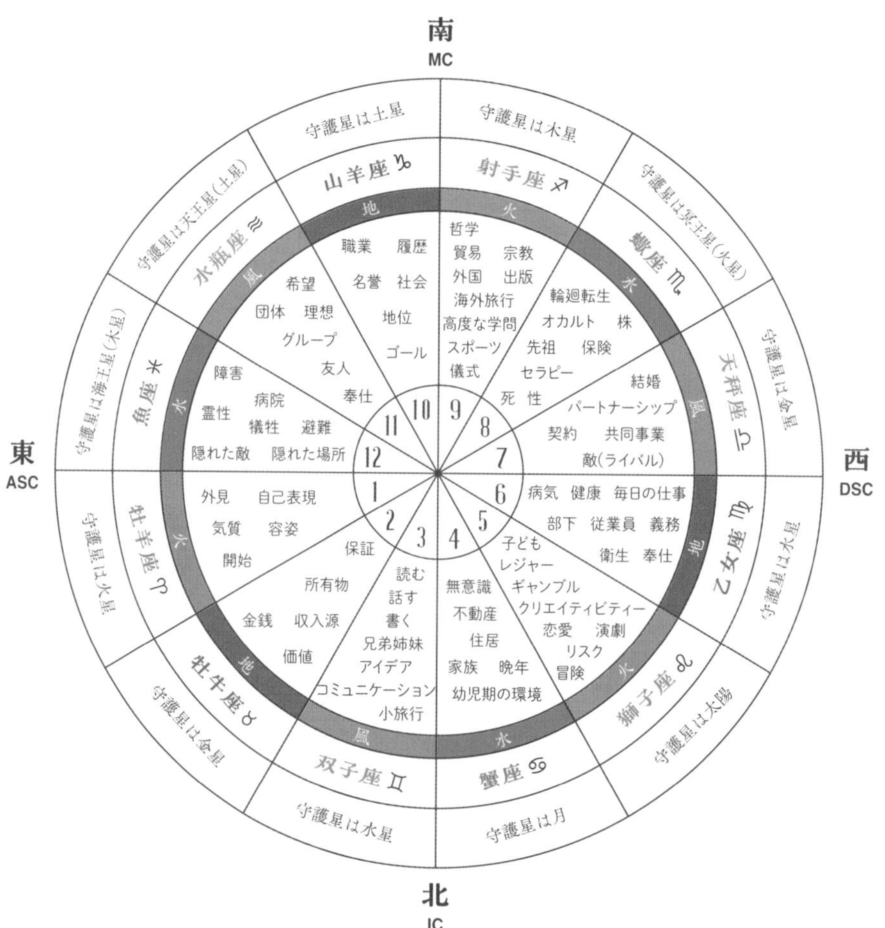

12星座とその守護星、4区分、各星座のキーワードをまとめたものが上の図になります。なお、各星座のキーワードは、ハウス（P200）の示すものと共通する部分がありますから、ハウスの意味をつかむ参考にもなります。

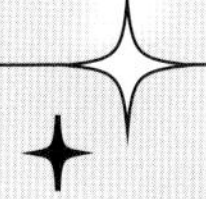

人体と12星座

ここまでお話ししてきたように、ホロスコープチャートを読む上で大切なポイントがいくつかありますが、中でも大切なのが「アセンダント」（ホロスコープチャートでは「ASC」と表記）と呼ばれるポイント。東の地平線で、太陽や12星座が昇ってくる場所です。生まれたときに、このポイントにあった星座を「アセンダント星座」と呼び、その人の第一印象を示すとされている他、健康上、気をつけたいポイントはどこかも見えてくるのです。以下のイラストで、自分が健康上、気をつけたい身体の部位はどこかをチェックしてみてください。

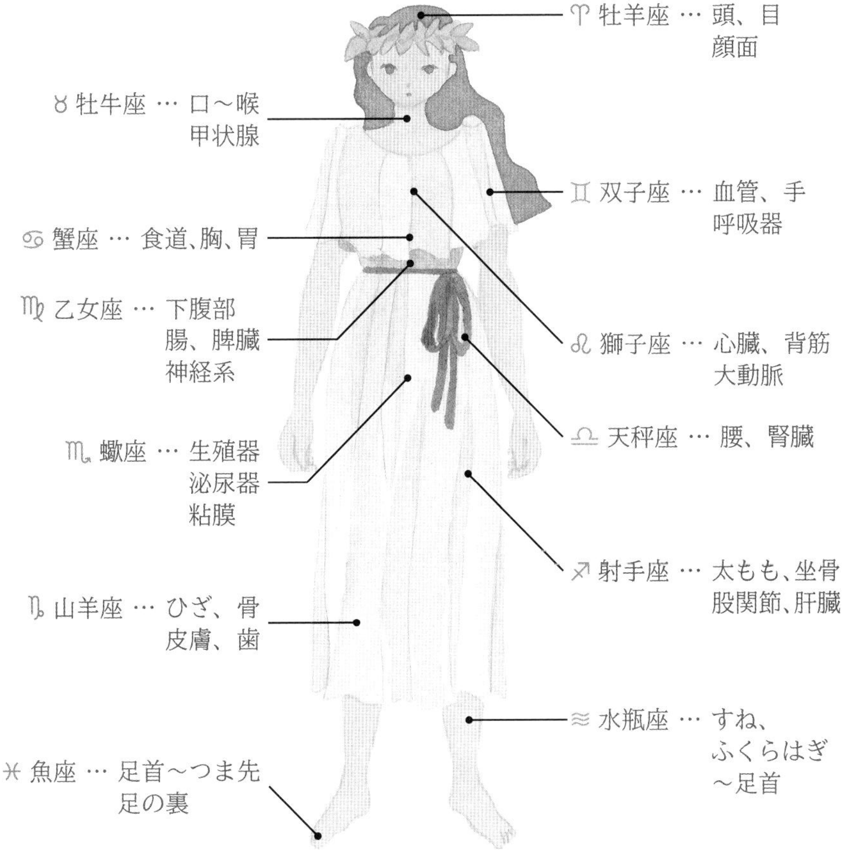

♈ 牡羊座 … 頭、目
顔面

♉ 牡牛座 … 口～喉
甲状腺

♊ 双子座 … 血管、手
呼吸器

♋ 蟹座 … 食道、胸、胃

♍ 乙女座 … 下腹部
腸、脾臓
神経系

♌ 獅子座 … 心臓、背筋
大動脈

♎ 天秤座 … 腰、腎臓

♏ 蠍座 … 生殖器
泌尿器
粘膜

♐ 射手座 … 太もも、坐骨
股関節、肝臓

♑ 山羊座 … ひざ、骨
皮膚、歯

♒ 水瓶座 … すね、
ふくらはぎ
～足首

♓ 魚座 … 足首～つま先
足の裏

場面を示す12ハウス

ハウスは、天体、星座の示すものが、人生のどんな場面で現れるかを知る手がかりとなるもの。どのハウスに、どの天体が入っているか、またはどの星座から始まっているかで、その天体や星座の力が発揮されるかがわかります。たとえば、社会性を表す10ハウスに、無意識を示す月がある人の場合。家にいるよりも、仕事や社会活動をすることが、心の安定に欠かせないと読めるでしょう。天体が入っていなくても、そのハウスが始まる線（カスプ）にある星座、その星座の守護星がどのハウスにあるかでも、その人が見えてきます。

また、ホロスコープチャートには、左端に「ASC」、右端に「DSC」、下方に「IC」、上方に「MC」とあります。それぞれ1ハウス、4ハウス、7ハウス、10ハウスの始点で、特別な意味をもっています。

ハウスの区切り方にはさまざまな手法がありますが、誕生時間、場所がわかっていれば「プラシーダス」や「コッホ」、わからない場合「ソーラーサイン」という手法を用いるのが一般的です。

アセンダントから始まる1～3ハウス

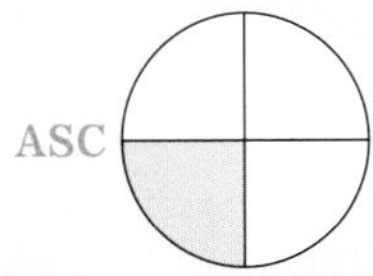

アセンダント（ASC）は1ハウスのスタート地点。黄道（太陽が移動する道）と東の地平線が交わるポイントです。チャートの持ち主が生まれたとき、アセンダントにあった星座は、その人の第一印象のほか、社会を生きていくうえで活用できる才能、体質も示します。アセンダントの上下5度以内にある天体は、その人の人生に深く関わっていると見ます。

1ハウス

自我、今世の使命

【本人の部屋】今世での使命、基本的運命を、この第1ハウスから読み取ります。もともと持って生まれた体質なども見ます。純粋な自分自身を表しており、今回の人生における自我、ポリシーを示すハウスともいえます。【キーワード】自分自身、外見、容姿、体質、基本的運命、開始、方法、形態、特性、外面、庶民

2ハウス

価値観、金運

【所有の部屋】その人が手にするお金、収入源などの金運を示します。また、ここには価値観といった目に見えないものも含みます。この価値観によって、人の中に好き嫌いの感覚、所有したいという欲望が生じ、どんなこだわりをもっているかもわかるのです。【キーワード】所有物、金銭、収入源、価値、保障、資産

3ハウス

知性、コミュニケーション

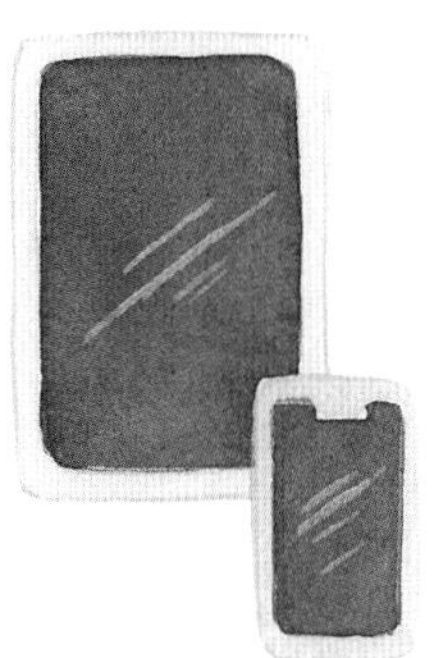

【知識の部屋】個人のホロスコープでは、知識や情報、コミュニケーション、また兄弟姉妹といった身近な存在についても示します。なお、ここでいう「知識」とは、個人の好奇心ベースの雑多なもの。初等教育で得るレベルのものです。【キーワード】学び、アイデア、読み書き、好奇心、会話、小旅行、兄弟姉妹、隣人

ICから始まる4〜6ハウス

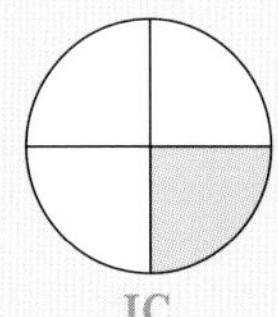

ICは4ハウスのスタート地点。ホロスコープチャートの一番底にあり、「天底」を意味するラテン語「Imum Coeli」の略語です。その人の根っこに当たる部分で、ここにある星座でその人にとって心地よく、活力を得られる場所や状況を見ていきます。同時に、その人の幼少期の家庭環境、晩年に過ごしたい場所も浮かび上がります。

4ハウス 家庭環境、潜在意識

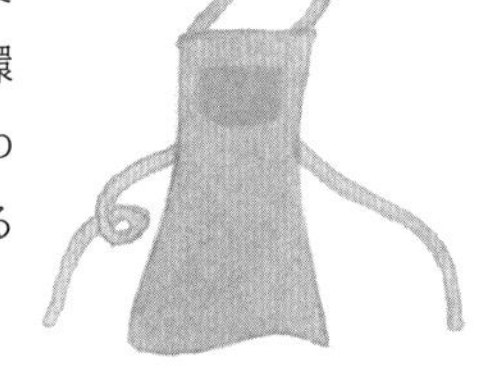

【家族の部屋】 ホロスコープチャートの基礎に当たり、個人のチャートの場合、その人を支えるものを示します。ですから、どんな家庭環境で育ったのか、家族関係が見えてきます。また、幼い頃の記憶がしまわれている潜在意識も表します。【キーワード】 家族、家庭と家庭を支えるもの、幼時体験、潜在意識、私生活、安心できる領域

5ハウス 人生の楽しみ事

【創造性の部屋】 人生の楽しみごとを示します。ただし、これはホロスコープチャートの持ち主自身が作り出し、チャレンジするもの。リスクがあっても、楽しさがそれを上回るからこそ自分で決断を下し、挑んでいきます。その過程で個性がハッキリしてきます。【キーワード】 創造、恋愛、妊娠、出産、子ども、レジャー、演劇、冒険、リスク、ギャンブル

6ハウス 職場、健康状態

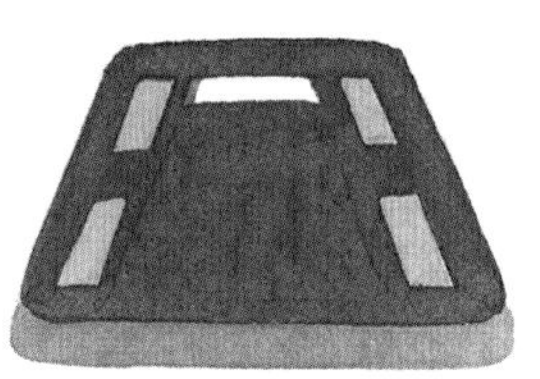

【義務の部屋】 ルーティンワークや義務、仕事を示します。ただしこのハウスが示す仕事とは、組織や職場内での自分の役割。一定のルールにのっとった「労働」です。また、この労働と切り離せないのが健康。日常生活の結果としての健康状態も見ることができます。【キーワード】 毎日の仕事、部下や従業員、職場、健康、病気、義務、衛生、奉仕

ディセンダントから始まる7〜9ハウス

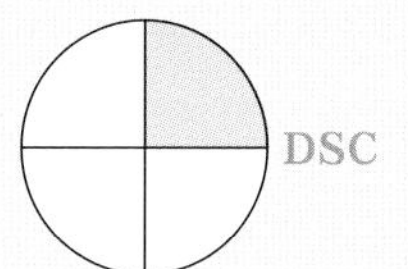

ディセンダント（DSC）は7ハウスのスタート地点。アセンダントの対向にあり、西の地平線で太陽が沈むポイントです。本人を示すアセンダントと向かい合うもの、つまり「パートナー」のタイプかが見えてきます。これは恋愛だけでなく、配偶者、ビジネスパートナー、あるいはライバルなど、成長を促す相手を指しています。

7ハウス パートナーシップ

【人間関係・結婚の部屋】一対一の人間関係、すなわち自分を保ちながら他者とどのように関わっていくかを示すハウスです。結婚はもちろん、ビジネスパートナーやライバルといったものも含みます。そのため、契約や裁判について占うときにも、ここをチェックします。【キーワード】人間関係、結婚、契約、共同事業、ライバル、法律問題

8ハウス 性や死、オカルト

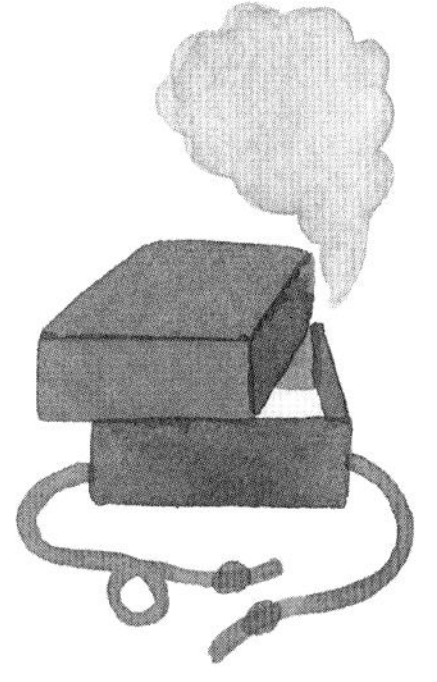

【死と再生の部屋】目に見えない世界を示しています。精神的な絆で結ばれ、性（セックス）によって他者を受け入れることで自我が死に、新しい命が生まれることから「死と再生の部屋」と呼ばれます。また、ここで相手の資産状況などの背景、不労所得も見えてきます。【キーワード】性と死、輪廻転生、オカルト、先祖、セラピー、株、保険、手術

9ハウス 高度な学問、海外

【精神性の部屋】ホロスコープチャートの頂点へと昇っていく場所であり、真実の追究を意味します。そのために必要なのが、宗教や哲学などの思想、法律、高度な学問や専門的教育。また、見聞を広める手段である海外旅行、また出版物とも深く結びついています。【キーワード】哲学、宗教、出版、貿易、海外旅行、外国、高度な学問、儀式、スポーツ

MCから始まる10～12ハウス

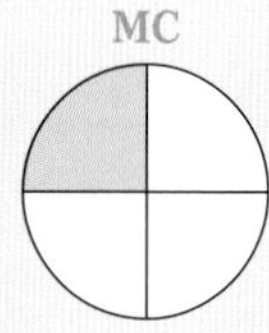

MCは10ハウスのスタート地点。ホロスコープチャートの一番上の位置にあり、ラテン語で「中天」を示す「Medium Coeli」の略語です。天の高い場所にあることから、ここにある星座が、チャートの持ち主の最盛期の運を表すと同時に、本人が人生において到達したいゴール、理想の社会を示しています。

10ハウス 社会、到達する地位

【社会性の部屋】今世、ホロスコープチャートの持ち主が、どんな社会で生きていくか、どんな役割を担っているかを示します。9ハウスで得た専門的知識を社会、組織の中でどのように活用させるかも見えてきます。いわば、どんな人生のゴールが待っているかを、このハウスは教えてくれるのです。【キーワード】社会、職業、地位、ゴール、履歴

11ハウス 協力者、改革

【希望・同志の部屋】10ハウスが示す社会を支える人たち、関わる団体や組織、さらにはそこから生まれるコミュニティーを示します。それはインターネットなどを使っての、国境を越えた宇宙視点のつながりです。より良い社会にするために、どのような人たちと協力していくかが見えてくるでしょう。【キーワード】希望、理想、友人、グループ、団体

12ハウス 精神世界、過去世

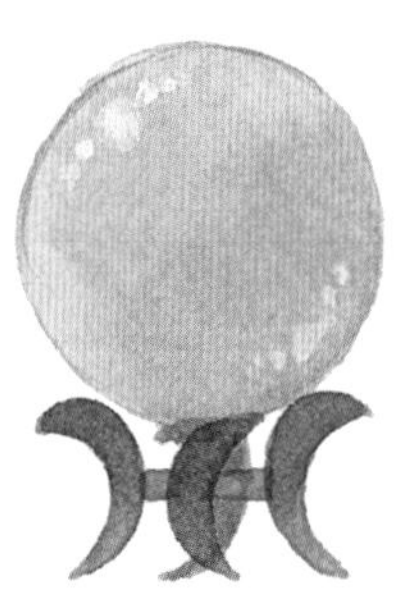

【霊性の部屋】目に見えない精神的社会を示します。「現世」を示す第1ハウスの背後にあるため、「過去世」と解釈もできますし、見えない世界＝精神世界を示す場所でもあります。隔離されてもいますから、病院や避難所を示す場合も。また無償の奉仕や慈善事業も表します。【キーワード】隠れた世界・場所、霊性、病院、障害、避難、隠れた敵

天体配置から見える人生傾向

どのハウスに、どの天体が入っているかを見ていくことで、自分自身を詳しく知ることができます。ですが、ホロスコープチャートのどのあたりに天体が固まっているか？　そうした配置状態からも、人生傾向が浮かび上がってくるのです。ハウスの意味を覚え切れない頃は、こうした手法でチャート読みを楽しんでください。

ここでは、ホロスコープのハウスを３つに分けてく方法をご紹介しましょう。

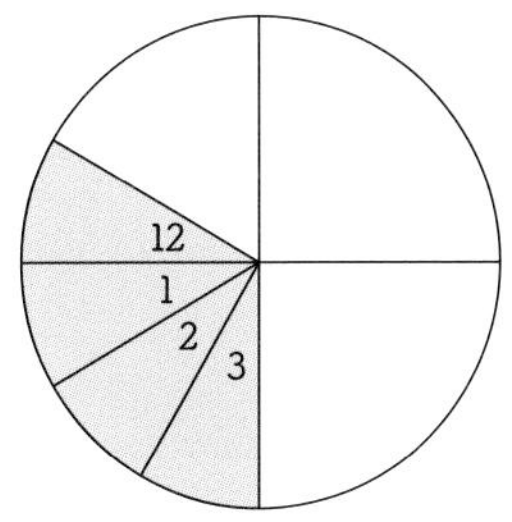

セルフバリエーション

ほとんどの天体がチャートの左から左下、12ハウスから3ハウスに入っているタイプです。**自分自身に一番興味があり、1人で頑張っていける人**。他人と自分を比べずに、過去の自分と比べて現在の自分はどうか？　と考えられます。いつまでも成長できる人。ただ、悪くすると自己中心的となるかもしれません。

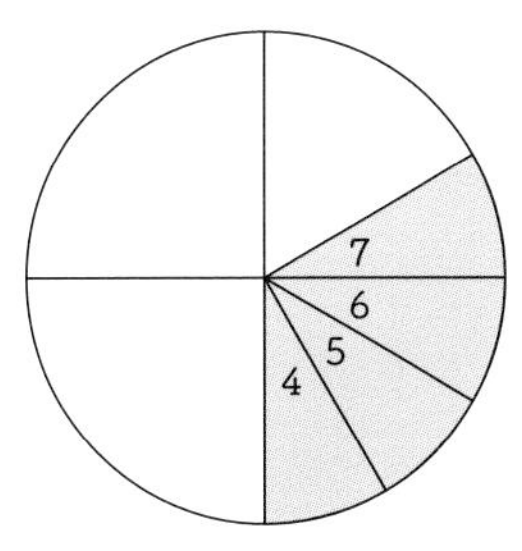

リレーションシップバリエーション

チャートの右から右下、4ハウスから7ハウスに、ほとんどの天体が入っているタイプ。自分１人ではなく、**家族や恋人、子どもなど、身近な人たちと力を合わせて、目標達成に向けて生きていく傾向が強い**でしょう。自分以外の誰かからの激励をエネルギーとし、日常生活を送っていく人です。

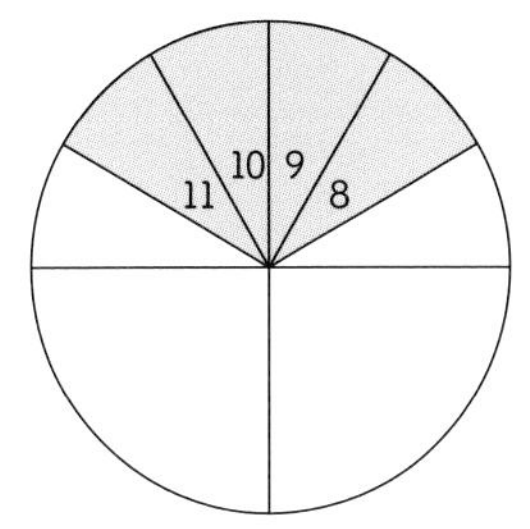

パブリックバリエーション

チャートの上部、8ハウスから11ハウスにほとんどの天体が入っているタイプ。**身内以外の他人、または社会的に認められ、地位を築くことに力を注ぐタイプ**です。内にこもるとストレスが溜まるため、外に出て仕事をしたり、NGO、NPOなどの組織に参加したりと、とにかく社会と関わっていきます。

エネルギーを示す アスペクト

アスペクトとは、ホロスコープ上で2つの天体が取る特定の角度のこと。その角度によって、各天体のエネルギーの出方が変化します。多くの種類がありますが、ここでは「メジャー・アスペクト」と呼ばれる5種類をご紹介しましょう。この5種類の内、エネルギーの出方が穏やかなものは「イージーアスペクト」、厳しいものは「ハードアスペクト」と呼びます。

コンジャンクション

良くも悪くも強く影響し合う

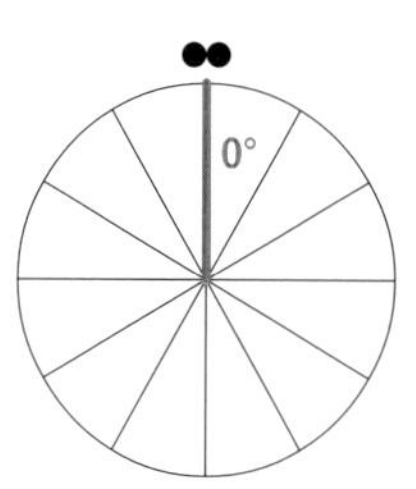

2つの天体が同じ位置で重なる配置です（0度）。影響し合う力が最も強く、それだけに関わる天体で吉凶が大きく変わります。たとえば、身体や能力を使って自己表現しようとする獅子座の太陽に拡大発展のエネルギーをもつ木星がコンジャンクションを取れば、自然と華やかな人となるでしょう。土星がコンジャンクションを取ると、自己表現は苦手と感じる一方で、慎重で努力を嫌がらない人とも読むことができます。

イージーアスペクト

トライン

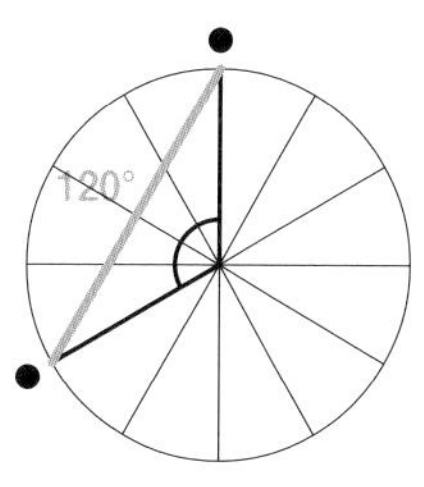

2つの天体間の度数が約120度離れている配置です。この角度を取っている天体は、同じエレメントの星座にある場合が多く、似たようなエネルギーをもっています。ですから互いの力を自然な形で融合させられますし、発展していけるでしょう。たとえば、獅子座の太陽とマレフィックの土星。トラインであれば、責任感の強さと忍耐強さが年齢とともに身につき、次第に一目置かれる存在に。多くの人を率い、指導する力も生まれます。

セキスタイル

互いの長所を有効に使う

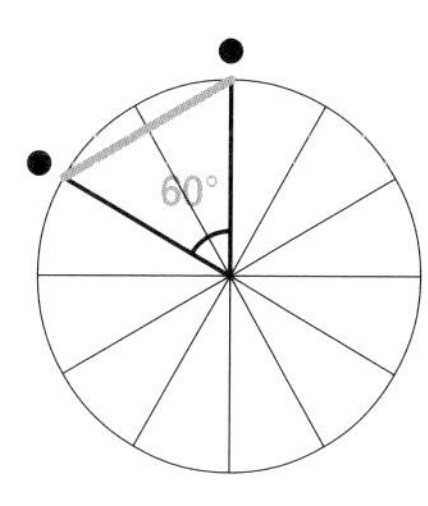

2つの天体間の度数が約60度離れている配置。トライン（120度）の半分で、やはり良い影響を与え合います。ただ、たいていは火と風、地と水という異なるエレメントの星座にあり、エネルギーの質も異なります。各天体のエネルギーの長所を意識して使う工夫が必要です。たとえば、金星と火星がセキスタイルなら、まず自分の魅力を磨きあげるためのアクションを起こす工夫が大切と読めます。

ハードアスペクト

オポジション

強い緊張状態と葛藤を生む

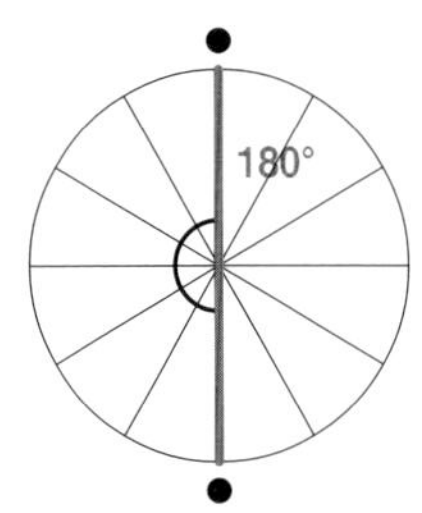

2つの天体間の度数が約180度離れている配置。コンジャクションの次に強い力が生まれるアスペクトです。真逆のエネルギーが衝突し、葛藤や緊張感が生まれます。たとえば月が10ハウスにある人にとって、社会で働くことが精神的安定につながります。しかし180度離れた4ハウスに木星があれば、外よりも家庭内に発展する要素があることを暗示。この人の中で、外で働くか、家事に専念するかの葛藤があると読めます。

スクエア

克服することで成長できる

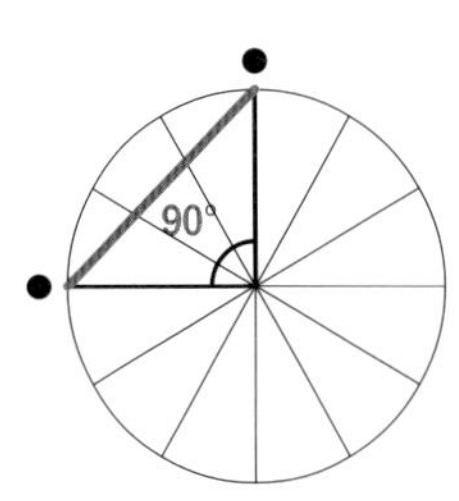

2つの天体間の度数が約90度離れている配置。克服しなければならない障害や困難があることを示すアスペクトです。しかし、それを克服できれば、その人は精神的に成長し、社会的に認められる人ともなるでしょう。たとえば、双子座の水星に対して発展・拡大の木星が魚座でスクエアを取る人の場合、とりとめのない会話でひんしゅくを買う可能性が大。でも、それを自覚しコントロールできれば、会話上手となるはずです。

太陽×月のアスペクト解釈

アスペクトの読み方例として、ここでは太陽と月が形成するアスペクトを見ていきましょう。太陽と月は人生の芯となる部分を受けもち、ホロスコープチャートを読む際、この2つの天体がアスペクトを取っているかどうかは必ずチェックします。このアスペクトの読み方を、他の天体にも応用してみてください。

☌ コンジャンクション

自我を示す太陽、感情を表す月が同じ星座にいます。エネルギーの現れ方が同じですから、目的意識がはっきりして、矛盾や迷いもなく、まっすぐな生き方ができる人です。その星座の特徴が前面に出るので、ある意味個性的。「自分は○○座生まれ」と言えば、星占いに興味のある人は皆、納得するでしょう。自分のしたいことを仕事にできる人です。

イージーアスペクト

△ 120° ⚹ 60°

社会的な顔である太陽と、内面を表す月が調和している状態。安定した生活ができる人です。特にトラインを取っているなら、太陽と月の星座のエレメントが同じであることが多いでしょう。そのエレメントの特徴が、個性として表にでてきます。安定した状態ですから、素直で明るい人。本音を上手に表現できるでしょう。人気者である可能性も大。

ハードアスペクト

☍ 180° □ 90°

太陽の示す自我と、月の示す本音や感覚が相反している状態。つねに葛藤し、緊張しているでしょう。そのために本音を言えなかったり、迷いが生じやすかったりで、自分で決められないという形で現れる場合も少なくありません。親のことで問題が生じがちというケースも。ただスクエアの場合、葛藤に向き合うことで人間的成長も可能です。

example

実例でわかる ホロスコープチャートの読み方

ここまで学んできたホロスコープチャートを構成する要素 —— 天体、星座、ハウス、そしてアスペクトを使い、実際のホロスコープチャートを読んでいきましょう。1つのホロスコープチャートから、じつに多くのこと、自分でも気づいていなかったこと、忘れていたことが見えてくるのを体感し、チャートが「魂の計画表」であることを実感してください。

なお、ここでは「何を知りたいか」によって、ホロスコープ上でチェックするポイントをあげています。このチェックポイントは占い師さんによってさまざま。ここでは、ターラ流の読み方なのだとご理解ください。

マスト ここではホロスコープチャート上でチェックしていくポイントを複数あげていきますが、中でも「ここだけは必ずチェックしておきましょう」というものに、この「マスト」マークをつけています。

【例】

Mさん

1972年4月18日　15：56
兵庫県生まれ

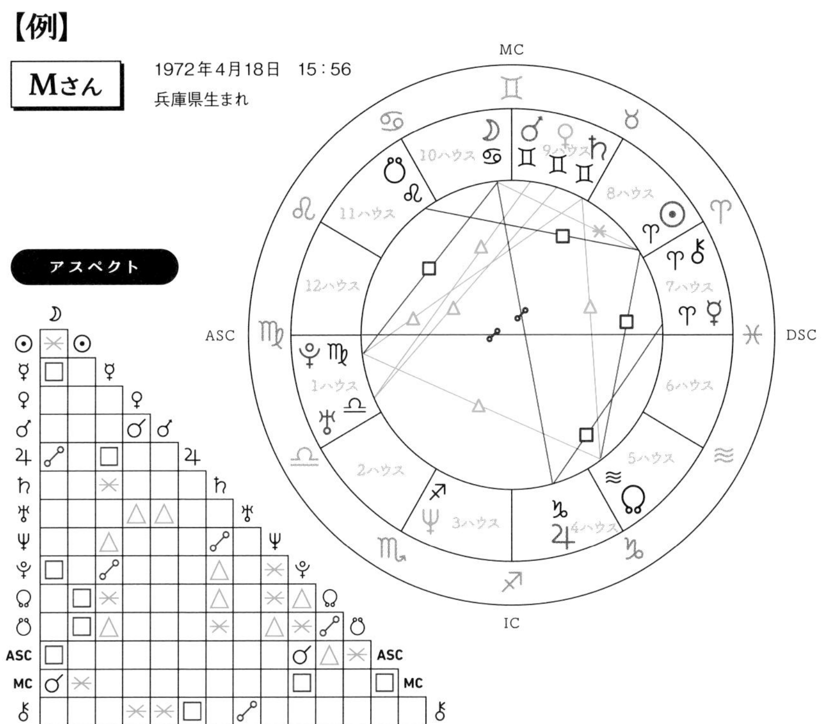

アスペクト

天体の位置

太陽	☉	牡羊座28度
月	☽	蟹座0度
水星	☿	牡羊座4度
金星	♀	双子座13度
火星	♂	双子座14度
木星	♃	山羊座8度
土星	♄	双子座4度
天王星	♅	天秤座15度
海王星	♆	射手座4度
冥王星	♇	乙女座29度
ドラゴンヘッド	☊	水瓶座0度
ドラゴンテイル	☋	獅子座0度
キロン	⚷	牡羊座14度

ハウスカスプサイン

1ハウス（アセンダント）	乙女座26度
2ハウス	天秤座26度
3ハウス	蠍座25度
4ハウス（IC）	射手座26度
5ハウス	山羊座27度
6ハウス	水瓶座26度
7ハウス（ディセンダント）	魚座26度
8ハウス	牡羊座26度
9ハウス	牡牛座25度
10ハウス（MC）	双子座26度
11ハウス	蟹座27度
12ハウス	獅子座26度

example

基本的な自分を読む

まずは、多くの人が知りたい、自分自身がどんな人間なのか？という問い。ホロスコープチャートのさまざまな箇所に、その答えが用意されています。どこをどうチェックしていけば良いのか、チャレンジしてください。

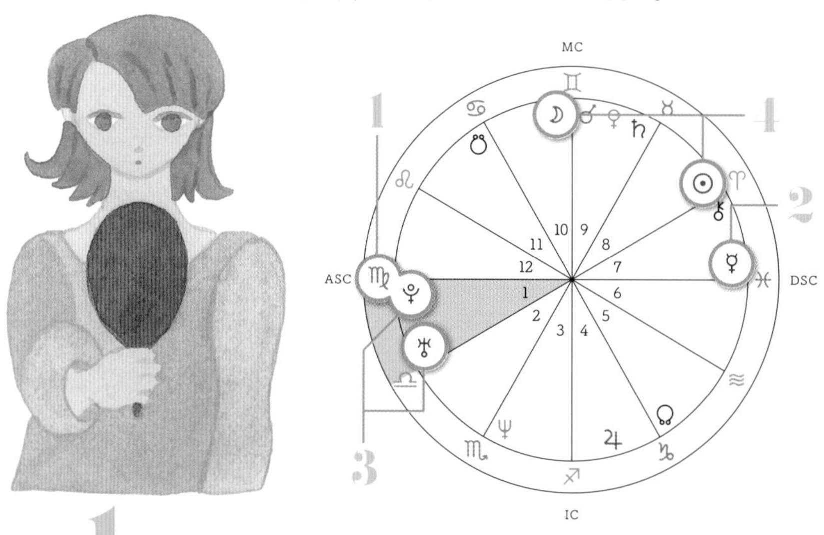

1 アセンダントの星座をチェック

その人の身体的特徴、第一印象をアセンダント星座は示します。Mさんのアセンダントは乙女座で、清楚できちょうめんな印象を与えるでしょう。さらに、このアセンダントにアスペクトを形成する天体も重要です。冥王星がコンジャンクションしていますから、冥王星の「底知れないエネルギー」をもつ、非常にタフなタイプ。ただ、蟹座の月がゆるくスクエアを取るため、社会生活や精神状態によって体調が左右されてしまうでしょう。

アセンダントの守護星をチェック

アセンダント星座の守護星（P193）が、どのハウスに入っているかで、その人が社会を生きる上で、どの分野で活躍できるかを見ます。Mさんのアセンダント星座は乙女座で、守護星は7ハウスに入っている水星です。この場合、Mさんは乙女座の特徴である実利的・分析的なエネルギーをうまく活用できる人。社会生活においては、相手の悩みに冷静に分析し、問題の本質を解明。鋭くアドバイスできる人と読めます。

3 1ハウスに入っている天体をチェック

その人の今世でのテーマ、ポリシーを示すのが1ハウスです。ここに天体がある場合、その人の生き方に強く影響すると考えます。Mさんは、冥王星のコントロールしがたいエネルギーによって幼い頃に困難な経験をした可能性があります。そうした時期に強い自我が育まれ、多少のことでは動じないタフな人と言えるでしょう。さらに天王星も入っていますから、常識やルールに逆らい、独自の方法で自分自身を改革していこうとします。

4 マスト 太陽と月をチェック

「本来の自分」を表す太陽と月。太陽はその人の自我が必要としているものは何か、月はどのような状況で精神的に落ち着くかが見えてきます。Mさんの太陽は牡羊座で8ハウス。精神的でスピリチュアルな世界での成功を目指すのでしょう。月は蟹座で10ハウスにあります。家庭を大事にする人で、しっかり家事もこなすでしょう。しかし社会に出て働くことも重要だと考えているため、家庭と仕事で常に忙しくしているでしょう。

Check

あなたのアセンダントの星座は何座ですか？ （➡ P050を確認）

あなたの太陽星座は何座？　月星座は何座？ （➡ P036、P044を確認）

example

体質を読む

人生を知る上で、自分がどんな体質をもって生まれてきたかを知るのは大切です。無理がきくのか、身体のどこの部分がウィークポイントかを把握し、健康を維持する手がかりとしてください。

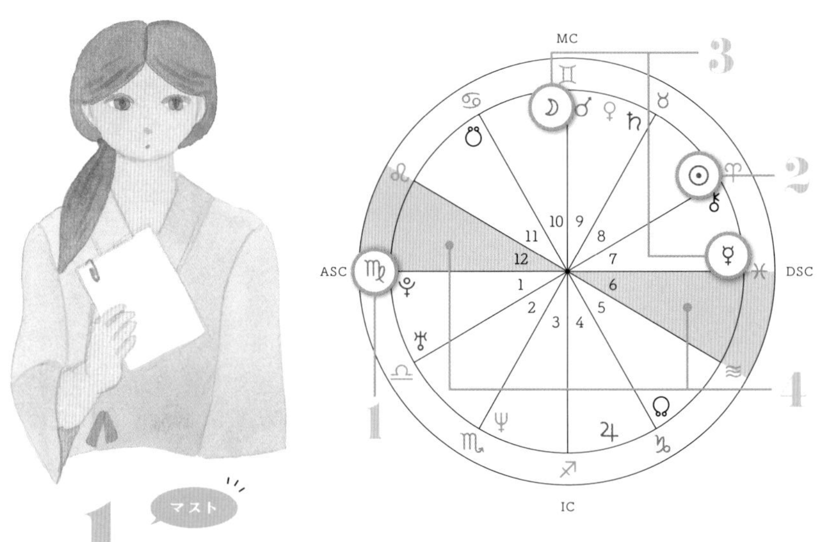

1 マスト アセンダントの星座をチェック

アセンダント星座については「基本的な自分を読む」でも触れましたが、その人のもって生まれた体質、特に遺伝的体質も示します。Mさんのアセンダントは乙女座ですから、その細やかさゆえのストレスが腸の不調という形になって表れやすいでしょう。冥王星のおかげで基本的にはタフではあるものの、それがかえって働きすぎにつながる面も。また1ハウスには天王星が入ってますから、独創的な健康法で体調を維持するとも読めます。

2 太陽をチェック

星座で生命力の治癒力を判断します。太陽が牡羊座、獅子座、天秤座、射手座は肉体的に強く、蟹座、山羊座、魚座は虚弱ぎみ。牡牛座、双子座、乙女座、蠍座、水瓶座はアセンダントと合わせて判断します。なお、太陽が土星や海王星とハードアスペクトだと、星座の示す部位が弱くなります。たとえば、太陽が牡羊座で土星とスクエアであれば頭痛もちでしょう。Mさんは太陽が牡羊座で土星、海王星ともノーアスペクト、肉体的に強い人です。

3 月、水星のアスペクトをチェック

月は体液やリンパ液、交感神経に関わる天体で、精神面に深く関わります。また日常生活とも深く関わるため、悪習慣が原因の病なども見ることができます。水星は神経に関係しているため、月と同様、メンタルの状態を見るのに適した天体です。Mさんは月、水星とも冥王星、木星とハードアスペクト。ストレスからつい暴飲暴食をしやすく、神経が高ぶりやすいため、普段からリラックスできる方法を見つけておくと良いでしょう。

4 マスト 6ハウスと12ハウスをチェック

6ハウスはその人の肉体的な健康状態、日常の生活習慣や癖、食生活などを見るのに役立ちます。対向にある12ハウスは、6ハウスが原因となる病気の治療、病院を暗示。入院や療養に縁があるかが見えてきます。この2つのハウスに天体、中でもマレフィックがあったり、ハードアスペクトがあったりすると、病気に悩まされがち。Mさんは6、12ハウスともに天体がないので、長期の治療が必要な病気にはかかりにくいと言えます。

Check

あなたのアセンダントの星座は何座？ （➡P110を確認）

あなたの6ハウスのカスプは何座？ （➡P030を確認）

example

知性・コミュニケーション傾向を読む

ここで示す「知性」とは、情報を瞬時に分析・対応するタイプか、じっくり裏を取って考えるタイプかということ。情報処理をどのように行うかを探れば、その人にぴったりなコミュニケーションスタイルも見えてきます。

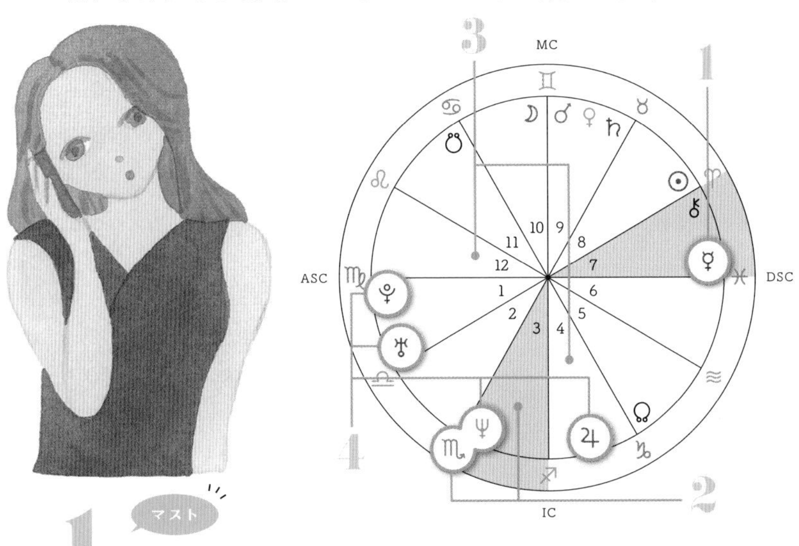

1 マスト 水星の星座、ハウスをチェック

知性やコミュニケーションを管轄する天体は水星。その水星の星座、ハウス、アスペクトをチェックします。Mさんの水星は牡羊座で、7ハウスにあります。次々と新しいことを企画しますし、それをパートナーと一緒に実現させていける人です。海王星が120度、土星が60度とイージーアスペクトを組んでいますから、夢を実現していくための知識、追究する気力体力など、バックアップ体制も十分整っています。

3ハウスをチェック

その人の知性、考えを表す3ハウス。このハウスが始まる箇所（カスプ）にある星座からも、その人の人生にとって、知性やコミュニケーションがどんなものなのかが見えてきます。Mさんの3ハウスカスプサインは蠍座。深く掘り下げて考える傾向があります。蠍座のルーラーである冥王星は、アセンダントとコンジャンクション。良くも悪くも、知性やコミュニケーションを生かすことは、Mさんの人生において重要な意味があると言えるでしょう。

3 4ハウス、12ハウスをチェック

もっと詳しく見ていきたいという場合は、その人の無意識の領域をつかさどる4ハウス、12ハウスもチェックしておきましょう。Mさんの4ハウスには、拡大・発展の木星が入り月とオポジションを取っています。12ハウスには天体は入っていませんが、カスプサインは獅子座。獅子座のルーラーである太陽は牡羊座で、8ハウスにあります。おおらかな家庭に育ち、自然とポジティブなものの見方、考え方ができるタイプと言えるでしょう。

4 木星、世代天体をチェック

他に、判断力は木星や9ハウスから見ることができます。また、冥王星は無意識、海王星はインスピレーション、天王星は直観力を表します。これらのアスペクトなどもチェックしてみましょう。Mさんの木星は4ハウス、冥王星、天王星は1ハウス、海王星が3ハウスにあります。また海王星は水星とトラインです。総じて、霊感や直感に従って決断し、物事を進めていく傾向が強め。占いやタロットなどで判断するということもありそうです。

Check

あなたの水星は何座ですか？ （➡ P065を確認）

あなたの3ハウスのカスプは何座ですか？ （➡ P073を確認）

example

家庭環境を読む

家庭環境は、人生にとって基礎となる場所。その人の人格を作り出し、恋愛や結婚、人間関係といった「人との関わり方」のベースとなります。ここからは多くのものが見えてきますから、ぜひチェックしておきたいものです。

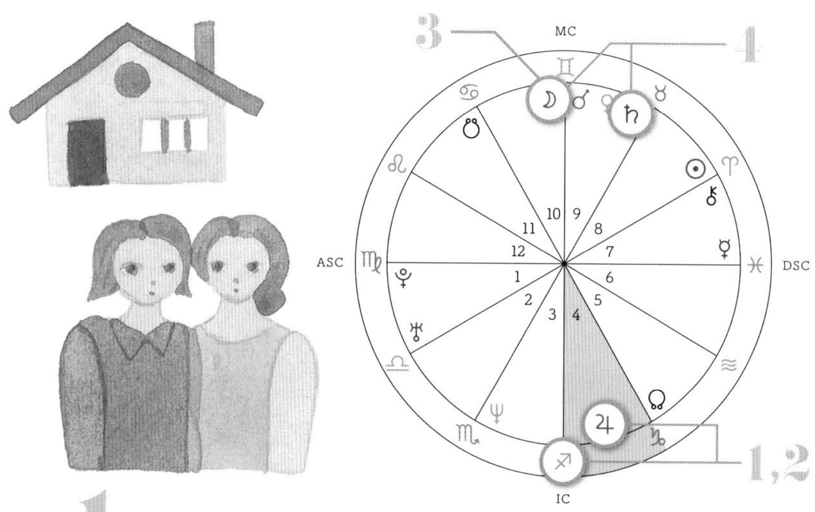

1 4ハウスのカスプの星座、守護星をチェック

4ハウスのカスプに当たる場所は、その人の家庭の雰囲気、家族関係を示します。その星座で家庭の雰囲気、さらに星座の守護星からは本人がその環境をどう感じているかが見えてきます。Mさんは射手座、その守護星はベネフィックの木星。自由でおおらかな家庭だったことでしょう。ただ、木星は月、水星とハードアスペクト。本人は、そのおおらかさを嫌っていたことが見てとれます。

4ハウスに入っている天体をチェック

家庭環境を示す4ハウスに天体が入っていれば、合わせてチェックしていきましょう。このとき、4ハウスのカスプサインと合わせて読むことが大切です。Mさんの場合はベネフィックである木星、カスプサインは射手座です。1で見えてきた、自由でおおらかな家庭環境が、木星によって強調されていたでしょう。ここにマレフィックの土星が入っていれば、厳しい父親によって本人の希望をなかなか認めてもらえず苦しかったかもしれません。

3 マスト 月をチェック

本人の家庭環境を見るのには、月のアスペクトもチェックする必要があります。Mさんの月は、冥王星、木星、水星とハードアスペクトを形成。子どもの頃、Mさんは自分の思いを言葉で伝えたものの、いいように拡大解釈されるなどして、家族に対する不満が生まれたのがうかがえます。月は変わりやすいものなので、何かの拍子にそうした不満が軽減されても、また同じことが起こり不満が増大……と繰り返されたことも見えてきます。

4 土星、月をチェック

土星は本人にとっての父、月は本人にとっての母のイメージを示します。この2天体が、それぞれどんな状態かで、その人の中での父親像、母親像が見えてきます。Mさんの土星は水星、ドラゴンヘッド、冥王星とイージーアスペクト、海王星とハードアスペクト。忍耐強く、家族のために身を粉にして働く父親像が見えてきます。月は水星、木星、冥王星とハードアスペクト。おおらかながらも、あまり人の話を聞いてくれない母親像が浮かんできます。

Check

あなたの4ハウスのカスプは何座ですか？ （➡ P082を確認）

あなたの月は何座ですか？ （➡ P142を確認）

第5ハウスが示す子どもとの関係性

家庭を作る要素として、「子ども」も大切なものとなります。さまざまな切り口がありますが、ここでは子どもを示す5ハウスにどんな天体が入っているかで、子どもとの関係を通して得られる学びに焦点を当ててみましょう。

☉ ☽ ☿ ♀ ♃
太陽、月、水星、金星、木星のいずれかが入っている

子どもが、その人の「先生」となるでしょう。子どもと触れ合う中で、自分の無邪気さや創造性、楽しさ、遊び心を刺激されひらめきにつながります。クリエイティブな才能を引き出され、それを使えば使うほど人生が豊かになっていきます。

♂ ♄ ♅ ♆ ♇
火星、土星、天王星、海王星、冥王星のいずれかが入っている

シンプルに楽しんだり、遊んだり、子どもを愛したりする喜びだけでなく、それにまつわる葛藤や不安も抱くでしょう。ただ、そうした経験を通して魂が磨かれ、人生が少しずつ強く豊かになっていきます。子どもを持つことで、「与えられる喜び」だけでなく、「克服していく強さ」もセットで体験できます。

☊ ドラゴンヘッドが入っている

子どもとの関わりを通して新しい自分を発見し、進化していくことができます。子どもとの関わりは、自分自身の置き去りにされた「子どもの領域」を再体験することであり、癒やしにつながるのでしょう。中には子育てが苦手だと感じる人もいますが、苦手だからこそ子どもと関わっていく必要があるのです。

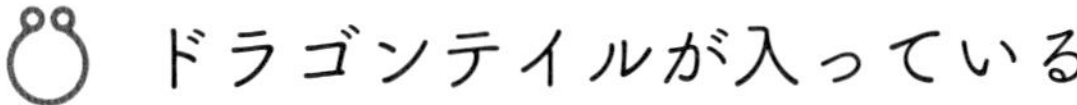

☋ ドラゴンテイルが入っている

過去世において十分子どもと関わり、必要な学びを経験してきた魂です。もう卒業と言わんばかりに子どもとは関わらないかもしれませんし、またはやり残した課題を仕上げるかのごとく、特定の子どもとの関係に人生を捧げるような人もいるでしょう。いずれにしても必要な学びをこなすために、強い絆の子どもと出会い、再構築していく機会があるでしょう。

⚷ キロンが入っている

子どもに対して敏感に反応し、対応できる人です。これは、子どものことに関して傷ついてしまった経験があるためかもしれません。それゆえに、他者や特に子どもを思いやり癒してあげることができる能力に長けています。子どもと携わることや、誰かの能力を開花させる手伝いをすることで、自分自身の傷を癒やすことができます。

天体が3つ以上入っている

どの天体かに関わらず3つ以上の天体が5ハウスに入っていると、かなりクリエイティブな能力を試す機会が与えられています。シンプルに子ども運が強く、子どもを通して人生が大きく展開していくとも読めますが、自分の子どもに限らず養子や施設、教育関係において関わることを示していることもあります。他人の子どもとの関わっていくことで、自分の持つ子ども以上に必要な学びが設定されていると言えるでしょう。

子どもに関することはすべて、自分の個性や創造性を試され、あらゆる方法で自己表現していく道へと導かれています。それらを通して自分の魂を昇華させたいという願望があるようです。

何も天体が入っていない

天体が入っていないからといって、子どもと縁がないわけではありません。子どもにとどまらず人生の別の分野において可能性を開花させたい、携わりたいと願っている魂なのかもしれません。詳しくは「自分の人生は、どのように「子ども」が関わる？」（→P086）をご覧ください。

example

金銭感覚を読む

現代社会に生きていく上で、お金を必要としない人はいません。ただ、多く持っていればいいというものでもなく、どう遣うかが大切。上手に遣うためにも、自分がどんな金銭感覚をもっているかを把握しましょう。

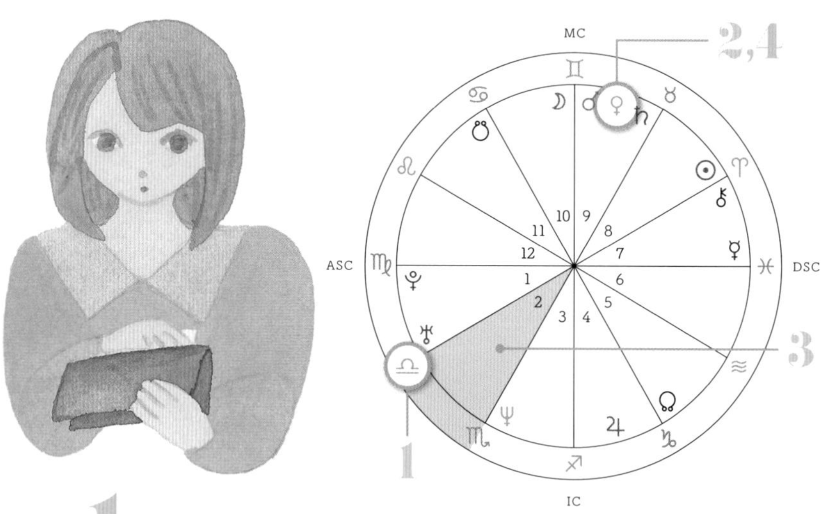

1 2ハウスのカスプの星座をチェック

まず本人の金銭に対する感覚を示す２ハウスの星座をチェックします。火のエレメントは、お金は実力で得て、好きなように使うもの。地のエレメントは、価値あるものにのみお金を払うべき。風のエレメントは、お金は世の中を巡っていくもの、水のエレメントは、欲求を満たすために必要なもの、という感覚が根本にあります。Ｍさんの２ハウスのカスプサインは天秤座。美しく質の良い生活を得るためにお金を遣うという感覚が強いでしょう。

2ハウスのカスプの星座の守護星をチェック

さらに、2ハウスのカスプサインの守護星の状態もチェックします。Mさんの場合、天秤座ですから、守護星は金星。ベネフィックですから、お金には恵まれる上、天王星とトラインを取っています。ユニークなアイデアを生かしてお金を得るでしょう。このように、守護星を見ると、実生活の豊かさが浮かび上がってきます。またベネフィックであれば基本的にお金には困りませんし、マレフィックであればお金の不安が生じやすいともわかります。

3 2ハウスの天体をチェック

Mさんの場合、2ハウスに天体がないのでカスプサインで見るだけで十分ですが、もし天体が入っている場合は、それもチェックしましょう。たとえば、マレフィックである土星が入っている場合、お金に対する不安があるかもしれませんが、生活するのに困らない収入があっても、お金を遣うことに躊躇する傾向があり、コツコツと貯蓄することで金運が上がるとも読めます。天体のもつ長所と短所を把握しながら、チャートを読んでいってください。

4 マスト 金星をチェック

出生地、出生時間がわからない場合を含め、金星の状態をチェックするのも大切です。もともと金運を示すのは月、金星、木星がありますが、月は日々の生活費、木星は財運といった動きのないお金を示します。金星は贅沢ができるかどうかというレベルの金運を示しますから、一般的な金運を見るには金星が最適なのです。次のページで金星が他の天体とアスペクトをとった際の金運の状態を説明していますので、参考にしてください。

Check

あなたの2ハウスのカスプは何座ですか？　（➡ P076を確認）

あなたの金星は何ハウスにありますか？　（➡ P078を確認）

金運を示す金星のアスペクト

金星は本来、ベネフィックです。ただ、他の天体とのアスペクトによっては、お金に苦労するなど、結構、他の天体によって影響されやすく、いろいろな表情を見せる天体でもあります。ここでは、金星が他の天体とアスペクトを取った場合の金運を見ていきます。

♀×☉ 金星と太陽がアスペクトを組む人

太陽と金星は、48度以上離れることがないため、180度、90度といったハードアスペクトを取ることはありません。ですから、コンジャクションしていれば、基本的に金運は良い人です。ただ、贅沢をしすぎて、お金がいつのまにかなくなっているという場合も。

♀×☽ 金星と月がアスペクトを組む人

コンジャンクションやイージーアスペクトを取っていれば、金運はあります。あくせく働かなくとも自然とお金が回り、極端な贅沢を望まなければ大丈夫。ハードアスペクトは、物足りない思いをお金で埋めようと無駄遣いをしてしまう傾向が。

♀×☿ 金星と水星がアスペクトを組む人

コンジャンクションやイージーアスペクトであれば金運は良好。知性や感性を生かした仕事をすると収入アップにつながります。水星と金星は76度以上離れないため、180度、90度のハードアスペクトはありません。ただ45度を取ると甘い考えで失敗する場合も。

♀×♂ 金星と火星がアスペクトを組む人

コンジャンクションの場合、お金は入ってくるものの、ダイナミックに使ってしまいがち。イージーアスペクトだと、社交のうまさが金運を後押し。接客や営業で収入を得やすいタイプです。ハードアスペクトなら、理想と現実のギャップを埋めようと浪費する傾向が。

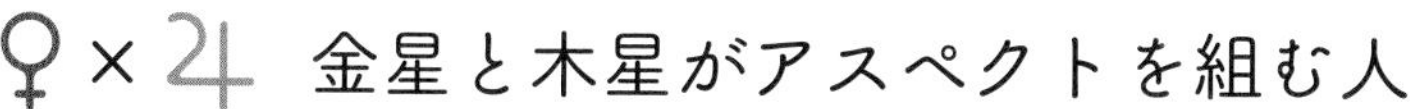

♀×♃ 金星と木星がアスペクトを組む人

イージーアスペクトの場合は、基本的に生活は豊かで、美容や女性をターゲットにした仕事で収入もアップします。ハードアスペクトの場合、贅沢な服や装飾品などで浪費する傾向が。コンジャンクションも運は良いのですが、自分を甘やかして失敗しがちです。

♀×♄ 金星と土星がアスペクトを組む人

コンジャンクションの場合、お金の不安がつきまといます。それゆえに堅実にお金を貯められるタイプ。イージーアスペクトも、堅実な経済観念で金運をアップ。ハードアスペクトの場合、出すべきところで出さず、人間関係を悪化させて金運ダウンという場合も。

♀×♅ 金星と天王星がアスペクトを組む人

ユニークな価値観が生まれます。コンジャンクション、イージーアスペクトの場合は、それがうまく生かされ、定期的ではないものの大きな収入につながります。ハードアスペクトの場合、金銭の出入りが激しく、借金で苦しい思いをする場合も。投資は避けるのが無難。

♀×♆ 金星と海王星がアスペクトを組む人

夢見がちになるアスペクト。それゆえに、コンジャンションやハードアスペクトの場合、際限なく貢いでしまいがち。金銭管理には向いていません。イージーアスペクトの場合、その案配がうまく、必要以上の支出はしないでしょう。芸術的才能が収入に結びつく場合も。

♀×♇ 金星と冥王星がアスペクトを組む人

イージーアスペクトの場合、人生を通じてお金には恵まれます。一方、コンジャンクション、ハードアスペクトは、良いときと悪いときの差が激しく、大金を手にしても、使い方を間違えて大きな借金を背負ったり、金銭に執着しすぎてトラブルになったりしがちです。

example

天職を読む

自分に合った仕事をしたいという思いは、誰もが抱いているでしょう。そのためには、まず自分の才能=個性がどんなものなのかを把握し、その上で、どんな仕事を望んでいるかをチェックしていくと良いでしょう。

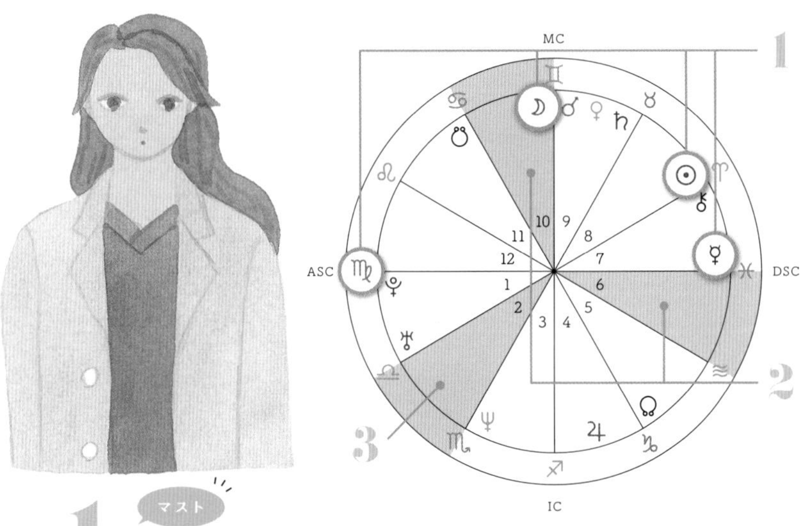

1 マスト 太陽、月、水星、アセンダントをチェック

その人の個性に合った仕事をするために、アセンダントと個人天体、中でも仕事に関わる太陽、月、水星をチェックしましょう。Mさんの場合、太陽、水星は牡羊座、月は蟹座、アセンダントが乙女座。蟹座の月は、人の心を元気にする仕事を望んでいることを暗示。牡羊座の太陽は8ハウス。やはり人の心に深い関心があるのでしょう。アセンダントの守護星でもある水星は7ハウスで、他者の心を分析するカウンセラーなどが向いていそうです。

6ハウス、10ハウスをチェック

天職といえば10ハウスと考えがちですが、現実問題として生活を支える仕事を示す6ハウスも合わせて見るほうが良いでしょう。カスプサインのエレメントで見ていきます。Mさんの場合は、6ハウスは水瓶座、10ハウスは双子座。いずれも風のエレメントですから、自由業が向いています。自分の好きなことを収入に結びつけていくと良いでしょう。知性や言葉を生かして多くの人と接したり、結びつけたりする仕事が向いています。

なお6ハウス、10ハウスのカスプサインのエレメントからは、次のような適職の傾向が見えてきます。仕事を探す際の参考にしてみてください。

火のエレメント：挑戦し、自分で判断・決断できる仕事。ベンチャーも◎。

地のエレメント：安定し、1つの所で経験を積める仕事。公務員。土地に関する仕事。

風のエレメント：自由業。特にコミュニケーションに関わる仕事。

水のエレメント：自分の感性を生かし、福祉や癒やしに関わる仕事。

3　2ハウスをチェック

仕事ですから、報酬についても見ておきたいもの。そこで金運がわかる2ハウスもチェックしておきましょう。Mさんの場合、2ハウスには天体がないので、カスプサインの天秤座の守護星、金星の状態をチェック。金星は双子座で9ハウスにあります。9ハウスには哲学や高等教育という意味もありますから、思想的なものを学んだり、逆に教えたりすると収入に結びつくでしょう。イージーアスペクトの天王星は、ネット講座を仕事にすることを暗示しています。

Check

あなたの太陽は何ハウスにありますか？（➡P038を確認）

あなたの6ハウスと10ハウスのカスプは何座？（➡P112、P126を確認）

example

愛情の形を読む

恋愛運は、占わない人はいないと言っても過言ではないテーマ。質問内容も多岐にわたりますが、まず、本人のもつ愛情の形、恋愛のチャンスが多いか少ないか、恋愛のパターンなどを見ることから始めると良いでしょう。

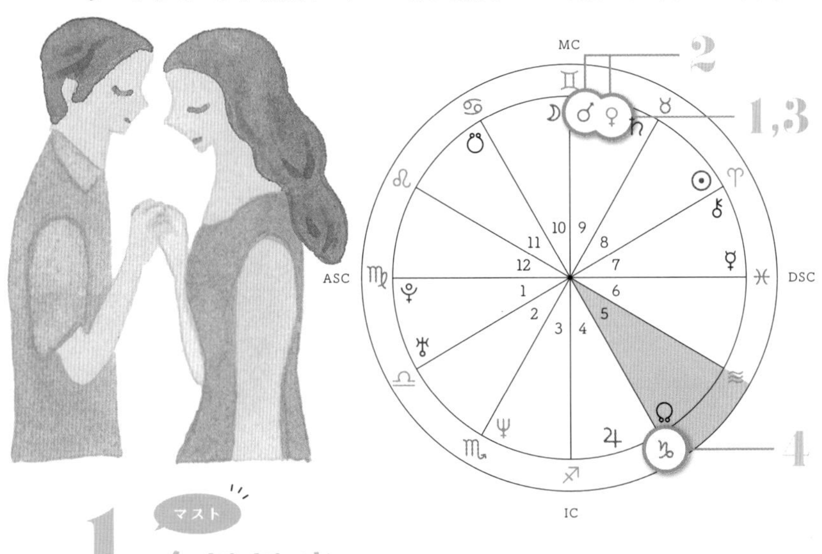

1 マスト 金星星座をチェック

恋愛では、まず金星星座をチェックしましょう。その人の愛情表現、恋をしたときの言動パターンが見えてきます。Mさんの場合、金星星座は双子座。ですから、言葉による愛情表現が得意。話が合う人に魅力を感じます。恋愛に熱中しているようでも、もう一人の自分が冷静さを保ち、溺れることはありません。また、恋人のために自分を犠牲にするよう求められたり、束縛されたりするのを嫌い、そうした状況になれば別れを選ぶでしょう。

2 金星と火星をチェック

続けて火星もチェックしましょう。火星を加味することで具体的な恋愛傾向が浮かんできます。Mさんの場合、金星と火星が双子座でコンジャンクション。話の盛り上がる友人を恋人として意識する傾向が強め。基本的に恋に溺れることはないのですが、火星が加わることで、アプローチは自分から積極的に行い、愛情表現も情熱的なものとなったでしょう。そのため、はた目には恋に夢中になっていると映っているかもしれません。

3 金星と金星以外の天体のアスペクトをチェック

恋愛においては、金星と他の天体とのアスペクトも重要なものとなってきます。Mさんは金星と火星のコンジャンクションの他に、天王星とイージーアスペクトを取っていますから、自由な恋、ドラマティックな展開を楽しむでしょう。イージーアスペクトの場合は、金星以外の天体の良いエネルギーによって、恋愛が発展。ハードアスペクトの場合、金星以外の天体のマイナス面ゆえに少々もめることがあると考えてみてください。

4 マスト 5ハウスのカスプの星座をチェック

恋愛といえば5ハウス。ここのカスプサインによって、どんな恋愛をするか、どんな恋を展開させるかが見えてきます。Mさんの5ハウスは山羊座。慎重で真面目、誠実な恋を展開する状況を暗示しています。天体が示してきた恋愛傾向とは真逆ですが、こうした状況ゆえに、むしろ恋愛は長続きしてきたと考えることもできます。また、山羊座の守護星である土星は、冥王星とトライン。多少のことでは揺るぎません

Check

あなたの金星は何座ですか？ （➡ P096を確認）

あなたの5ハウスのカスプは何座？ （➡ P090を確認）

example

結婚を読む

結婚運も、占いのテーマとしては重要なもの。ネイタルチャートからは、そのチャートの持ち主にどんな結婚相手が設定されているのか、また結婚後の生活はどのようなものかが浮かび上がってきます。

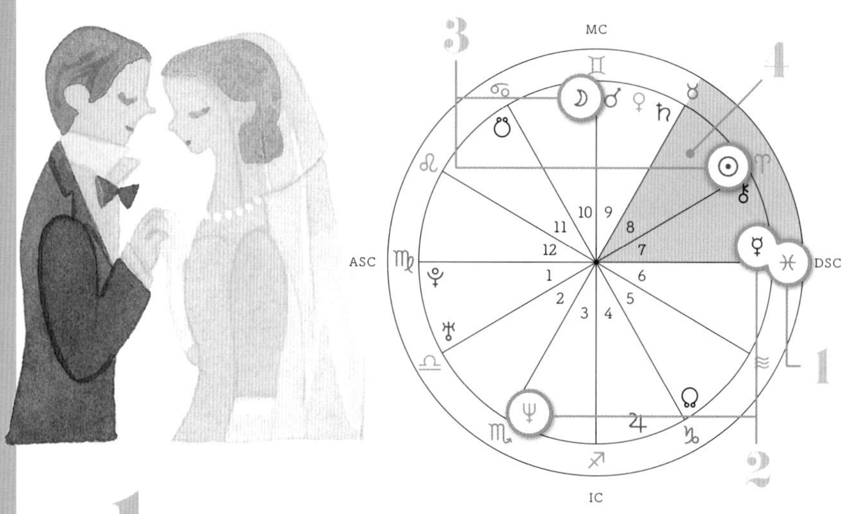

1 7ハウスのカスプの星座をチェック

結婚を示す7ハウスのカスプの星座をチェックしましょう。ここに結婚相手の特徴が現れます。Mさんのディセンダントは魚座です。とても優しく、また芸術家気質の強い人であるでしょう。ただ、現実社会よりも精神性を重視するので、仕事やお金に無頓着かもしれません。そのため、収入面はMさんが支えるという家庭になりそうです。なお、魚座と同じ水のエレメントである蟹座、蠍座ともうまくいく可能性があります。

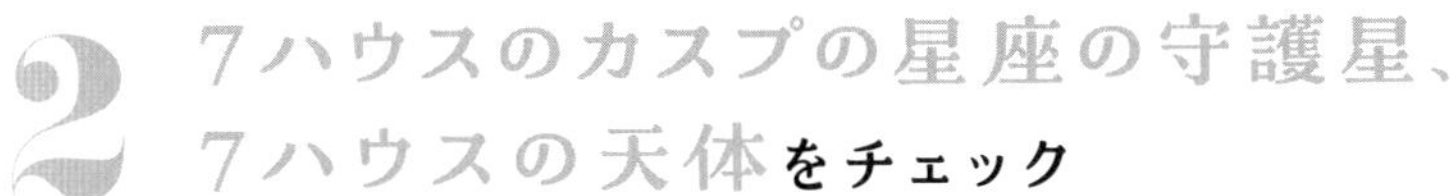

2 7ハウスのカスプの星座の守護星、7ハウスの天体をチェック

7ハウスのカスプサインの守護星、また7ハウスに天体が入っていれば、その状態もチェックする必要があります。Mさんの場合、魚座の守護星である海王星は3ハウスに入っていますから、Mさんとはスピリチュアルな会話が弾む人なのでしょう。また、7ハウスに入っている天体は水星で、この海王星とイージーアスペクトを取っています。Mさんが幸せな結婚をするためには、「会話が弾む」が重要なポイントとなることがうかがえます。

3 マスト 太陽と月のアスペクトをチェック

結婚は社会的な要素も残っています。そこで社会的なエネルギーを示す太陽と家庭生活を表す月の関係性で、結婚運を見ることも可能です。Mさんの場合、太陽と月は約60度とイージーアスペクト。結婚のチャンスには恵まれやすく、息の合うパートナーと出会う可能性も十分あります。なお、太陽と月がハードアスペクトの場合、結婚のチャンスをつかみにくく、結婚生活を続けるにはそれなりの努力が必要と読むことができます。

4 8ハウスをチェック

結婚生活がうまくいくかどうかは、相手の家族との関係、経済状態も大きく関係しますから、パートナーの金運を含めた背景を示す8ハウスもチェックする必要があります。Mさんの8ハウスにはベネフィックである太陽が入っていますから、相手の親族とはうまくやっていけるでしょう。ただ、カスプの星座は牡羊座、守護星である火星も、天王星とイージーアスペクトを取っているので、経済的には良いときと悪いときの差が激しいかも。

Check

あなたの7ハウスのカスプは何座ですか？ （➡P100を確認）

あなたの8ハウスのカスプは何座ですか？ （➡P088を確認）

人生を変える タイミング を読む

生まれたときのホロスコープチャート（ネイタルチャート）からは、未来予測も可能です。方法はさまざまですが、その中の1つに、太陽の度数を起点に、知りたい年齢分の数字を1度ずつ移動。どのハウスに入ったかで未来を予測する、というものがあります。ハウス移動前後の年で状況が変化するため、人生を変えるタイミングを読むことができるのです。

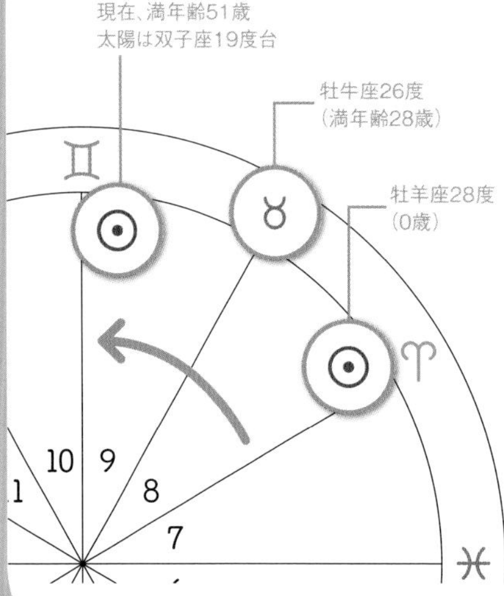

自分の太陽が今、何ハウスにいるかを知りたい場合、**生まれたときの太陽度数を起点に、現在の満年齢分進めましょう。**

【例】 Mさん誕生時の太陽度数は**牡羊座28度（8ハウス）**。ここを起点に牡羊座29度で「1歳」、牡牛座0度で「2歳」と1度ずつ進めると、満**51歳の現在は双子座19度台（9ハウス）**にいることがわかります。**転機を迎えるのは、カスプに「1」を加えた度数に太陽が進んだとき**。Mさんが9ハウスのカスプ＝牡牛座25度に1を加えた26度に到達するのは28歳前後。この頃に、転機を迎えたのでしょう。

★この方法は「プログレス（1年1度法）」と呼ばれ、占星術ソフトを使うと自分の太陽が現在、何座何度にあるか、ハウスを移動する年月日などもわかります。厳密には中年以降少し度数がずれることがありますが、おおまかなタイミングとしてとらえてみてください。

あなたの太陽は、今、何ハウスにありますか？

1ハウス

人生の新しいテーマが見つかり、これまでとは違う生き方を送る時期。周りに左右されず、自分のためにどう生きるかが大切です。

2ハウス

自分の価値観を形にしていく時期。自分に合った仕事に取り組んで、収入も増えていくでしょう。芸術にも縁が生まれます。

3ハウス

コミュニケーションが活性化し、好奇心を満たすために行動する時期。兄弟姉妹や隣人、地域社会への貢献に注力できるでしょう。

4ハウス

家族や小さい子どもに愛情を注ぐ時期。家庭に対する思いが強くなりますが、心の安定のために、何かと物を溜め込む傾向も。

5ハウス

自分を表現すること、注目されることに力を注ぐ時期。恋愛にエネルギーを注ぐ他、さまざまなことに挑戦する意欲にあふれます。

6ハウス

仕事への関心が高まります。自分の役割を完璧に果たし、義務を全うすることに生きがいを感じます。健康への関心も高いでしょう。

7ハウス

1対1の人間関係を良好なものに保つことに力を注ぐ時期です。相手に合わせる意識が強くなり、結婚を決める人もいるでしょう。

8ハウス

目に見えない世界と縁ができる時期。生死に関すること、心理学やスピリチュアルへの関心が高まり、心のよりどころとすることも。

9ハウス

世界が広がります。高度な学問、専門性の高い分野の研究に縁がある時期。学びのために海外へ出る機会も増えるでしょう。

10ハウス

社会的野心が生まれ、外での活動に力を注ぐ時期です。責任ある立場になりやすく、その地位を維持するための努力も惜しみません。

11ハウス

社会的なしがらみから自由になり、損得関係のない純粋な友情、グループを大切にする時期。自己啓発、人間的成長を求めます。

12ハウス

周囲のエネルギーに影響されやすい時期。瞑想やスピリチュアルなことなど、見えない存在とつながろうという意識が高まります。

チャート読みつまずき解説

ホロスコープチャートを読んでいく中で、自然と「これはどういうこと？」という疑問が浮かんできます。そんな疑問を集めてみました。

生まれた時間、場所がはっきりわかりません

A>> 生まれた日さえわかれば大丈夫な占い方があります

ホロスコープチャートの作成方法は多種多様。生まれた時間や場所がわからない場合は、**太陽が入っている星座を１ハウスにした「ソーラーサインシステム」**と呼ばれる方法でホロスコープチャートを作ります。このホロスコープチャートアセンダントやMCなどのポイントやハウスは使わずに、各天体が何座に入っているか、他の天体とどんなアスペクトを取っているかで見ていきます。

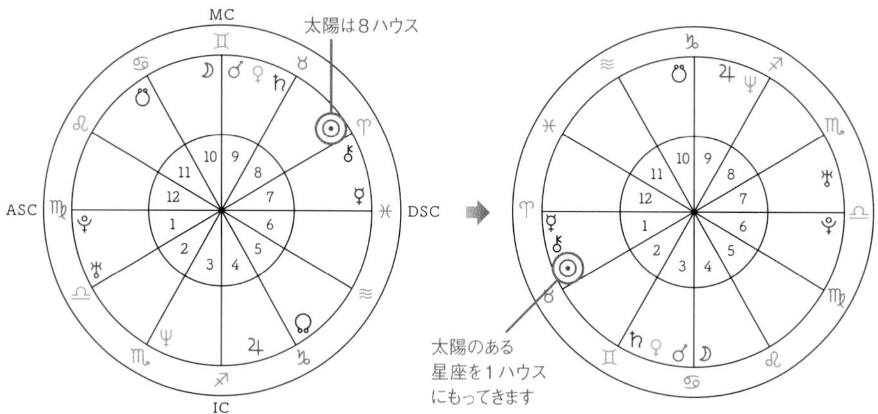

①普段は、コッホという方法で作ったホロスコープチャートを読んでいきます。同じ誕生日であっても、出生時間によってハウスの分け方、天体の位置が変わります。

②ソーラーサインシステムでは、太陽の入っている星座を１ハウスにします。ハウスは均等に30度ずつで分けられます。

Q アスペクトが多いのは良い？　悪い？

A≫ 大切なのは、アスペクトの示す風向きをうまく使うこと

アスペクトをたくさん組んでいると、それだけ**運勢の波の波紋が広がりやすく、常に何かしらの影響を受ける傾向が強め**。反対にアスペクトが少ないと、運勢の波があるときと少ないときと強弱がはっきり出やすくなります。

また、アスペクトが多い場合も、イージーアスペクト（P209参照）が多いのであれば追い風が吹いている状態。ハードアスペクト（P209参照）が多ければ、試練も多いと言えます。なお、コンジャンクション（P206参照）の場合は、状況によって天体の良い面、厳しい面の両方が出ます

人生という大きな流れの中で、自分という小舟を操縦するとき、向かい風に心折れることなく、また追い風にただ流されるのでもない。風向きをきちんと読み、波を乗りこなしていく。あくまでも、自分の人生の舵を取るのは自分ということを覚えていてください。

Q 金星に土星がハード、木星がイージーで角度を取っています

A≫ 両方の意味を読み取りましょう

1つの天体に複数の天体がアスペクトを形成している場合、両方の意味を合わせて読みましょう。たとえば、金星に土星がハードアスペクト、木星がイージーアスペクトを取っている女性の場合。恋愛運はあっても、相手を信じられずに無愛想に対応してしまったり、金運であれば、お金に困らないものの、「なくなるかも」という不安がぬぐえない、と読めます。**天体のプラス面とマイナス面を把握し、どちらが強く出ているかを判断しましょう。**そして**マイナス面が強いと思った場合、自身の気づきによって変えていけるはずです。**

Q 7ハウスが空っぽだと結婚できない？

A >> 人生における優先順位が低いだけ

「7ハウスに天体が1つもないので、結婚は難しいですか？」と質問されることがありますが、もちろんそんなことはありません。**天体が入っていないハウスは、その人の人生における優先順位が低いというだけであり、無縁ということではないのです。**実際、結婚運について相談に見えた方でも、話をよくうかがうと、まずは家族関係、仕事が重要であり、結婚は二の次、三の次ということがあるのです。

なお、天体が入っていないハウスについては、ハウスのカスプサインとその守護星で読むことができます。

Q 境界線ギリギリにある天体はどちらのハウスで読む？

A >> 現在入っているハウスで読みましょう

これは占星術師によって解釈が異なるところです。ハウスの境界線ギリギリに天体がある場合、その**境界線の両ハウスの意味を含めて読むのが一般的**です。たとえば太陽が6ハウスと7ハウスの境界（ディセンダント）ギリギリにある場合、その人にとって仕事（6ハウス）と人間関係（7ハウス）に関することが人生における優先事項と読めるでしょう。**ただ、アセンダント、IC、ディセンダント、MC以外は、天体が入っているハウスでとらえて解釈するほうがわかりやすいでしょう。**

同じハウスの中に3つ以上の天体が入っています

A >> 人生の使命に大きく関わるポイントです

ホロスコープチャートでは、同じ星座やハウスの中に3つ以上の天体が入っている場合があります。「ステリウム」、または「マジョリティ」と呼ばれるもので、**その星座やハウスが人生の舵を取る重要な部分**と考えてください。

たとえば7ハウスに天体が3つ以上入っている場合。これは結婚に縁があるというよりも、パートナーシップや結婚をはじめとした人間関係が、その人の人生の使命、目的を達成するのに大きく関わっているということ。ここにまつわる問題を解消していく中で、人間的に成長できると教えてくれています。

Q 双子だと、運勢は同じになる?

A >> 完全に同じになるのは難しい

双子の出生時間がまったく同じであれば、運勢や性格の傾向は同じになると言えるでしょう。ただ、**出産の際には、どうしても先に生まれるか後に生まれるかで時間が異なります。アセンダントの度数、ハウスのカスプサイン、そのカスプサインの守護星の位置なども変わってくる可能性は十分**。また、性別、生まれ順なども含めて考えると、完全に同じ運勢とするのは難しいでしょう。

おわりに

お疲れ様でした！　いかがでしたか？

好きなところ、誇れるところ、意外な自分や新しい自分を

発見できたでしょうか？　78 個も自己分析する項目があるので、

難しいとか少し違ってるかもと感じた部分があったかもしれませんが、

大丈夫です。きっと自分にとって必要なことは、

必要なタイミングで受け取れます。

私たちは普段、物質社会の中で役割に縛られて、周りと比べられ、

本当の喜びや存在意義、愛を忘れがちです。自分でさえも

本当の自分がわからない、ということもあるかもしれません。

私たちの命は事実、今ここに存在しています。

この宇宙に生かされている存在なのです。

そんな素晴らしい命の奇跡を、どれだけの人が感じて

自分自身を認めて過ごせているでしょうか？

この本を通して、そして占星術という本質を見抜く双眼鏡で覗いてみたときに見えたものは、頭で理解できなくても細胞には浸透し、少しずつ、それを生かすタイミングを見計らっています。

１人ひとりが異なる資質を備え、
森羅万象でこの世界は成り立っています。
今後、読み返すたびに、
何度でも新しい自分を発見することができるでしょう。
しかし、どんな自分のことも認めることが大切です。
そうすると、もっと大きな安心感に包まれる感覚になることでしょう。

私たちはまだまだ旅の途中です。
自分しか乗りこなせない人生を、
有意義に、奇跡を感じていきましょう！

心からの感謝を込めて
ターラ

著者 ターラ

株式会社KAPERA代表取締役、アストロカウンセラー。占星術（アストロロジー）と心理学に基づいた魂に響くトータルカウンセリングを中心に活動中。1999年サンフランシスコにて占星術を学び、現在もNCGR米国占星学協会会員。2000年から続けてきた個人鑑定の経験から、占星術をリアルな生活に活かせるような独自の切り口での解説が定評。現在は初心者からプロ養成まで対応した占星術&タロットの鑑定&講座を様々な形で開催。「占いは怪しい」という誤解を解き、星の流れを知ることで、自分で未来を選べる人を増やしたいという思いから始めたYouTubeチャンネル「ターラの占星術＆タロット」での動画が好評となりチャンネル登録者数は15万人以上に。

公式HP

https://ta-ra.com/

YouTube

ターラの
占星術＆タロット
https://www.
youtube.com/＠
ta-ra

LINE

カバー・本文デザイン	藤原裕美、田村祥吾（株式会社マーグラ）
DTP	竹内真太郎、塩川丈思、新井良子（株式会社スパロウ）
編集協力	千木良まりえ、阪上智子、大倉瑠夏（株式会社説話社）、笹川千絵
イラスト	柊 有花

誰でもできる星よみの自己分析
最高の自分に出会うホロスコープBOOK

2023年10月20日発行　第1版

著　者	ターラ
発行者	若松和紀
発行所	株式会社 西東社

〒113-0034　東京都文京区湯島2-3-13
https://www.seitosha.co.jp/
電話　03-5800-3120（代）

ISBN 978-4-7916-3219-0

誰でもできる
星よみの自己分析

最高の自分に出会う
ホロスコープ
BOOK

書き込み式 星よみ 自己分析ノート

自分が生まれた瞬間のホロスコープを使って、
基本的な部分を実際に読んでみませんか？
本の内容と照らし合わせながら、自分を分析するのに役立てましょう。
焦らずにじっくりと考えながら書き込んでみてください。

CONTENTS

PART 1

自分のホロスコープを読む

右のバーコード、または「ターラのアステラチャート」で検索して自分のチャートを出し、記入してみましょう。

https://ta-ra.net/chart/

✓ 名前

のホロスコープ

✓ 生年月日

年　月　日　時　分

✓ 生まれた地域

生まれ

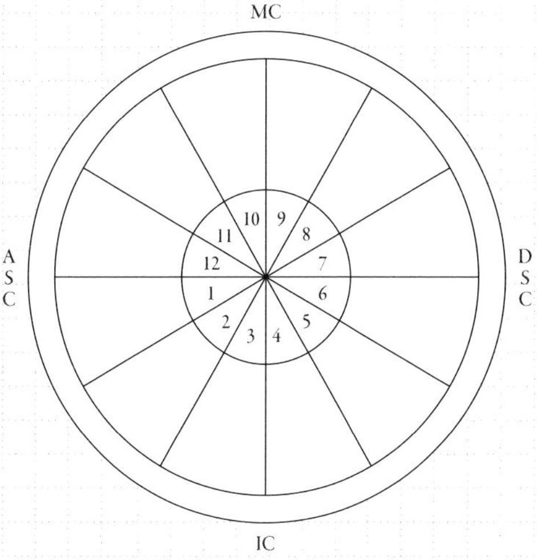

MC

ASC

DSC

IC

10 9 8 7 6 5 4 3 2 1 12 11

アスペクト

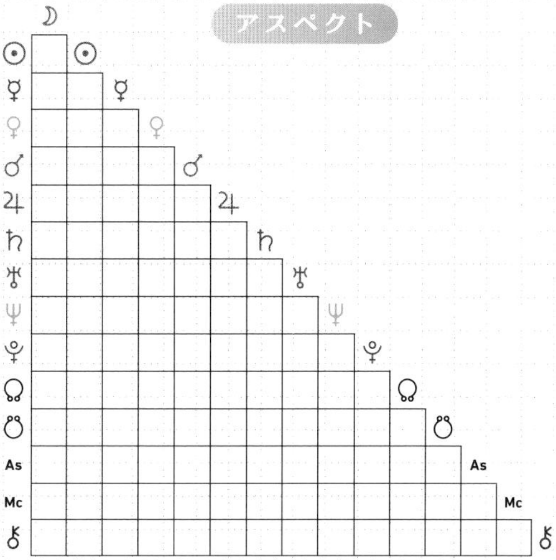

☽ ☉ ☿ ♀ ♂ ♃ ♄ ♅ ♆ ♇ ☊ ☋ As Mc ⚷

天体の位置

☉ 太陽	座	ハウス	♄ 土星	座	ハウス
☽ 月	座	ハウス	♅ 天王星	座	ハウス
☿ 水星	座	ハウス	♆ 海王星	座	ハウス
♀ 金星	座	ハウス	♇ 冥王星	座	ハウス
♂ 火星	座	ハウス	☊ ドラゴンヘッド ☋ ドラゴンテイル	座 座	ハウス ハウス
♃ 木星	座	ハウス	⚷ キロン	座	ハウス

check 01

基本的な自分をチェック！

P212→

P192〜196「キャラクターを示す12星座」／P200〜204「場面を示す12ハウス」を参考に、キーワードを組み合わせてみましょう。

（例）

太陽が牡羊座で8ハウス

→自分は、スピリチュアルな世界（8ハウス）で、成功を目指す（牡羊座）人。

月が蟹座で10ハウス

→自分は、家庭を大事にしながら（蟹座）、社会で働く（10ハウス）人。

・太陽が＿＿＿＿＿＿座で＿＿＿ハウス

→自分は、＿＿＿＿＿＿＿＿＿＿＿＿＿＿＿＿＿＿＿＿＿

＿＿＿＿＿＿＿＿＿＿＿＿＿＿＿＿＿＿＿＿＿＿＿＿＿＿

・月が＿＿＿＿＿＿座で＿＿＿ハウス

→自分は、＿＿＿＿＿＿＿＿＿＿＿＿＿＿＿＿＿＿＿＿＿

＿＿＿＿＿＿＿＿＿＿＿＿＿＿＿＿＿＿＿＿＿＿＿＿＿＿

＊気づいたこと・気になったキーワードをメモしておきましょう。

check 02

自分の体質をチェック！ P214→

P110「健康的に過ごせる生活スタイルは？」を参考に、
キーワードを抜き出してみましょう。

(例) アセンダントが乙女座。
→私が健康を維持する鍵は、完璧を求めすぎないこと。

・アセンダントが＿＿＿＿＿座

→私が健康を維持する鍵は＿＿＿＿＿

＿＿＿＿＿

＊気づいたこと・気になったキーワードをメモしておきましょう。

check 03

自分の知性・コミュニケーション傾向 P216→

P192〜196「キャラクターを示す12星座」／
P200〜204「場面を示す12ハウス」を参考に、
キーワードを組み合わせてみましょう。

(例) 水星が牡羊座で7ハウス
→自分のコミュニケーション傾向は、次々と新しいことを企画(牡羊座)して、パートナーを実現していく(7ハウス)。

・水星が＿＿＿＿＿座で＿＿ハウス

→自分のコミュニケーション傾向は、＿＿＿＿＿

＿＿＿＿＿

＿＿＿＿＿

＊気づいたこと・気になったキーワードをメモしておきましょう。

check 04

自分の家庭環境をチェック！ P218→

P186～191「性質を示す10天体」／P206～208「エネルギーを示すアスペクト」を参考に、キーワードを組み合わせてみましょう。

（例）月が冥王星、木星、水星とハードアスペクト
→自分は子どもの頃、自分の思いを言葉にして伝えたものの、いいように拡大解釈されるなどして、家族に対する不満が生まれた。

・月が ＿＿＿＿＿＿ と ＿＿＿＿＿＿

→自分は子どもの頃、＿＿＿＿＿＿

＿＿＿＿＿＿

＊気づいたこと・気になったキーワードをメモしておきましょう。

check 05

自分の金銭感覚をチェック！ P222→

P224～225「金運を示す金星のアスペクト」を参考にキーワードを抜き出してみましょう。

（例）金星と火星がコンジャンクション
→自分の金銭感覚は、ダイナミックに使いがち。

・金星と ＿＿＿＿＿＿ が ＿＿＿＿＿＿

→自分の金銭感覚は、＿＿＿＿＿＿

＿＿＿＿＿＿

＊気づいたこと・気になったキーワードをメモしておきましょう。

check 06

自分の天職をチェック！

P226→

P186〜191「性質を示す10天体」／P192〜196「キャラクターを示す12星座」／P200〜204「場面を示す12ハウス」を参考に、キーワードを組み合わせてみましょう。

（例）

太陽が牡羊座で8ハウス
→自分は、人の心（8ハウス）に、深い関心がある（牡羊座）。

月が蟹座 →自分が望む仕事は、人の心を元気にする仕事。

水星が7ハウス →自分に適している状況は、人と1対1のコミュニケーションを取る状況。

アセンダントが乙女座。
乙女座の守護星である水星が7ハウス。
→社会に対して礼儀正しく、細部まで気を使って対応することができる（控えめな印象）。

・太陽が＿＿＿＿座で＿＿ハウス

→自分は、＿＿＿＿＿＿＿＿

・月が＿＿＿＿座

→自分が望む仕事は、＿＿＿＿＿＿＿＿

・水星が＿＿ハウス

→自分に適している状況は、＿＿＿＿＿＿＿＿

・アセンダントが＿＿＿＿座。
＿＿＿＿座の守護星である＿＿＿＿が＿＿ハウス

→自分は社会に対して、＿＿＿＿＿＿＿＿

＊気づいたこと・気になったキーワードをメモしておきましょう。

check 07

自分の愛情の形をチェック！

P228→

P192〜196「キャラクターを示す12星座」を参考に、
キーワードを組み合わせてみましょう。

（例） 金星星座が双子座

→自分が得意な愛情表現は、言葉。感情を伝えるのが得意。

5ハウスのカスプサインが山羊座

→自分は、誠実な恋を展開する。恋愛に対しても真面目に対応する。

・金星星座が＿＿＿＿＿＿座

→自分が得意な愛情表現は＿＿＿＿＿＿＿＿＿＿＿＿

＿＿＿＿＿＿＿＿＿＿＿＿＿＿＿＿＿＿

＿＿＿＿＿＿＿＿＿＿＿＿＿＿＿＿＿＿

・5ハウスのカスプサインが＿＿＿＿＿＿座

→自分は＿＿＿＿＿＿＿＿＿＿＿＿＿＿＿＿

＿＿＿＿＿＿＿＿＿＿＿＿＿＿＿＿＿＿

＿＿＿＿＿＿＿＿＿＿＿＿＿＿＿＿＿＿

＊気づいたこと・気になったキーワードをメモしておきましょう。

check 08

自分の結婚運をチェック！

P230→

P209「太陽×月のアスペクト解釈」を参考に、
キーワードを組み合わせてみましょう。

（例）太陽と月のアスペクトが約60度でイージーアスペクト
→自分は、結婚のチャンスに恵まれやすく、
息の合うパートナーと出会う可能性が十分ある。

・太陽と月のアスペクトが約＿＿＿度で＿＿＿＿＿＿＿＿＿＿＿＿＿＿

→自分は、＿＿＿＿＿＿＿＿＿＿＿＿＿＿＿＿＿＿＿＿＿＿＿＿＿＿＿＿

＿＿＿＿＿＿＿＿＿＿＿＿＿＿＿＿＿＿＿＿＿＿＿＿＿＿＿＿＿＿＿＿

＊気づいたこと・気になったキーワードをメモしておきましょう。

Column

アスペクトは無限の扉を開くようなもの 慣れない間は深刻にとらえなくてOK

どの惑星が何の星座か……。それだけで頭がいっぱいになりますね。慣れてくると、まるでスクランブル交差点でたくさんの人がいる中「あ!○○ちゃん!」「親戚のおばちゃんだ!」などと、すれ違う人によって感情の色が変わるように星と星の関わりも、角度によって仲間なのか敵なのか、自分の特技なのか嫌な癖なのかわかるようになります。解釈が変わるという考え方は、占星術で一番つまずきやすいポイント。難しく感じたら、惑星が何の星座か、どのハウスにあるかだけで十分です。

PART 2 自分をさらに分析してみる

さらにホロスコープを読み込んで、新しい自分を見つけてみましょう。

check 01 本当のあなたは見つかりましたか？

該当ページの質問から、キーワードを抜き出してみましょう。本来の自分が浮かび上がります。

（例）私には 競争心やパイオニア精神の強い という個性があります。

•私には ＿＿＿＿＿＿＿＿ という個性があります。
P36〜37（太陽・星座）

•人生では ＿＿＿＿＿＿＿＿ を優先すると楽しく過ごせるでしょう。
P46〜47（ドラゴンヘッドのハウス）

• ＿＿＿＿＿＿＿＿ にお金を使うと豊かに暮らせます。
P78〜79（金星のハウス）

check 02 心に残ったQ&A

すべての質問の中から、特に印象に残ったQ&Aを書き出してみましょう。
それはすべて、あなたの強みにつながります。

（例）Q12自信をもつにはどうしたら良い？ ➡ 自分には楽しむ資格がある！と思って遊ぶことを許可する。

Q ＿＿＿＿＿＿＿＿ ➡ ＿＿＿＿＿＿＿＿

Q ＿＿＿＿＿＿＿＿ ➡ ＿＿＿＿＿＿＿＿

Q ＿＿＿＿＿＿＿＿ ➡ ＿＿＿＿＿＿＿＿

Q ＿＿＿＿＿＿＿＿ ➡ ＿＿＿＿＿＿＿＿

Q ＿＿＿＿＿＿＿＿ ➡ ＿＿＿＿＿＿＿＿

✓今の自分のことをどう思いますか？

check 03

これまで抱いていた自分のイメージ

この本を読む前に、自分のことをどう思っていましたか？
嫌いだったところ、好きだったところを書いてみましょう。

（例）容姿がコンプレックス／自己表現が苦手／有言実行するタイプ

check 04

ホロスコープからわかった新しい自分

この本を読んで、自分に対しての考え方が変わりましたか？
もし気づいたことがあれば書いてみましょう。

（例）友人の数は少ないけれど、年上の友人とは忠実な関係を築ける。

PART 3

自分だけの未来計画

ホロスコープを駆使して、ターニングポイントを見極めることができます。
どんな未来を歩みたいか考えてみましょう。

check 01 自分の人生のタイミングを知りましょう P232→

未来の計画を立てましょう！

（例）私の太陽は 1ハウス牡羊座 今の私は 準備する 時期です 7 年後にタイミングが訪れます。

・私の太陽は ＿＿＿＿＿ ハウスで ＿＿＿＿ 座

今の私は ＿＿＿＿＿＿＿＿ 時期で

＿＿ 年後にタイミングが訪れます。

check 02 これからかなえたいことは何ですか？

この本の中からあなたの夢につながりそうなフレーズを書き出してみましょう。

（例）五感を使った分野で才能を発揮することができる。

✓未来の計画を自由に書いてみましょう

近い未来、遠い未来、実現したら楽しくなるような言葉を、
たくさん書き出してみましょう！　行きたい場所、憧れの人など、
絵に描いたり写真を貼ったりしても構いません。
自由に想像をふくらませてください。

(例) 自分の力で生きていく！

check 03 1年後はどんな自分になっていたい？

Tara's Hint
思いついたことから書いてみよう

（例）趣味を仕事にしたい。

✓1年後の自分のために今できることは？

（例）すでに趣味を仕事にしている人に話を聞いてみる。

check 04 5年後はどんな自分になっていたい？

Tara's Hint
書き出すことが現実化への第一歩！

（例）夫から解放されて、自由に過ごしたい。

✓5年後の自分のために今できることは？

（例）いつでも離婚できるように、お金を貯めておく。

check 05

10年後はどんな自分になっていたい？

未来の自分を
変化させるのは
今の自分です！

（例）仕事を勤めあげて、リタイア後も有意義な生活を送りたい。

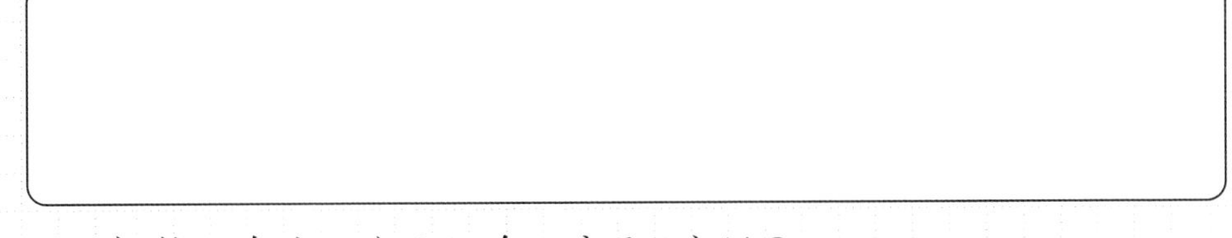

✓10年後の自分のために今できることは？

（例）未来に不安を感じる前に、できることを一生懸命にやってみる。

Column

今の自分を忘れて、まっさらになってみよう！

占星術ではタイミングを知り予測できるのが醍醐味。私たちの意識が宇宙を進化させているかもしれません。普段の自己イメージや損得勘定は脇に置いて、シンプルに自分の中にある感覚や願いを書き出してみましょう。星が動くタイミングでは、現実化するパワーがより強くなります。転機がかなり先だった場合は、大きく激しい流れではない状態で何を日々創造していきたいのかを選ぶ余裕がある、ということ。宇宙には無限のエネルギーがありますからその意図に宇宙は従うのです。安心して好きなように意図してくださいね。

SIGN KEYWORD

星座　基本のキーワード

♈ 牡羊座	猪突猛進、情熱的、単純、開拓精神、リーダー、 積極的、直観的、勇敢、企画力、短気、衝動的
♉ 牡牛座	現実的、保守的、安定、マイペース、頑固、着実、 忍耐強い、温和、審美眼、鋭い五感、所有欲
♊ 双子座	好奇心、二面性、多芸多才、言語能力、変化、鋭敏、 知的、優柔不断、適応力、器用、移り気
♋ 蟹座	母性本能、家庭的、記憶力、保護意識、 繊細、心配性、共感能力、身内意識、人情味
♌ 獅子座	親分肌、権力志向、孤独に弱い、プライドが高い、自信、 創造的、寛大、陽気、演技力、自己顕示欲
♍ 乙女座	几帳面、批判的、潔癖、繊細、苦労性、知的、 分析的、控えめ、完璧主義、勤勉、奉仕精神
♎ 天秤座	美的、社交性、客観的、平和主義、八方美人、均衡、 礼儀正しい、バランス感覚、虚栄心、優柔不断
♏ 蠍座	洞察力、秘密主義、執着、嫉妬心、霊感、猜疑心、 情熱的、集中力、忍耐力、探求心、口が堅い
♐ 射手座	自由奔放、開放的、スピーディー、楽天家、宗教、 正義感、哲学的、熱狂的、向上心、誠実、冒険
♑ 山羊座	努力、忍耐、慎重、現実的、形式的、野心、組織、 保守的、責任感、堅実、孤独に強い、伝統的
♒ 水瓶座	自由、進歩的、独創的、平等、発明、理想、 博愛主義、クール、偏見がない、論理的
♓ 魚座	敏感、感覚的、同情心、夢、慈悲、芸術、あいまい、 霊感、犠牲精神、包容力、直観的、幻想的

PLANET KEYWORD

天体　基本のキーワード

☉ 太陽	自我、自分自身、社会的な顔、父親、権力者、男性、先天的体質、意思、尊大、横柄、傲慢
☽ 月	幼い頃の家庭環境、無意識や癖、女性、妻、母、感受性、後天的体質、家族、家庭、気分、人気、気まぐれ、精神的嗜好
☿ 水星	思考、知性、コミュニケーションの能力やスタイル、変化、情報、神経、文章、勉強方法、旅行、商売、流通、若者
♀ 金星	愛情表現、美、金銭、愛、社交性、快楽、恋愛嗜好、結婚、芸術、装飾品、平和、贅沢、趣味、自分の価値感
♂ 火星	情熱、行動力、意欲などエネルギーの現れ方、性、争い、事故、怪我、手術、外科、火、勇気、衝動、仕事の仕方
♃ 木星	発展、拡張、楽観、財産、外国、法律、宗教、正直、寛大、浪費、ほうび、幸せの方向性、儀式、研究、道徳、精神、信念
♄ 土星	乗り越えるべきテーマ、コンプレックスや試練、制限、真面目、堅実、不安、責任、病気、不動産、老人、忍耐、規律
♅ 天王星	突発的、偶然的、革命、時代の最先端、発明、個性、自由、現状打破、風変わり、電子関係、IT、科学、ゲーム、機械、車
♆ 海王星	夢、幻、霊感、芸術、同情心、裏切り、不安定、不透明、酒、型にはまらない霧のようなもの、溶解させるようなこと、感性
♇ 冥王星	宿命、無意識の権力、改革、強制的、洞察力、霊界、秘密、破壊、爆発的、大変動、深いところでの集合体意識
☊ ドラゴンヘッド ☋ ドラゴンテイル	過去世、カルマ（業）、ソウルメイト、現世での課題（ドラゴンヘッド）、手放すべき習慣（ドラゴンテイル）
⚷ キロン	心の傷、嫌悪、苦手意識、乗り越えるべき心理的課題、トラウマと癒やし、統合、永遠の安らぎ、治癒

House Keyword

ハウス　基本のキーワード

南 MC

東 ASC

西 DSC

北 IC

ハウス	星座	エレメント	守護星	キーワード
1	牡羊座 ♈	火	守護星は火星	外見　自己表現　気質　容姿　開始
2	牡牛座 ♉	地	守護星は金星	保証　所有物　金銭　収入源　価値
3	双子座 ♊	風	守護星は水星	読む　話す　書く　兄弟姉妹　アイデア　コミュニケーション　小旅行
4	蟹座 ♋	水	守護星は月	無意識　不動産　住居　家族　晩年　幼児期の環境
5	獅子座 ♌	火	守護星は太陽	子ども　レジャー　ギャンブル　クリエイティビティー　恋愛　演劇　リスク　冒険
6	乙女座 ♍	地	守護星は水星	病気　健康　毎日の仕事　部下　従業員　義務　衛生　奉仕
7	天秤座 ♎	風	守護星は金星	結婚　パートナーシップ　契約　共同事業　敵（ライバル）
8	蠍座 ♏	水	守護星は冥王星（火星）	輪廻転生　オカルト　株　先祖　保険　セラピー　死　性
9	射手座 ♐	火	守護星は木星	哲学　貿易　宗教　外国　出版　海外旅行　高度な学問　スポーツ　儀式
10	山羊座 ♑	地	守護星は土星	職業　履歴　名誉　社会　地位　ゴール
11	水瓶座 ♒	風	守護星は天王星（土星）	希望　団体　理想　グループ　友人　奉仕
12	魚座 ♓	水	守護星は海王星（木星）	障害　病院　霊性　犠牲　避難　隠れた敵　隠れた場所